나는 일본의 통신사
국적 없는 한국인

나는 일본의 통신사

국적 없는 한국인

혼다 토모쿠니·신한준 지음

안티쿠스
ANTIQUUS

일러두기

1. 본서에 사용한 문장부호 가운데 " "는 독립적인 인용 또는 대화를 표시할 때, ' '는 부분적 인용이나 중복 인용 또는 강조를 표시할 때, 『 』는 저서명을 표시할 때, 「 」는 책 편명이나 논문명을 표시할 때, 《 》는 신문, 잡지(온, 오프라인) 〈 〉는 신문, 잡지(온, 오프라인)에 실린 글 이름에 쓴다.
2. 제1저자명 혼다 토모쿠니의 올바른 표기는 혼다 도모쿠니이지만, 저자가 오랜 기간 사용해왔고 요청이기도 하여 그대로 사용하였다.
3. 제2저자는 제1저자의 구술뿐 아니라 다소의 창작 영역에도 관여하였으므로 공동저자로 하였다.
4. 본문에 사용된 사진은 주로 해당 저자의 제공이며 저작권은 해당 저자에게 있다. 저작권자를 찾지 못한 일부 작품은 저작권자가 확인되는 대로 절차에 따라 사용허락을 받거나 계약을 맺을 예정이다.
5. 본문에 실린 주요 고유명사는 검색하기 쉽도록 권말에 찾아보기를 수록하였다.

추천의 글

책 출간을 진심으로 축하드립니다. 부지런하고 열정이 넘치는 의리의 사나이 지혜가 많아서 다양한 분야에 챔피언으로 약속을 100퍼센트 준수하는 최고의 키키스타 1위의 본보기가 된 인정받은 리더! 지도자! 대한민국 서울특별시 대학로에서 첫 만남 인연을 계속 이어가고 싶습니다. 혼다 토모쿠니 파이팅!

– 고려대학교 명강사최고의 과정 운영대표/성공사관학교 총장 서일정

한국인보다 더 한국인의 정서를 잘 알고 몸에 익혀 처음에는 쇼맨십인줄 알았습니다. 그런데 세월이 흘러보니 그의 모든 말과 행동은 전혀 꾸미지 않고 있는 그대로였습니다. 한 가지를 하더라도 혼신을 쏟아 자신보다 다른 사람을 먼저 생각하는 이 시대의 진정한 기버(giver)입니다. 그와 인연이 계속되기를 희망합니다.

– 메가더스쿨 교장 정은상

한국인보다 더 한국이란 나라와 한국사람을 사랑하는 남자 혼다 토모쿠니 박사는 한국인 가정의 일본인 사위입니다. 100회가 넘는 헌혈로 피를 나누어주면서 인터뷰 전문매체 인터뷰365 '굿피플 베스트10'에 선정되기도 하였습니다.

– 김두호 인터뷰365 대표

혼다 선생이 환갑이라니 세월의 빠름에 아쉽지만 축하하며 그동안 근면 성실하게 일본어교육과 한국어교육 발전에 헌신한 공로를 잊을 수 없습니다. 특히 『일본어를 알면 축구가 두 배로 재미있다』 등 그의 손에서 탄생한 수많은 일본어 교재들은 창의성과 효율성에서 단연 압권이었습니다. EBS 일본어 명강사로, 한일친선 및 국제문화 친선사절단 명강사로 바친 헌신적 문화 활동은 진정 세계화한 국제인의 모습이었습니다. 일본에서는 노년(老年)을 실년(實年)이라 하는데 더욱 풍성한 젊음의 실년을 누리시기를 기원합니다.

– 서울대학교 명예교수 민현식

제가 좋아하는 성경 구절에 "어린아이와 같이 자기를 낮추는 그이가 천국에서 큰 자이니라" 하는 말씀이 있습니다. 저는 그 어린아이와 같고 순수한 열정을 가지고 있는 혼다 선생을 만났습니다. 일본이 세계에서 일류 국가로 부상하고 있던 시절에 일본에서의 특수학교 교사라는 안정적이고 대접받는 직업을 포기하고 한국행을 선택하여서 한국사람도 하기 힘든 봉사의 삶과 희생적인 삶을 살아가는 혼다 선생의 자서전은 이 책을 읽는 모든 사람들에게 삶을 다시 한 번 돌아보게 하며 우리 사회가 정화되는데 일조를 하는 책이 될 거라 확신 합니다.

– 양평 라이프치과 원장 최동주

한글을 배우러 유학 와서 한국인과 결혼하여, 딸과 아들 그리고 손주까지 본 할아버지가 되었다. 한국인을 사랑하여 헌혈을 100회나 하였고, 모임에서 노래를 시키면 애국가를 부르고 독도는 우리 땅이라고 외치는 우리보다 더 한국을 사랑하는 일본인이다.

– 배움대학 학장/ 여의도 정치아카데미 원장 서재균

혼다 토모쿠니는 유일한 일본 출신의 엘리트 친구다. 많은 것을 선행하여 나를 늘 반성하게 만드는 친구! 혼다 가족에게 좋은 일들만 계속 생겼으면 진심으로 바랍니다. 이번 진솔하고 멋진 자서전 만루홈런 치시길~

– 개그맨 최양락

일본인이 서울대학교에서 국어교육학의 석·박사과정을 이수했다는 것은 실로 어마무시한 일이다. 그는 정말 부지런하다. 동해 번쩍 서해 번쩍 매시간을 아끼고 소중하게 여기며, 자기계발과 봉사를 위해 끝없이 노력한다. 그는 대한민국과 운명적인 아니 숙명적인 인연인 듯하다. 한국인 아내를 만나 정착하기까지 일본인이라는 이유로 뺨도 맞고 많은 수난을 겪었지만 겸손함으로 일본인이지만 한국인보다 한국을 더 사랑하고 헌혈을 통해 자신의 피를 한국인의 몸에 흐르게 하여 사람의 목숨을 살리는 봉사를 하고 있다. 이번 책을 통해 한국에서 그가 겪은 아픔이 또 다른 누군가의 아픔을 치유하는 감동이 독자에게 전해질 것이다.

– 봉숭학당 혁신학교 총장 성창운

한국인보다 한국말을 더 잘하는 일본인

한국인보다 한국말을 더 잘하는 일본인 혼다 토모쿠니 박사는 1994년 영주권을 받아서 서울대학교 석·박사를 전액 장학금으로 이수하고 EBS 중급일본어 강사를 7년 동안 역임했다. 고등학교 국정교과서 일본어 집필을 하고 임용고시 출제위원까지 다양한 사회활동을 하였고 한국에서 슬하에 1남 1녀를 둔 단란한 중산층 가정을 이루고 엘리트로 한국을 사랑하는 일본인으로 살고 있다. 한국인보다 더 많은 헌혈 봉사로 2023년 1월 31일 101번째로써 피를 나누면서 한일관계를 더욱더 견고하게 유지하는 민간사절 역할까지 하고 있다. 더욱더 아름다운 모습은 한국인보다 더 많이 독도를 사랑하는 마음으로 세 번이나 독도를 입도하였고 일본인 인솔자 역할을 하면서 독도주민등록증까지 발급받아 명예독도시민권을 소지하고 있다.

현재 인문학 강의 전문가로 활동하면서 월드기독교총연합회에서 헌혈과 독도사랑에 대해 강의 끝에 목사님 삼십여 분이 혼다 박사께 얄궂은 질문으로 독도가 "한국 땅입니까? 일본 땅입니까?"라는 마지막 질문에 혼다 박사는 "일본 땅도 한국 땅도 아닌 하나님의 땅이지요"라는 순발력과 유머가 있는 재치 있는 분으로 제2의 국가에서 고귀하고 아름답게 의미 있는 삶을 살고 있는 혼다 토모쿠니 박사 파이팅!!!

– 오아시스뉴스 발행인 김태현

민간 외교관의 역할을 기대합니다

처음 만났을 때 혼다 선생님은 일본인(?)다운 인상을 가지신 친절과 배려가 몸에 밴 분이었습니다. 우리는 만나자마자 서로를 알아보고 인생과 한일관계 등에 대해 많은 대화를 나누며 사귐을 시작했습니다. 벌써 십 년 정도의 세월이 흘렀습니다.

혼다 선생님은 타인에게 저를 소개할 때 '배나섬(배려, 나눔, 섬김) 리더십'이라며 추켜세워 주시는데 사실은 혼다 선생님이야말로 배나섬 리더

십의 표본이십니다. 저는 그를 타인에게 소개할 때 제 인생의 스승이라고 말합니다. 그는 완벽한 한국어를 구사하며 한국을 사랑하는 분입니다. 늘 절제하며 한 치도 예의에서 어긋남이 없는 분입니다. 일본어와 SNS 그리고 본인이 쌓아온 다양한 분야를 매일 강의하고 가르치시는 분입니다. 그러나 제가 혼다 선생님을 인생의 스승이라고까지 하는 진짜 이유는 다음의 세 가지입니다. 첫째는 말없이 헌혈을 1백 회 이상 하신 분입니다. 둘째는 어느 쪽에도 기울어지지 않은 한·일관계의 인식과 역사의식을 가진 분입니다. 마지막으로는 그는 어려운 사람들을 오히려 더 가까이하는 인품의 소유자라는 것입니다.

저는 요즘 선생님께 일본어를 배우고 있지만 그보다도 한일관계나 인간관계에 대해 많은 가르침을 받고 있습니다. 지난 오 년은 일본과 사이가 별로 좋지 않았습니다. 일본은 구원(舊怨)도 있지만 어쨌든 역사와 경제·문화면에서 제일 가까운 이웃 나라입니다. 서로 이해하고 협력할 때 양국의 발전은 말할 것도 없고 동북아의 발전에 큰 도움이 될 것입니다. 혼다 선생님은 양국의 언어는 물론 문화와 역사 그리고 무엇이 필요한지도 꿰뚫고 계시니 민간 외교관의 역할도 톡톡히 해내시리라 기대하며 응원합니다.

같은 남자로서, 사회인으로서, 사제(師弟)로서 저의 본보기이신 혼다 선생님이 앞으로 더 많은 활동과 나눔으로 세상에 빛과 소금이 되시리라 확신합니다.

– 한국재정경제연구원 회장 이성일

혼다 교수님의 자서전 출간을 진심으로 축하드리며, 늘 참되고 성실한 마음으로 삶을 살아가는 모습에 깊은 존경을 표합니다. 35년이란 기나긴 한국 생활동안 자신에겐 한 치의 흐트러짐이 없는 매우 엄격하면서도 타인에게는 겸손과 배려로 몸소 실천하는 혼다 교수님의 모습입니다. 1톤의 생각보다 1그램의 행동을 보여주시는 혼다 교수님은 매주 단 한 번도 쉬지 않고 '키키스타' 1인 라이브 방송 교육 5백 회 달성과 1백 회 이상의 헌혈 봉사 달성 등 수많은 일들을 일궈낸 이 시대의 표본상입니다. 저는 감히 혼다 교수님께서 걸어오신 길을 다음과 같이 표현하고 싶습니다.

"其次致曲 曲能有誠(기차치곡 곡능유성)"이면 "唯天下枝城 爲能化(유천하지성 위능화)"니라.

"작은 일도 무시하지 않고 최선을 다하다 보면 정성(精誠)스럽게 된다. 그러니 오직 세상에 지극히 정성을 다하는 사람만이 나와 세상을 변화시킬 수 있는 것이다" 작은 일도 무시하지 않고 정성을 다해서 걸어오신 분으로 그 걸어온 길 발자취가 우리들을 감동하게 하였습니다. 그 감동이 우리들을 변하게 하였으며, 그러니 그것이 나와 세상을 변하게 만드셨습니다. 고맙습니다. 정말 존경하며 사랑합니다.

– 남서울대학교 남서울평생교육원 학장/교수 빈대욱

우리 혼다 박사님~. 만나서 한국사람보다 더 한국사람이며, 멋진 인성과 존경할 수 있는 행동까지 영원한 친구가 이런 사람이다. 생각합니다. 누구에게 추천해도 부족함이 없는 교양·교육·운동·엔터테인먼트까지 글로벌 만능 혼다 토모쿠니입니다.

– 키키방송국 대표 인창식

1990년도 초에 길에서 우연히 만난 인연으로 삼십 년 넘게 서로 관계를 잊지 않고 연결이 된다는 것은 큰 축복이자 또한 한일 간의 보이지 않는 끈이 아닐까 싶다. 이미 마음이 통한 사이라서 언제든지 만나도 반갑고 마냥 웃음만 나오는 일본 동생이다.

– 국회의원 김석기

한국어와 한국문화를 잘 알고 즐길 줄 아는 일본인. 배려와 나눔, 반짝이는 재치와 유머로 많은 이에게 행복을 주는 사람. 멋진 교육자이며 종합예술가로서의 곳간이 차고 넘치는 팔방미남 혼다 교수님. 잔잔하고도 역동적인 삶을 오롯이 담은 자서전 출간, 마음 듬뿍 담아 축하합니다.

– 동시작가/해사한우리문화 공동대표 강순예

이 책의 저자는 한국에서 삼십 년 넘게 일본어 강의를 왕성하게 활동하면서 수많은 학생을 배출한 유일무이한 일본인이다. 그리고 오랜 시간 저자와 알고 지내며 함께 일본어를 가르쳤던 적이 있었다. 내가 알고 있는 저자는 잘 웃고 늘 긍정적이며 성실함과 친절함이 몸에 배어 있는 분이다. 이 책은 저자가 한국과 일본의 문화 차이를 극복하면서 지금까지 살아온 경험을 토대로 삶을 경영하는데 필요한 숱한 고민과 그 해답을 진솔하게 담았다. 불황의 늪에서도 승승장구하는 저자의 깊은 내공과 철학은 삶의 자극과 기준이 필요한 이들에게 든든한 마음의 힘이 될 것이다.

– 출판기획전문가 양원근

사람은 우연히 만나 관심을 가지면 인연이 됩니다.

삼십 년째 한국에 살고 있는 일본의 후쿠시마가 고향인 혼다 박사와 나와의 인연은 삼십여 전 일본 히로시마의 유학 생활에서 시작됩니다. 처음부터 '아우 동생' 하였고 어언 삼십 년이 되었습니다.

인연을 소중하게 생각하는 혼다 박사는 나에게 있어, 가슴이 따뜻한 사람, 매사가 냉철하고 성실한 사람, 느낌만으로도 통하는 특별한 사람, 언제라도 늘 그리운 사람입니다.

– 아시아문화경제진흥원 이사장 강성재

삶의 모든 순간을 긍정적인 생각과 봉사정신으로 극복하고 살아오신 혼다 위원장님의 자서전 출간을 진심으로 축하드립니다! 열정적인 삶을 응원드리며 저희 모두 같이 공감하며 배우는 계기가 될 것을 믿어 의심치 않습니다.

– UN 합창단 한국공연실행위원회 회장 박수정

"외국어를 모르는 자는 자신의 모국어도 모르는 사람이다"라고 문호 괴테는 말했습니다. 혼다 집사님은 일본인으로서 한국으로 건너가, 서울대학교에서 박사과정을 수료할 정도로 한국어를 습득하셨습니다. 그리고 제가 봉사했던 카베넌트 케임브리지 일본인 교회에서 일본어와 한국어를 구사하면서 한국문화와 일본문화를 비교하고, 멋지게 풀어주셨습니다. 저는 혼다 집사님의 강의를 통해, 그동안 몰랐던 일본의 문학과 사회에 대하여 많은 것을 배울 수 있었습니다.

혼다 집사님은 삼십여 년 동안 한국의 모든 계층의 사람들과 그 문화

속에 녹아들면서 생활 속에서 한국인과 진정한 우호 관계를 맺어 왔습니다. 그건 제가 실현하려 했으나 못했던 일입니다.

처음에는 혼다 집사님이 강의하던 중에 "한 한국인이 집사님 앞에 와서, 찰싹 뺨을 때렸다. (그런) 경험이 있다"라는 이야기를 들었습니다. 무슨 일로 그랬는지 몰랐으리라 생각되나, 그것이 일본과 한국의 관계를 말한다고 생각합니다.

앞으로도 하나님께서 혼다 집사님을 축복하시고, 그 뿌려진 일·한 우호의 씨앗이 풍성한 열매를 맺도록 기도하겠습니다.

– 카베난트 케임브리지 일본인 교회 목사 미와 노부오(三輪修男)

혼다 토모쿠니 교수님은 때때로 제게 길을 알려 줄 정도로 한국에 대해서 많은 것을 아시는 일본인 교수님이시며 특히 전화 목소리의 발음은 한국인과 대화하는 수준의 정확한 한국어를 구사하시는 언어의 달인입니다. 뛰어난 유머 감각과 한국 노래를 구성지게 잘 부르시며, 배드민턴 등 운동에도 특기가 있어서 민간차원의 외교 사절 역할을 하고 계시고 한국과 일본 양국의 교류에 공헌하고 계십니다.

– 전 한국번역가협회 부회장/ 브라이트번역 대표 임성수

한국인보다 더 한국인 같은 내 친구 혼다 토모쿠니

8년여 전에 처음 만났을 때 한국을 너무 잘 알고 있어 날 놀라게 했던 인물이다. 지속해서 공부하고 작은 것도 세심하게 살피며 삼십 년 가까이 한국을 연구한 친구가 이번에 1994년 한국 생활을 시작으로 지금까지 일본한국인으로 살아온 좌충우돌 생활기와 말하지 못한 이방인으로서의

삶을 기록한 책을 출간한다고 하니 기대만땅이다.

그는 이미 일본어 교육 교재를 출간한 적이 있으며 EBS 일본어 명강사로 활동함을 물론 인문학 강의와 다방면의 사회봉사를 하는 감사한 일본 한국인이다. 더욱이 놀랄 만한 사실은 1백 7회의 헌혈을 실천했다는 것이다. 그의 실천력은 아무나 따라 할 수 없는 일일 것이다. 이런 훌륭한 친구의 삶이 스며든 책이 얼마나 선한 영향력으로 세상에 펼쳐질지 생각만으로 기분이 좋다. 내 친구이며 동생인 혼다 토모쿠니 파이팅을 외쳐 응원합니다.

– 양평 호기호기 갤러리 관장 심수택

처음 혼다 박사님을 봤을 때 남다른 밝은 에너지로 그냥 무장해제 되어 저희 부부 얼굴에 미소가 가득합니다. 사회적 지위와 나이가 있으신 분인데도 나이가 어리다고 절대 말을 놓지 않고 무례하지도 않으시고 거기다가 기분 좋은 위트까지 이래서 남녀노소 모두가 오다가다 혼다 박사님을 좋아하는구나, 했습니다. 개그우먼을 웃기는 진정 선한 영향력의 위트가이신 혼다 박사님 사랑하고 축복합니다.

– 개그우먼 김선정 부부

독도를 사랑하는 일본인

혼다 토모쿠니 독도명예주민!

유엔본부직원 합창단의 아시아 대외협력위원장을 맡고 있는 혼다 토모쿠니 교육학 박사를 오 년 전 지인의 소개로 만났다. 유엔본부 행사의 관한 일을 도움받기 위해 만났는데 유엔본부 행사건은 코로나19 사태로 도움을 받을 수가 없었다. 일본인이기에 경계심도 있었지만 독도홍보 연주 탐방에 초대하여 독도에 함께 가서 일본인이 독도에서 애국가를 4절까지 함께 불렀다. 다음해는 강화, 인천, 경기도 광주에 살고 있는 일본인 영주권자 한 분씩을 독도탐방에 초대하여 함께 갔었는데 독도 역사의 진실을 보고 느끼게 하여 직·간접적 홍보를 하는데 혼다 토모쿠니 박사가 기여하고 가교 역할을 하여왔다. 방송운영인으로 특강 강사로 바쁜 중에도 독도칙령의날 기념행사와 독도탐방 행사에는 빠지지 않는 독도를 진정 사랑하는 일본인!

한국말이 유창한 자랑스러운 우리의 친구 혼다 토모쿠니 박사이다.

– (사) 나라독도살리기 국민운동본부 총재 문제익

일본인 엘리트 한 사람이 낯선 한국으로 건너와 다른 문화와 생활에 부딪치고 적응하며 살아가는 절절한 사연들을 솔직하고 진솔하게 담아낸 아름다운 발자취와 삶의 이야기들입니다.

– 한국축제방송 대표 조윤호

들어가는 글

나를 낳아준 일본, 나를 키워준 한국

나의 이름은 혼다 토모쿠니.

한자로는 本田知邦으로 방(邦)은 곧 국(國), 나라다. 내 이름이 나의 운명을 예언한 것인가. 그 나라는 곧 한국과 나의 모국 일본이다. 지한(知韓)과 지일(知日)의 사람으로의 삶, 즉 이 둘의 가교이다.

일본에서 태어나고 자랐으되 한국에서의 삶을 살아가고 있다. 이 책의 부제 '국적 없는 한국인'은 현재의 내 모습을 단적으로 말해주는 말이다. 나를 낳아준 것은 일본이지만 키워주고 성장시켜준 것은 우리나라 한국이다. 부제처럼 국적이 아예 없다는 것이 아니라, 국적은 일본으로 늘 한국인의 마음으로 살아왔고 또 살아갈 계획으로 앞으로도 본국으로 돌아갈 생각은 없다.

내가 태어난 일본이라는 나라는 이웃 한국과의 역사 기록인 『삼국사기』를 보면 14년(남해왕 11)에 '왜인들이 1백여 척으로 민가를 노략했다'로 시작하여 1945년까지 침탈이 끊임없이 이루어졌다는 것이다. 한마디로 평화로운 때가 별로 없었다는 얘기다. 그런데, 한국은 끊임없는 침략, 노략에 대해 회유와 통신사의 파견으로 화평한 세상을 꿈꾸었다. 나의 존재는 우리 이 시대에 조선통신사와 비슷한 역할을 자임하고 싶어 했다. 이른바 일본인의 한국 통신사 역할이 그것이다.

이 책은 국적 없는 한국인으로 살아온 살아갈 삶을 진솔하게 드러낸

글이다. 2022년 환갑을 맞이하여 인생의 절반 넘게 살아오면서 후반기를 어떻게 알차게 지낼 수 있을까? 하고 시작한 프로젝트인데, 이제 곧 세상 밖으로 나간다니 감회가 새롭다. 일본인 국적으로 받은 '독도명예주민증'은 그 무엇보다도 자랑스러운 증서다. 한·일 간의 큰 문제는 정치인들에게 맡겨놓고 그 밖에 작은 일상의 문제를 민간인인 나 혼다 토모쿠니가 가교 역할을 하면서 조금씩, 조금씩 해결해나갈 수 있다면 얼마나 좋을까 하는 생각이 간절하다.

한편으로 K-콘텐츠가 지속되는 가운데 이 책 『나는 일본의 통신사』(국적 없는 한국인)가 꾸준하게 여러 사람들에게 알려지고 읽혔으면 한다. 이젠 본격적인 글로벌 시대, 대학가에 가면 수많은 외국인들이 있는데 한·일, 한·중, 한·영 번역을 하고 '혼다 토모쿠니'의 여섯 글자를 남기고 싶은 마음이 절실하다. 책의 출간과 동시에 강연하러 모국 일본에도 가고 싶고, 아시아권을 넘어 미국 하와이까지 진출하고 싶다는 소망을 가지게 된다. 나의 삶이 그러하듯 이 책이 만들어지기까지 여러분들의 사랑에 힘입은 바 크다. 추천글을 써주신 분 외에도 직·간접적으로 감사의 말씀을 표하고자 한다.

처음 시작할 때부터 마치는 순간까지 깊은 사랑과 따뜻한 관심을 늘 보내주신 한국번역가협회 임성수 이사(브라이트번역 대표)님께 감사의 말씀을 드린다. 비가 오나 눈이 오나 바람이 부나 묵묵히 지켜봐주고 수많은 지원, 격려와 배려를 받았다. 더불어 항상 부족하고 모자란 저를 안티쿠스 김종만 대표님께서 믿어주고 아껴주고 본인이 안 먹어도 꼭 챙겨주려는 마음과 행동을 곁에서 보면서 저절로 고개가 숙여진다. 더불어 책을 많이 판매하기보다는 인간의 가치를 존중, 보전하고 또 선한 영향력을 남기시려는 모습은 매우 인상적이었다. 자주 사용하는 말 중에 손은 세 개, 하나는 오른손, 또 왼손, 그리고 겸손이라고 농담을 하곤 하는데 정말 사람이 살아감에 있어서 '겸손'만큼 중요한 말은 없다고 본다. 적지 않는 긴 시간을 저를 위해 밤낮없이 글을 써준 공저자 신한준 작가님은 겸손의 아이콘으로 기억될 것이 분명하다.

마지막으로 우리 가족들에게 감사의 말을 빼놓을 수는 없다. 일본에 계시는 어머니는 평생을 우리 두 아들을 위해 헌신해 주셨고, 덕분에 둘 다 교사가 되었는데 장남인 나는 돌연 한국으로 가겠다고 하니 닭똥 같은 눈물을 흘리셨지만, 이렇게 한국 땅에서 잘살고 있고 동생은 교육자로서 교장이 되었다. 우리 딸은 한국인 남편을 만나 충북 청주에서 잘살고 있다. 유튜버(육아교육 및 캠핑 전문)로 활발하게 움직이고 있다. 아들은 개인 사업(하이웨이빈티지)을 전개하고 있는데 혼자서도 잘 운영하고 있다. 아내는 못난 남편을 만나서 계속 고생만 하고 있지만 지금까지 부부싸움을 한 번도 못하고 잘 지내고 있다. 솔직히 예순한 살이라는 나이에 맞벌이를 하고는 있지만 먹고사는 데는 별 문제가 없을 듯하다. 앞으로의 삶 또한 이제까지 그러했던 것처럼 많은 도움 속에 나의 존재는 빛을 발할 것이라고 믿는다.

2023년 5월 22일

혼다 토모쿠니

|차례|

제2부 신의 직장, 교직을 내던지다

– 정규직 특수교사를 던지고 비정규직 강사로

제3부 참교육과 올바른 인성 함양의 길
- 경청과 선정후교(先情後教)

제1부
나의 존재는 반반 치킨

– 나는 반일(半日), 반한(半韓)의 존재

일본에 피는 무궁화

무궁화나무는 오래전부터 만주(고조선, 고구려)와 한반도 전역(백제, 삼한)에 폭넓게 분포하였고, 예로부터 민가를 중심으로 다양한 목적으로 널리 재배되었으며 신단(神壇) 둘레에 많이 심어져 신성시되기도 했다.

> "군자국(고조선)에는 무궁화가 아침에 피고 저녁에 진다(君子國有薰花草朝生暮死)."
>
> -『산해경』

라는 기록이 남아 있고, '근화향(槿花鄕)', '근원(槿原)', '근역(槿域)' 등 여러 표현으로 한국을 '무궁화의 나라'라고 표현하였다. 조선시대 이후부터 무궁화라는 이름으로 불리기 시작하여, 우리나라를 상징하는 꽃으로 '영원히 피고 또 피어서 지지 않는 꽃'이라는 반만년의 역사를 가지는 우리 민족의 '혼(魂)'을 나타내기도 하였다.

또한 '궁핍 없이 오래가는 꽃'이라는 해석도 가능하여, 가난했던 시대에는 '궁핍한 생활 없이 풍족하고 행복하게 오래 살자'는 우리 민족의 소망을 나타내는 전통적으로 백성과 가까운 꽃이었으며, 일제시대에는 독립을 상징하는 꽃으로 우리 민족과 함께 짓밟히는 수난을 겪었다. 대한민국에서 무궁화가 국화에 준하는 대우를 받는 데에도 이러한 배경이 작용했다.

한편, 무궁화는 인도, 중국 서남부가 원산지이나 오래전 나라, 헤이안

(平安, 710~794) 시대에 중국에서 일본으로 도래하여 야생화가 진행될 정도로 일본에서 오래된 꽃이며, 꽃꽂이용과 정원수로 널리 이용되고, 약재로도 사용되는 유용한 식물이다. 일본에서는 하이쿠 시인 마츠오 바쇼(松尾芭蕉, 1644~1694)가 "길가에 핀 무궁화꽃은 말에게 먹히는구나(道の辺の木槿は馬に喰はれけり)"라고 시를 읊었을 정도로 친근한 꽃이고, 남국의 화려함으로 유명한 히비스커스(Hibiscus)처럼 여름을 나타내는 꽃이기도 했다(히비스커스가 무궁화의 사촌인 것을 생각하면 수긍이 갈 것이다).

"무궁화 삼천리 화려강산 대한 사람 대한으로 길이 보전하세"

- 〈독립신문〉 1899년 6월 29일자

그러나 '일제시대'에 들어와서는 한국인들이 가진 무궁화에 대한 애정이 일본의 식민 지배 정책에 방해된다고 생각하여 한반도에서 무궁화를 없애고 일본의 땅이라는 의미로 벚꽃을 심기 시작했다. 그 시절에는 벚꽃 '사쿠라'가 단순한 꽃이 아닌, '천황(天皇)에 대한 일본인의 충성'으로 인식되는 군국주의(軍國主義)의 심벌로 자라나고 있었다.

우리 일본의 벚꽃만큼 예쁜 꽃은 다른 나라에는 없습니다.

조선에는 벚꽃이나 매화는 많이 없습니다.

하지만 일본(본토)에는 대체로 어디에도 있습니다.

ワが 日本 ノ サクラ ホド キレイナノ バ ホカ ノ クニ ニハ アリマセン゚

朝鮮 ニバ サクラ ヤ ウメ バ タクサン アリマセン゚

ケレドモ 内地ニバ タイテイ ドコニモ アリマス

위의 조선총독부가 편찬한 교과서(『보통학교 국어독본』, 1912~1915)처럼 '국민성의 함양'을 위해 벚꽃이 일본의 나라꽃으로 떠오르자 조선의 교과서에서 무궁화가 사라졌다. 대한제국 시기에 무궁화와 오얏꽃은 나란히 제국을 대표했지만 두 꽃 사이에는 다른 점이 있었는데, 오얏꽃 문양이 제국(帝國)과 황실(皇室) 중심으로 쓰였던 반면, 무궁화는 '대한제국의 문양'에 쓰일 뿐 아니라, 민간에까지 넓은 공감대를 형성했기 때문에 대한제국과 함께 같이 스러진 오얏꽃과 함께 무궁화 또한 한반도에서 지워야 했기 때문이다(1930년을 기준으로 한반도에 이주한 일본인 거류민이 53만 명이었고, 무궁화는 원예용이나 약용으로 재배하는 식물로 알려져 있었으므로 꽃을 직접 제거하는 방식은 자국민들에게도 이해되거나 설득되지 못했다).

한편, 벚꽃은 어땠을까? '피었다가 지는 때에 미련 없이 진다'라고 하여, 벚꽃은 유교 사상과 합하여 주군(主君)을 위해서는 목숨을 아끼지 않는다는 사무라이의 기백(氣魄)과 충절(忠節)을 표현하기도 했다. 그러나 제국주의의 시절에 그대로 이용되어 때로는 천황에게 충성을 맹세하여 만주사변을 일으키고, 내가 서는 태평양 전쟁에 군인을 모아 전쟁터로 보내 헛된 죽음을 강요하는 데 쓰였다. 어찌 보면 한국의 무궁화나 일본의 벚꽃이나 같은 일본 제국주의자들에게 희생된 제물(祭物)이었다고 생각한다.

무궁화나무가 심어 있던 일본의 본가, 한국행의 암시였을까

보통 일본은 봄이 오면 사쿠라(벚꽃)가 심겨 있는데, 후쿠시마의 우리 집

후쿠시마의 우리 집 앞에는 무궁화나무가 심어져 있었다.

앞에는 무궁화나무가 심어져 있었다. 집이 세워진 그때부터 있었다고 하는데, 집안의 누군가가 심은 것이 아니어서 어렸을 때도 그다지 주의 깊게 본 적이 없었다. 그런데 한국에서 생활하면서 여기저기에 심어진 무궁화나무를 보며 눈에 익게 된 참이었다. 어머니를 뵈러 우리 가족이 친가에 왔을 때, 한국에서 보던 낯익은 나무가 있는지라 뭔가 이상해서 자세히 보니, "어! 무궁화인데?" 하고 놀란 적이 있었다. 이래서 내가 한국에 가게 된 건가 싶은, 이미 예정된 일이 아닌가 싶어 웃은 적도 있다.

대부분의 일본 사람들은 나처럼 무궁화에 대해서 잘 모른다. 원예를 잘 모르는 사람들은 야산이나 어느 공터에 언제부터인지 몰라도 그냥 자라는 나무의 꽃이라고 여긴다. 그러나 무궁화는 일본에서도 벚꽃처럼 오래전부터 자라왔고, 정원의 조경에 쓰는 나무이기도 했으며, 시인들이 즐겨 불렀던 대상이기도 했다. 한국의 무궁화가 식민시대에 무지막지한 탄압을 받았어도 정작 일본의 무궁화나무는 뽑히는 일이 없었다. 관심이 없었던 것일까? 아니다. 오로지 한국에서만 이 꽃이 한민족과 함께 없어

지기를 바라던 '그자들'의 계획이었을 것이다.

무궁화는 한국을 대표하는 꽃이고 민족을 대표하는 꽃이다. 한반도에 있었던 나라들과 백성들이 그랬듯, '피고 지더라도 다음이 또 피기'를 그치지 아니하는 '신념(persuasion)'이라는 서양 꽃말을 가진 꽃이다. 그렇게 강한 불굴의 의지가 무궁화에 있는 듯하여, 그 매력에 이끌려 한국에 오게 되지 않았나 싶다.

나는 1962년 8월 14일 일본 후쿠시마(福島)현 다테(伊達)시에서 평범한 학교 교사의 첫째아들로 태어났다. 한국인에게 흔히 '후쿠시마'라 하면, 먼저 2011년에 있었던 원전 사고가 발생한 지역을 먼저 떠올리기 쉬운데, 다테시는 원전이 있는 해안가보다 훨씬 내륙에 위치한 작은 도시로 후쿠시마시에 위성도시처럼 붙어 있다. 후쿠시마현은 남쪽의 동경과 북쪽의 센다이(仙台)로 지역의 생활권이 나뉘는 곳이다(정작 피해는 그렇게 크지 않았지만, 원전 폭발 사고 이후로 방사능 누출 사고보다도 '그 지역이다'라는 악평으로 지금도 더 큰 피해를 보는 곳이다).

1980년대 이렇게 작은 도시에서 한국이라는 나라를 생각할 수 있었을까. 오늘 하루를 살아가면서 다른 나라에서 생기는 일을 얼마나 생각할까. 크고 유명한 사건 이외에는 아마 없을 것이다. 사람 대부분은 우리나라에서 생기는 일들을 뉴스로 보아 알더라도, 남의 나라의 세세한 사건, 사고에는 관심이 없고, 자기가 사는 지역에서 일어나는 '먹고사는 일'에 관심이 많다. 그렇게 '이웃나라(먼 나라)'로만 느껴지던 한국이라는 나라가 순식간에 훅 다가온 적이 있었다.

지금까지 한 번도 생각하지 못한 일이 벌어졌다. 1987년의 여름날, '후쿠시마현립 이와키 양호학교(福島県立いわき養護学校)'의 주임 교사였던

나에게 우연한 기회가 찾아왔다. 다른 선생님들과 함께 지금까지 한 번도 가본 적이 없는 한국에 가서, 한국이라는 나라를 체험하고 조사해 오라는 것이었다. 물론 한국의 '서울'이라는 곳의 풍경을 찍고, 분단된 나라 북한과 가장 가까운 곳 중의 하나인 '땅굴'을 관람하여, 소개 글을 붙여 학생들에게 보여 줄 교육자료로 쓰는 것이 주된 목적이었으나, 휴가 잘 다녀오라는 것이기도 했다. 특히 장애우들을 가르치는 학교라면 제때 쉬지 못하는 때가 많으니 특별히 배려해 준 것이기도 했다.

한국이라는 곳이 가까운 옆 나라라는 것은 알고 있었고, 아무리 멀어도 동경에서 김포로 가는 비행기를 타고 한 시간 반이면 갈 수 있으니 문제 될 것은 없다. 다만, 한국이라는 나라에 대해 사정을 몰라도 너무 몰라, 고작 며칠 동안만 있는데 무엇을 준비해야 하는지 몰라 당황했다. 주변에 한국을 다녀왔다는 사람도 없다 보니, 헤어드라이어를 챙겨 가야 하는지, 수건도 필요한 건지 자질구레한 것에 고민했다. 출발하기 전까지 한국에 관한 안내 책자와 일정표를 들고 알고 있어야 할 것들을 보았는데, 나에게 책 너머의 한국이라는 나라가 궁금해지기 시작했다. 상당히 매력이 있는 나라라는 것을 느꼈고 앞으로도 크게 될 것 같은 느낌이 들었다.

기적의 나라, 정이 많고 따뜻한 나라, 한국

안내 책자에서 한국에 대해, 1945년에 일본에서 독립하여, 1950년에는 남과 북이 전쟁을 하여 한 때 잿더미가 되었던 나라였는데, 그로부터 삼십 년 동안 폭발적으로 성장하여 내년에 올림픽까지 치르는 나라가 한국이라 했다. 보통 어떤 이유로든 한 번 무너져 식민 통치를 받았던 나라는 독립해도 사회, 경제를 재건하기가 매우 힘든데, 게다가 전쟁까지 겪으면서도 발전에 발전을 거듭하여 오늘날과 같은 현대화를 이뤄낸 것이 그저 신기하기만 했다. 그래서 이번 기회에 한국이라는 나라가 어떤 나라인지 어떤 에너지를 가진 나라인지 직접 가서 보고, 나의 눈에 새겨 두고 싶다는 생각이 들었다.

비행기가 한국 땅에 착륙하여 태어나서 처음으로 와 본 한국에 처음으로 입국하던 그날, 두 시간 남짓 비행기를 타고 온, 이 나라는 글자만 다를 뿐 일본의 어떤 도시와 같은 느낌을 주었다. 다만, 공항 입국 검사대의 분위기는 삼엄했고, 창문 바깥에 일장기 대신 걸려 있는 태극기와 공항 내 어느 식당에서 풀풀 풍겨오는 된장국, 김치의 냄새가 여기가 일본이 아니라는 것을 강조하는 느낌이었다.

우리 일행의 여행을 안내하는 한국인 가이드는 작년(1986)에 이곳 김포공항에서 폭탄 테러가 일어나, 인명 피해가 꽤 있었기 때문에 경비태세가 강화되었다. 비록 "환영한다"라는 여러 나라의 언어와 한복을 입은 예쁜 아가씨를 담은 큼지막한 간판이 눈앞에 걸려 있는데, 그 밑을 검은 선글라스를 쓴 군인들이 총을 메고 서슬이 퍼렇게 공항을 돌아다니니, 여기가 말로만 듣던 북한과 대치한다는 '분단국가 한국'에 왔다는 것을 비로소 느끼게 되었다. 한국의 첫인상 중에는 왠지 모를 '살벌함'이 있었다.

우리 일행을 태운 버스는 며칠 동안 머무르게 될 서울로 향했다. 차창 밖으로 한국의 마을들이 옆으로 흐르듯 지나가고 있었다. 버스가 서울로 들어서자 눈에 한강이라는 큰 강이 들어왔다.

"여기 한국은 불과 삼십 년 전만 해도 이 나라에
한국전쟁이라는 큰 전쟁이 있었고, 모든 것은 폐허가 되었지만,
전쟁 이후로 재건되었습니다."

버스가 개통된 지 얼마 안 된 88올림픽 도로를 지나가자, 가이드가 '한강의 기적'을 설명했다. 같이 온 동료 선생님들은 자신들이 사는 일본의 마을 풍경과 비교해도 크게 다를 바 없는 서울의 풍경을 보며, '0에서부터 이룬 한국의 기적'을 눈으로 목격하고 저마다 한국과 서울에 관해 이야기했다. 가이드가 '관광지의 볼거리와 먹거리'를 주제로 경복궁과 명동, 인사동의 볼거리, 먹을거리 등을 소개하며, 이번에 답사할 곳을 소개하는 안내지를 보여주며 설명하였다.

내가 보기에 분명, 한국에는 일본과 다른 에너지가 흐른다고 생각했다. 작년(1986년)에 서울에서 아시안게임을 치렀는데, 내년(1988년)에 여기에서 올림픽 행사를 한다, 그것이 무엇인지 그때는 몰랐지만, 여기는 새로이 발전하는 나라의 용솟음치는 뜨거움과 원동력이 있었다.

내가 한국에 처음으로 온 지 삼십 년도 더 된 이야기라 자세하지 않다. 다만 공항에서 무시무시한 검문, 검색과 판문점 근처에서 남북의 군인들이 서로 살벌하게 대치하는 판문점과 끝없이 이어지는 음침한 땅굴에 들어가 체험하는 때에 동료 중 한 명이 몰래 촬영하다 군인에게 들켜 카메라를 압수당해 그 자리에서 필름을 빼앗긴 것이 기억나는 여행 일정의 대부분이다. 무언가 한국은 아직도 전쟁 중인 나라이다. 하지만 처음 여행에서 한국이라는 나라가 왠지 모르게 정이 많고 따뜻한 나라라는 느낌을 많이 받았다.

교원직을 그만두다

한국에 다녀온 뒤로는 한국에 가고 싶다는 생각에 일들이 손에 잡히지 않았다. 한국이 나를 부르는 것 같기도 했고 꿈에서도 자신이 다녔던 명동길이 눈에 선했다. 어떻게 하면 한국에서 살 수 있을까, 센다이에 있는 총영사관에 가보기도 하고 한국행 비자를 얻기 위하여 여러 가지를 준비했다. 다행히도 한국에는 원어민 회화 강사 비자인 E-2 비자가 있다고 하여, 일본어를 가르치는 것으로 한국으로 갈 길이 열려 있다는 것을 알게 된 뒤로는 비자를 취득하기 위해 열심히 했다.

이듬해인 1988년에는 마침내 물색하던 일본어 학원 중 한 군데가 결정되어, "오라"는 신호만 받으면 되는 상황이었다. 그래서 방학 중에 새 학기가 시작되기 전인 3월로 그만두겠다는 사직서를 내기 위하여 학교에 갔다. 사표의 수리는 끝났고, 교장선생님께 마지막 인사를 드리기 위해 교장실을 찾았다.

"혼다 군. 자네 정말로 이 직을 그만둘 생각인가요?"

"예, 교장선생님. 나는 다른 직업이 맞는 듯합니다."

"혼다 군처럼 앞날이 유망한 선생이 갑자기 왜 관둔다고 하는지 모르겠네요."

교장선생님은 안타깝다는 듯 고개를 저었다. 특수학교는 일반 장애보다 더 중증의 장애, 예를 들면 청각과 시각의 '복합장애'를 가진 학생들을 가르치는 학교였다. 교육 자체는 어려운 것이 없었다. 하지만 제대로 몸을 가누지 못하는 학생들을 도와주며, 반복이 계속되는 수업에 힘을 쓸 만한 오는 남자 교원은 적었다. 아무래도 여자 선생님들로는 꾸려가기 힘든데, 주임 교사로 내정된 내가 나간다고 하니, '조금 더' 힘들어진 셈이었다.

"후회할 수도 있는데, 다시 생각해 볼 수는 없나요?"

학교의 교장선생님이 나에게, 철회할 생각은 없냐고 물었다. 교사의 자질은 물론이지만, 장애우 학생을 대하는 '성실함'과 맡은 학생 하나하나에 맞추는 '창의력', 화를 내지 않고 기다리는 '인내심'을 모두 갖춘 인간미 넘치는 교사는 잘 찾아보기 힘들다고 했다. 그런 교장선생님은 나의 마음을 돌려보려 했지만, 이미 바다 건너 한국에 있었다.

"죄송하지만 이미 갈 곳이 준비되었습니다."

"그래요. 어떤 선택을 했건 간에 혼다 선생님은 열심히 했으니까 잘해낼 거예요."

그렇게 나는 삼 년간 자신이 몸을 담았던 학교와 작별을 고했다. 그렇게 헌신적으로 일했던 직장이었지만 자신이 있을 곳은 이곳이 아니라는 생각만큼은 무척이나 강했다는데, 목적이 없는, 다람쥐 쳇바퀴처럼 도는 일상에서 벗어나고 싶은 생각만 가득했다.

마침내 한국행으로 결행을 하다

마침내 한국행 비자가 나왔고, 한국으로 갈 준비는 끝났다. 다만 어머니께 "한국으로 가겠습니다"라는 말을 꺼냈다. 바로 내게 "다시 생각해 보라"라는 말이 돌아왔다. 지금까지 아들이 뭔가를 하려고 준비하는 모습이었지만, 전체 모습이 보이지 않아 관여하지 않았는데, 인제 와서 갑자기 한다는 소리가 "일하러 갑니다"는 말도 아니고, 밑도 끝도 없이 "한국에서 살겠다"는데 "잘 가"라는 말씀이 나올 수 있을까. 그도 그럴 것이 "다른 지방으로 가도 만나기 힘들어지는데 바다 건너 타국으로 가느냐?", "많은 나라 중에서도 하필 '쪽발이'라는 단어에 치를 떠는 나라에 왜 가느냐?"고 하셨다. 더욱이 "일본에서 교육 공무원은 평생을 두고 일할 수 있는 직장이고, 여기서도 교육자의 꿈을 키울 수도 있는데 왜? 힘들게 다져 둔 기반을 팽개치고 하나부터 다시 시작하려 하냐?"는 것이었다.

"정 가고 싶다면 가라. 그것이 네 뜻이라면…."

어머니는 크게 우셨다. 내가 어릴 때부터 어머니는 가정의 살림을 꾸리기 위해서 아침부터 저녁까지 일하시느라 아들들을 제대로 챙겨주지 못한 것에 대해 미안함이 있었다고 하셨다. 이제 가족 모두가 조금은 생활에 한숨 돌릴 수 있게 되었다 싶었더니, 이제는 그 아들이 이곳을 떠난다.

며칠 동안 걱정과 슬픔으로 초췌해진 어머니는 삼십 년을 일본에서 살다가 모든 것을 버리고 타향도 아닌 외국에 가서 바닥부터 시작하는 일은 거의 없으니, 몇 번을 다시 생각해 보라며 나를 설득하셨지만, 흔히 우스갯소리로 말하는 '콩깍지 쓰인' 아들을 막을 수는 없으셨나 보다. 그때도 철없던 아들은 한국이 가진 무한한 가능성을 믿고 성공할 수 있다는 자신감에 가득 차 있었다.

나는 그러한 어머니와 친구, 동료의 만류에도 불구하고 한국에 가는 것을 택했다. 자신이 선택한 한국의 가능성을 어머니께 보여드리려 1988년의 올림픽 때에 어머니와 함께 한국을 방문하였다. 그 후에 어머니는 아들의 강한 의지에 한국으로 가는 것을 승낙하셨다.

1988년의 여름과 평화 그리고 어머니와의 작별

1988년 9월 17일, 그렇게도 보고 싶었던 88서울올림픽이 개최되었다. 나는 서울로 어머니를 모시고 며칠 동안 서울올림픽 경기를 구경할 겸 시내 구경을 겸해서 여기저기를 돌아다녔다. 백화점의 TV에는 개회식 때 나왔던 하이라이트로, 굴렁쇠 소년이 열심히 굴렁쇠를 굴리며 운동장을 가로지르는 모습을 눈에 선하도록 비추고 있었다. 운동장 한가운데에 도착한 소년은 관중석을 향하여 손을 흔들며 들어간다. 이 장면은 단 1분이었지만 많은 사람의 인상에 남아 있고 아직도 명장면으로 남아 있다.

나중에 알게 된 이야기였지만, 이 소년이 굴리던 굴렁쇠는 단순히 '동그란 쇠'가 아니라, 동양의 원, 오륜기의 원이면서, 지구, 미래의 한국을 의미한다고 고 이어령(李御寧, 1934~2022) 교수는 밝혔다. 아마 이를 굴리는 소년(윤태웅[1] 군)은 '미래의 한국인'이었을 것이다. 그때 서울올림픽은 냉전 시대에 미국과 소련과 같은 두 강대국이 한자리에 같이 참석한 평화를 상징한 올림픽이었다. 또한 한국이라는 나라의 이미지는 6·25 이후의 '전쟁고아'의 이미지를 벗어나기 위한 평화의 의미를 더욱 부각했다. 이 장면을 모두 좋아했지만, 나에게는 소년이 던져준 그 굴렁쇠를 굴리는 모습이 평화를 향한 간절한 소망이라고 느꼈다. 그것은 내가 예전에 보았던 그 많은 문자 중에서 우연히 발견한 '평화(平和)'라는 두 글

1) 윤태웅(尹泰雄, 1981~)은 대한민국의 배우이다. 1988년 서울 올림픽 개막식의 굴렁쇠 소년으로 잘 알려져 있다. Q-grader 자격을 취득한 바리스타이기도 하다(위키백과).

자가 아니었을까.

"우리는 지금 목청이 큰 사람들이 지배하는 세상에서 살고 있잖아. 소음이나 폭탄 터지는 소리보다는 정적의 힘이 얼마나 강한 것인지 세계인들에게 보여 주려 했지. 생각해봐요. 굴렁쇠 퍼포먼스 바로 직전, 우리를 에워싸고 있는 이념의 벽, 빈부의 벽, 분단의 벽들을 부수는 태권도 공연 장면이 펼쳐지고 그 담들이 모두 무너진 자리에서 새싹이 나요. 그 틈 사이에 잠시 필름이 끊긴 영사막의 공백처럼 텅 빈 곳이 나타나지. 초록색 잔디 위로는 햇빛이 꽂히고 정적이 흐르지. 거기에 하얀 러닝셔츠와 반바지를 입은 어린아이 하나가 굴렁쇠를 굴리며 대각선으로 가로질러요. 군중이 아니지. 주먹 쥔 어른들의 시위가 아니지. 그건 지구의 모든 사람의 기억과 잃어버린 시간 속에 나타난 생명이에요. 더 이상 설명하면 정적은 깨지고 굴렁쇠는 그냥 자전거 바퀴에 불과해. 너무 눈부셔 잠시 환각에 빠져 있는 것 같은 순간으로 그 정적을 재현한 것뿐이에요."

(「88올림픽 굴렁쇠 소년 탄생 비화」, 『주간조선』, 2016년 6월 24일자)

"이어령 씨는 그 넓은 운동장에 시를 썼다. 이 '정적'이라는 시는 태초의 빛을, 그리고 벽을 넘어 화합의 어우러짐에서 잠실벌의 숨죽임으로 남기지 않았던가."

(『경향신문』 1988년 9월 21일자)

짧은 기간의 올림픽이 끝나고 김포공항에서 어머니와 작별했다. 사랑하는 아들을 다른 나라 땅에 두고 혼자 돌아가셔야 하는 것이 안쓰러웠는지 일본에서 미리 헤어질 것을 작정하셨지만, 막상 비행기를 탈 시간이 되자 로비에서 연신 울기만 하셨다. 걱정을 마시라며 어깨를 다독이며 어머니를 비행기로 보내 드렸다. 비행기가 떠나고, 혼자 서울로 돌아오는 길이 쓸쓸했다.

하지만 한국에 가기로 결심했던 그때부터 지금 이때까지 쌓아 온 한국과, 한국인과의 인연들을 생각하면 내 생각이 한 번도 틀렸다는 생각을 한 적은 없다. 지금까지 한국에서 교육자로서 살아온 삶과, 이웃들과 나누는 삶을 성공적으로 살아왔다고 생각한다. 일본에서 해 보고 싶었던 삶을 여기에서 해낸 것이니, 그런 기회를 준 한국과 한국인에게 늘 감사하며 살고 있다.

대학 선배들이 가르쳐 준 것

나의 인생관은 대학 시절에 완성되었다. 나는 어린 시절부터 지금까지 노는 것을 즐겼다. 중학교와 고등학교 때에 궁도와 검도를 배워, 수련을 통해 튼튼하게 몸은 단련했다. 운동이라면 남에게 지지 않을 나였지만, 대학교 때 합기도부에 들어가 크게 인생관을 바꾸게 되었다. 무엇보다도 조직으로부터 배우는 인간관계는 돈으로도 사지 못하는 것이었다.

모든 것은 생각하기 나름이라고 했다. 머릿속에서 아무리 생각하고 안 된다고 포기하는 것은 '안 한 것'과 다름없다. 아무리 어렵게 보여도 시도하는 중에 답을 찾는 때도 있는데, 아무것도 하지 않고 포기함은 그 가능성을 엿보는 것조차도 포기하고 던지는 것과 마찬가지다. 그래서 지금도

1984년 전국 합기도연무대회에 참가한 토호쿠 복지대학 합기도부
(왼쪽 두 번째가 혼다 박사, 가운데가 지도교수인 스티븐 사범)

싫어하는 말은 '이런 것은 처음이라'던가, '못한다', '안 해봤다'이다.

이 일의 시작은 이랬다.

"이봐, 너 운동 좀 하게 생겼는데? 합기도부에 들어올래? 아니면 학교 나갈래?"

4월 꿈과 낭만이 가능한 대학 앞에서 개학 첫날에 등교하자마자 가쿠란(学ラン)을 입은 어떤 선배들이 나와 친구에게 내던진 말이었다. 꽤 오래전부터 입어 온 학생복인 가쿠란은 교복 자율화와 함께 1980년대에 들어와서는 대학에서 일반 학생들이 입지 않는 옷이 되었으나, '절도 있다'던가, 요샛말로 '간지난다'는 등의 이유로, 응원단이나 체육부의 학생

들은 스스로 입었다. 일부는 조직의 엄한 '기강(紀綱)'에 대해, 시대가 어느 때인데 전근대적인 '군기 잡기'를 하느냐는 사람도 있었지만, 그 정도의 정신력이라면 사회생활을 미리 경험해 봤다는 플러스 요인도 있어서, 회사에 취업하는 데도 도움이 되는 분위기였다.

대학의 학생회의 임원이나 응원단, 체육부에 있었다는 경력이 이력서에 기재되어 있어도 학의 제미(ゼミナール, 3~4학년에 교수 직강의 도제식 전공수업반)에 들어갈 때나 기업에서 채용할 때, 그 경험과 리더십 등이 충분히 입증된 것으로 보고 우대해 준다고 하여, '따라쟁이'였던 내 동생도 얌전하고 소극적이던 형이 합기도부에 들어간 이후로 확 달라진 모습을 보고, 본인도 바뀌고자 하여 합기도부에 들어갔다고 했다.

대학에 들어가기 전까지 사실, 나는 그냥 소심하고, 나서지 않으려는 평범한 학생에 지나지 않았다. 그런데, 1학년 때에 합기도 동아리의 주장이 나에게 우리 동아리에 (강제로) 들어오지 않겠냐고 말했다. 그렇게 하지 않으면 그 선배의 협박에 가까운 성화(?)에 며칠 못 버틸 것 같아, 몸 쓰는 일쯤은 어려울 게 없으므로 들어가겠다고 했다. 지금은 있으면 안 되는 일이지만 한번 운동 잘하게 생겼다고 '찍히면' 계속 따라다니며 들어오라고 괴롭혔고 피하는 것도 힘들어 아무 소리도 못하고 합기도부에 가입하였다. 하지만 같이 입학한 친구는 합기도부의 사람들을 피해 도망다니다, 끝내는 이런 학교는 싫다고 학교를 그만두었다.

합기도부는 1학년부터 4학년까지 20~30명이 숙소에서 합숙했다. 오전 6시부터 12시까지 운동하고, 학교 수업이 끝나면 다시 숙소로 돌아와 남은 일과를 마치는 것이 하루의 일과였다. 옛날 어느 한 때의 한국 군대나 학교와 비슷한 상황이 일본에도 있었다.

운동하는 동아리가 다 그랬던 것은 아니지만, 선배가 군기 잡는다고 후배들을 모아 두드려 패거나 얼차려를 주는 일은 많았다. '선배=하늘'이라며 쓸데없이 군기를 잡는 일도 많았다. 예를 들면, 저 멀리서 선배가 보이면 인사하던가, 회식 때에 선배보다 먼저 식사하고 먼저 일어나 선배들 뒷바라지하고, 호주머니에 든 성냥은 선배를 위한 것이라 선배가 담배를 들면 재빠르게 라이터로 불을 붙여주는데, 여러 명이 늘어서서 담뱃불을 붙여 주는데, 만약 첫째가 불을 늦게 붙이면 둘째가 잽싸게 붙이거나… (솔직히 말해 한국에도 이런 군대나 학교가 있지 않을까.)

동기 한 명이 잘못하여 단체로 얼차려[2]를 받던가, 맞는 일은 비일비재했다. 처음에는 위에서 시키는 일이니 어쩔 수 없다고 생각했지만, 그것이 계속되니 피로가 누적되는 1학년들 모두가 싫어했다. 그래서 왜 여기까지 와서 괴로운 운동 이외에도 선배 뒷바라지 같은 괴로운 일까지 해야 하는지 회의하는 동기도 있었다. 그러고는 자퇴서를 쓰고 학교를 내가 버린 학생도 있었다.

합기도부에서 상하 조직생활을 배우다

그럼에도 불구하고 내가 1년, 2년을 버틸 수 있었던 이유는 강한 기강과 상하관계 속에서 배우는 조직 생활과 딱딱 끊어지는 '절도(節度)'를 배운다는 것이었다. 무엇보다도 처음 학교에 왔을 때 가쿠란(学ラン)[3]을 입은

---

2) 군대에서, 군기를 바로잡기 위해 상급자가 하급자에게 때리지는 않는 상태에서 육체적 고통을 가하는 일. 기합.

3) 일본의 남학생 교복(제복). 한국에서도 1895년부터 일제강점기를 거쳐, 1983년 2월까지 중학생 및 고등학생들에게 이런 교복을 입혔다. 일반적으로 학생모와 세트를 이루나,

선배들의 자신감이 넘치는 모습을 바라보며 나도 그렇게 되기를 바랐다. 멋이라는 것은 좋은 옷이나 액세서리 등으로도 연출할 수 있겠지만, 절제된 내면에서 우러나는 멋은 세련된 멋과는 차원이 다르다는 생각이 들었고 나도 선배가 된다면 저런 멋을 아는 사람이 되겠다는 다짐도 했다.

또 다른 하나는 나는 상대방을 즐겁게 하는 데에 소질, '끼'가 있다는 것을 느꼈기 때문이다. 그렇다고 해서 그것이 대단한 능력을 요하는 것은 아니다. 상대방이 지금 무엇을 원하는지, 현재 분위기가 어떤지 잘 읽고, '가려운 곳을 잘 긁어 주는 것'이다. 사실, 이건 합기도부 내에서 선배를 모실 때 하던 일이었지만, 상대방의 행동에 주목하고 배려하는 행동이 직장이나 다른 모임에서도 아주 유용하게 쓰였다. 다만 그것이 처음부터 그것을 제대로 할 수 없어 몸이 괴롭기는 하였지만, 본능적으로 몸에 밴 까닭인지, 한국에 온 지금도 그때 익힌 방식대로 하게 되었다. 그리고 알아서 뒷바라지해주니, 모두가 좋아했다.

처음 후배로서 지내는 생활은 힘들고 고달팠다. 뭐라 해도 1학년과 2학년은 합숙소에서 막내일 수밖에 없는데 잦은 심부름과 허드렛일을 다 맡아서 했다, 거기에 선배가 불러 시키면 노래를 부르거나, 등을 마사지해 달라면 정과 성을 다해 선배가 기분 좋게 잠이 들 때까지 주물러야 했다. 처음에는 노래를 부르라 해서 아무렇게 떠오른 동요 같은 것을 불렀는데, 허우대는 멀쩡한데 싱겁다고 모두가 배를 잡고 웃었다. 해본 적이 없는 것을 해야 하므로 매우 힘들었지만, '해보니 되더라'는 것을 느꼈다.

무엇보다 선배들도 지금의 자신과 같은 후배 생활을 다 겪고 이겨내고

학생모를 지정하지 않는 학교들도 많다.

선배가 된 것이기에 '지금은 힘들지만, 이겨내면 나도 저런 생활을 누릴 수 있다'라는 그런 소망이 생겼다. 아무리 그래도 합기도부가 중요하게 여기는 '선배는 하늘'이라는 명분 아래 행해지는 부조리한 행동과, 1년 늦게 부에 들어왔다고 나이도 어린놈에게 구타까지 당하는 '불합리한 위계질서'에 하급생들이 괴로워하는 환경이 좋지는 않았다(그래서 군대 가면 사람 된다고 하지 않았나?).

사회집단 또는 조직이라는 것에 늘 좋은 일만 또는 괴로운 일만 있는 것은 아니다. 선배들 역시 사람인지라 언제나 나를 괴롭히는 존재이기만 한 것도 아니어서, 도와주다 보면 도움을 받기도 했다. 어떤 경우에는 잘 해보라고 다독여주고 내 편이라고 챙겨주는 경우도 많았다. 특히 내가 잘 따랐던 선배는 졸업 후에 무엇을 할까 고민하던 3학년 때, 내가 교사의 길을 걷게 해 준 제미로 오라 하였고, 같은 동문으로서 내가 그곳에 정착할 수 있도록 인도해 주기도 했다. '사람이 사는 세상이 그런 곳이고 인간관계란 이런 것'임을 합기도부의 단체생활을 통해 알게 된 것이다.

내가 합기도부 생활을 하면서 한 가지 더 알게 된 것은, 어차피 해야 할 것, 누군가가 반드시 해야 할 것이라면, 불려 나와서 하기 싫은 것을 억지로 하는 것이 아니라, 먼저 나서서 '즐겁게', 적극적으로 하는 것이 더 좋았다. 곤란하거나 애매한 상황이 발생하면 그것을 타개하는 첫발을 내딛는 것이 쉽지 않다. 손해 보는 것이 두렵거나 다들 처음이라 겁이 나서 조용히 있다가, 좋지 않은 일로 끝나게 되어 서로 인상 쓰고 분위기 나빠진 뒤라면, 나중에 잘 해본들 무슨 소용일까.

어려운 일에 선뜻 나서는 것이 무엇보다 좋은 것은, '저 사람이 나서서 (힘들어 보이는 궂은일을) 해결했다!'가 되면, 모두 고마워하는 그때, 그 고

마음이 두 배가 되고, 나를 대하는 자세도 달라진다. 자기에게는 어려우니 (이미 해본 나에게) 정중하게 부탁하는 때도 있다. 어찌 보면 나를 희생하는 것처럼, 손해 보는 것처럼 보이지만 그때 뿌린 씨앗이 크게 자라 열매로 돌아온다. 그것이 리더로 가는 지름길일 것이다.

요즘은 '봉사, 섬김의 리더십'이라 말하기도 한다. 어떤 일이든 즐겁고 기쁜 마음으로 모든 것에 임하면 팀이나 조직의 분위기도 달라지지 않을까? 분위기란 사람의 마음먹기에 따라 달라지는 것이므로.

한국의 첫인사는 신문지 몽둥이였다?

1989년 서울의 어느 날, 나는 한국에 와서 어느 일본어 학원의 강사가 되어 있었다. 혈기 하나로, 그리고 한국에 대한 선한 이미지를 가지고 오기는 했으나, 한국어 한마디도 못하는 나에게 한국은 차갑고 낯선 땅이었다. 아무도 오라고 환영하지 않는 나라에서 버티고 살아남는 것은 힘들었다. 실제로 한국이라는 나라는 거주하는 외국인의 정착률이 얼마 안 되는 나라로 유명했다.

일본에서 '교직'이라 불리는 직업은 한번 교편을 잡기 시작하면 정년으로, 또는 불미스러운 일로 퇴직하기 전까지는 고용의 안정이 보장된, 이른바 '신이 내려 주신 직장' 중의 하나이고, 지금도 그렇다. 내 동생은 교직의 길을 계속 걸어 재작년에 고향의 학교에서 교장이 되었다. 아마 나 역시 그 길을 계속 걸어왔다면, 지금의 나는 이미 교장이 되었을 것이다. 하지만 그 당시의 나에게는 일본의 학교가 '내가 가진 끼'를 펼칠 곳이 아니라는 느낌만 강했다.

그곳은 내가 있을 곳이 아니라는 생각과, 그곳에 있어도 나의 인생에 도움이 될 곳이 아니라는 생각이 들었다. 후쿠시마현립 이와키 지원학교에 부임하여, 성실하게 일해서 삼년 만에 회사에서 부장의 직급에 해당하는 주임 교사의 직에 올랐다. 그 자리는 분명히 이중으로 장애를 겪는, 언제 이 세상과 작별해도 이상하지 않은 학생들에게 '헌신'을 바치는 자리다.

삼년을 앞뒤 보지 않고 열심히 일했다. 지금도 그렇지만, 체력만큼은 누구보다도 좋아서 지치지 않고 일했던 기억이 났다. 너무 주임 교사의 자리에 쉽게 올라갈 수 있는 것인지 모르지만, 누구나 할 수 있는 노력으로 이렇게 될 수 있다면, 앞으로도 다람쥐 쳇바퀴 도는 듯한 이 일을 앞으로도 계속해야 한다면, 이 직장은 다른 사람이 할 수 있고, 평생의 노력을 걸어야 할 나만의 자리가 아니라는 생각이 들었다. 그래서 한국으로 떠날 곳을 찾고 있었는데 그곳이 어디든 상관없다는 생각까지 들었다. 혼자 사는 생활은 질리도록 했으니, 학원행이 결정되자 부랴부랴 짐을 싸서 한국행 표를 들고 이곳으로 왔다.

정신없이 더웠던 한여름 날, 자신이 한국에 온 이유를 되뇌며, 이곳 한국에서 무언가 공헌을 하고 싶다. 내가 가진 능력을 나누어 주고 싶다는 혈기 넘치는 '이상'과 자신이 가진 이상과는 격이 다른 '현실의 벽'에 부딪혀 '관두고 갈까?'를 되풀이하던 때였다. 어디선가 한 청년이 다가와 아무런 이유 없이 신문지를 둘둘 말아 만든 몽둥이를 갑자기 휘둘렀다.

"이 쪽발이가!!!"

라는, 우리가 잘 아는 비하가 섞인 말과 함께 '팡' 하는 소리가 나며 고개가 돌아가며 쓰고 안경이 날아갔다. 왜 나에게 무슨 까닭으로 이랬을까? 이게 말로 듣던, 한국에 사는 일본인들이 겪어야 할 '통과의례(通過儀禮)'인지, 한국인이 가지는 일본인에 대한 반감의 표시인지, 젊은 놈이 한때 가지는 영웅 심리에서 이러는 것인지, 일본인은 때려도 되는지? 이런 생각이 짧은 순간에 오만 가지의 생각이 나의 머릿속을 오고 갔다.

그 학생은 아파하라고 힘껏 때렸겠으나 소리만 컸지 아프지는 않았다. 맞는 데에는 이골이 나 있던 터라, 그런 것은 맞은 축에도 끼지 않았다. 나는 그 청년을 조용히 쳐다보았고 잠시 침묵이 흘렀다.

한국에 오기 전에 교육받은 적이 있었는데 내국인과 외국인이 싸우게 되면 불리한 쪽은 외국인이라고 주의를 당부받았다. 게다가 검도와 합기도를 한 유단자이니 더욱 불리하다고 했다. 괜히 시비에 말리지 말라는 것이었다. 그런데 눈앞에서 주먹 하나에 날아갈 녀석이 씩씩거리며 서 있으니, 이걸 어떻게 해야 할까? 한 주먹에 날아갈 놈을 패면 속이 시원할까, 생각도 했다.

그때 문득 무슨 생각이 났는지는 모르나, 성경에 있었던,

> "너희를 저주하는 사람들을 축복해 주고 너희를 모욕하는 사람들을 위해 기도하라.
>
> 한쪽 빰을 때리거든 다른 빰도 돌려대고 네 겉옷을 빼앗는 사람에게 속옷까지 주어라."
>
> - 〈누가복음〉 6:28, 29

라는, 한국에 있을 때 얼핏 들은 적이 있었던 성경 구절이 떠올랐다. 그래서 맞지 않은 오른쪽 뺨을 들이밀었다. 다만 분을 못 참는 나의 눈은 살기에 가득했다. 주변에서 웅성거리는 소리가 커지자, 그 청년은 슬금슬금 뒷걸음질 치며 물러났다. 만약 그곳이 일본이었고, 그 갑자기 떠오른 그 말씀만 아니었다면, 그때 분을 못 참았다면, 아마도 신문지 몽둥이를 가로채 기분이 풀릴 때까지 그 친구를 신나게 팼을 것이다. 경찰서에 불려가 형사 재판에 불려갔을 것이고, 일본으로 쫓겨나더라도 새로이 어떤 일을 해서라도 먹고 살았을 것이다.

일본에서 교사로 있었어도 직을 내려놓았으니 다시 교직원이 되기 위한 임용시험을 치를 때까지는 다른 직을 전전해야 한다. 분이 풀려야 한다면 기꺼이 그럴 수도 있었지만, 이런 일로 인하여 한국에서 한국인으로 살고자 한 결심을 고작 이런 일로 접고서 떠날 수는 없었다. 나에게는 이미 사랑하는 사람이 아내가 되어 부양해야 할 '가족'이라는 이름으로 있었기 때문이었다.

한국에 와서 책임져야 할 사랑하는 가족이 생겼다. 크게 맘먹고 가족들과 직장동료들, 친구들의 만류를 뿌리치고 한국에 왔는데, '그깟 일'로 일본으로 돌아갈 수는 없었다. 여기서 성공하며 살아야겠다는 오기까지 생겼다. 아내 때문에라도 이를 악물고 살아야 했다.

"배고프다", 처음 배운 한국어

어차피 태어나는 자체가 맨땅에 헤딩이고 보장된 것이 하나도 없는 길을 가는 일이다. 나는 고민이 짧고 일부터 저지르고 드는 기질이라 현실적으로 감당해야 하는 몫이 많았던 것 같다. 좋게 해석하면 가슴의 소리에 따랐다는 말이고 계산 없이 즉흥적으로 살았다는 뜻이기도 하다. 그래도 용케 여기까지 왔다.

- 고금란, 『맨땅에 헤딩하기』(호밀밭, 2018)

열광이 한국의 곳곳을 휩쓸고 다니던, 숨 가쁠 정도로 화려했던 1988년의 올림픽이 끝난 서울, 모든 것이 원래대로 돌아갈 무렵, 나에게 '한국 생활'이라는 무거운 현실이 다가왔다. 유학비자 하나로 한국에 온 그는 일본에서의 삶을 접고 한국으로 왔지만 여기서는 누구 하나 반겨 줄 이가 없었다. '혈혈단신(孑孑單身, 의지할 곳이 없는 외로운 홀몸)'이라는 말이 딱 어울리는 상황이었다.

'맨땅에 헤딩'이라는 말이 딱 맞았다. 그때는 정말 아무 생각 없이 한국에 오겠다는 생각만 했다. 일본에는 없는 '한국의 저력'이라는 것을 한국에서 느껴보겠다고 무턱대고 왔다. 일단 일본에서 살아왔던 것처럼, 한국에 와서 열심히 살면 여기서도 잘될 것이라는 막연한 계획으로 온 것도 있었다.

다만, '젊은 혈기'와 '사랑하는 아내와 함께'로 밀어붙이면 되겠지, 뭐라도 하나 할 수 있겠지. 하는 생각이 들었다. 하지만, 막상 와 보니 오라는 곳 하나 없이 여기저기를 전전긍긍하는 처지가 되었다. 일본에서 가져온 돈은 몇 달 안 되어 바닥을 보였다. 지금 이곳이 일본이라면 적어도 회사에서 일반 회사원으로 일하거나, 최악의 경우, 공사판에서 인부라도 하거나 어디서 아르바이트라도 했겠지만, 여기는 말이 통하지 않으면 정말 악한 이들은 부려 먹으려 들었다. 그것보다도 더욱 심했던 것은 '어디서 쪽발이 놈이?'라는 멸시에 가득 찬 말들이 따라다녔다.

냉정하게 생각해 보면 나는 일제시대의 가해자도 아니고, 내게 욕을 하는 그 사람도 직접적으로 피해를 본 사람도 아니다. 어떻게 보면 조선시대의 원죄(怨罪)나 연좌제(連坐制)에 해당하는 말을 어린아이에서 어르신에 이르기까지 "일본 놈들은 (벌 받을 짓을 했으니) 벌을 받아야 해"라는 말을 입버릇처럼 하는 것을 들어야 했다. 나는 한국이 좋아서 왔고 한국에서 살고 싶다고 해도 '돌아가라'는 말을 들을 때도 있었다. 그 당시에는 억울하기도 했고, 눈물도 났으며, 잠을 자고 있어도 그때 그 장면이 눈에 선하게 떠올라 잠을 깨기도 했다.

세상에는 나와 나를 이해해 주는 아내, '우리 둘뿐'이라는 느낌이 돌아 눈물이 핑 돌았다. 다만 이렇게 슬픔에 빠져 있다고 해서 더 나아질 일은 없다는 생각에 그럼에도 나아가야 한다는 생각만 들었다. 인생이란 외발 자전거와 같은 것이고, 다리를 움직이지 않으면 넘어질 뿐이다. 그런 일이 있을 때마다 오히려 독한 오기가 생겼다. 어찌할 방법이 없고 헛다리를 짚는 상황이 계속되자 포기하고 싶은 마음도 들어도, 여기서 꿈을 접고 돌아가기는 싫었다.

지금이야, "일본분이신데도, 한국어를 유창하게 잘하세요."라는 인사를 듣는다. 그러고 보니 처음 한국에 와서 살아남기 위해, '일본놈'이란 소리를 듣지 않기 위해 제일 먼저 한국어를 배워야 했다. '간절하면 통한다(궁즉통窮則通)'라고 했는데, 그렇게 필요하니까 조금이나마 빨리 배우게 되었다. 그리고 일본, 일본인이라는 간판을 등에 업고 다니는 처지에 있다는 것을 항상 의식하고 지냈다. 일본에 대한 부정적인 말과 행동은 오히려 감사하게 받아들일 자세가 되어있다.

"배고프다(일본인 혼다가 한국에 처음 와서 배운 말)."

일단 굶어 죽지 않기 위해서 말을 배워야 했다. 어느 때는 밥 한 끼는 고사하고, 이틀 사흘을 굶어야 할 때도 있었지만, 악착같이 버텼다. 그때부터 '자존심'이란 것을 빼고 남에게 도움을 구하는 방법을 알아가게 되었다. 이어서 TV에 나오는 우스갯소리들을 집중해서 배워, 실제로 대화(소통)에 사용해봤다. 그랬더니 마음의 벽이 허물어지며, 조금씩 사이가 가까워지는 것을 느꼈다. 나에게 '손에 쥔 것 하나 없던' 그때를 회상하며, 한국 생활 초반, 모든 것이 생소하고 어려울 때, 나를 도와주던 사람들을 떠올리면 감사할 일이 많다.

참으로 고마운 한국 사람들 눈물이 펑펑 쏟아진다

서울의 한 외국어학원에서 일본어를 가르치는 일본인 강사다. 한국 땅을 처음 밟은 지는 십이 년, 학원강사라는 직업을 가진 지는 오 년이 됐다. 1988년 결혼하면서 우리 부부는 한 가지를 약속했다. 한국에서 열심히 일해 결혼 십 주년이 되는 1998년에는 일억 원을 모으자고. 그러나 한국인을 위한 일본어 교재작성 수입 갖고는 어림없었다. 그래서 갖가지 부업에 나섰다. 신문 배달과 수금, 파지 수집, 떡 장사 등, 오전 세 시에 일어나 밤늦도록 정신없이 일했다.

이 과정에서 온갖 고생을 했으나 1995년 이후 안정된 직장에서 일하고 있으므로 언젠가는 목표가 달성되리라고 확신한다. 하지만 여기에 이르기까지 결정적인 도움을 준 한국인들을 지금도 나는 잊지 못한다.

1999년 11월 9일 회요일 42판 중앙일보

삶의 기쁨

서울 성북구 성북동1가 혼다 도모쿠니

서울의 한 외국어학원에서 일본어를 가르치는 일본인 강사다. 한국땅을 처음 밟은지는 12년, 학원강사라는 그럴 듯한 직업을 가진지는 5년이 됐다.

88년 결혼하면서 우리 부부는 한 가지 약속을 했다. 한국에서 열심히 일해 결혼 10주년이 되는 98년에는 1억원을 모으자고.

그러나 한국인을 위한 일본어 교재작성 수입 갖고는 어림없었다.

그래서 갖가지 부업에 나섰다. 신문배달·수금, 파지수집, 떡장사 등. 오전 3시에 일어나 밤늦도록 정신없이 일했다.

이 과정에서 온갖 고생을 했으나 95년 이후 안정된 직장에서 일하고 있기 때문에 언젠가는 목표가 달성되리라고 확신한다.

하지만 여기에 이르기까지 결정적인 도움을 준 한국인들을 지금도 나는 잊지 못한다.

"내 구역이야"외치던 떡장수 아주머니 日本人임을 알곤 떡파는 법 가르쳐줘

첫번째는 나에게 배웠던 학원생 3명이다. 전세금 3천5백만원을 주인이 제때 주지 않아 새로 한 전세계약이 깨질 상황에 처했다. 이국땅에서 이런 일을 겪으니 앞이 캄캄했다. 그래서 강의 중 휴식시간에 몇몇 나이 먹은 수강생들에게 이런 사정을 얘기했더니 정말 놀랄만한 일이 벌어졌다. 며칠 뒤 이들이 무려 2천만원을 만들어 나에게 빌려주는 것이 아닌가. 잘 알지도 못하는 일본인 선생에게 무엇을 믿고 그렇게 선뜻 거금을 융통해주는지 어안이 벙벙했다. 나는 그러나 곧 알았다. 한국인들이 얼마나 정이 많고 남의 어려움을 도와주는데 열성인지를….

두번째는 독립문 뒷골목에서 떡을 팔 때 만났던 아줌마다. 1백여개의 떡을 들고 소리를 지르며 이 동네 저 동네 돌아다니는데 이 아줌마가 나에게 소리를 질렀다. "여기는 내 '나와바리'야"라고. 무슨 뜻인지 금방 알아챈 나는 어떻게 해야할지 난처했다. 그런데 처음에 화를 내던 아줌마는 내가 일본사람인 것을 알고난 후에는 불쌍해보였는지 화를 풀고 떡 파는 요령을 가르쳐주는 것이 아닌가. 참으로 고마운 한국사람들…. 눈물이 펑펑 쏟아졌다. 우리 가족 네식구는 지금 평범하고 행복하게 잘 살고 있다. 그동안 신세진 한국사람 모든 분에게 감사하다는 말씀을 드리고 싶다.

◇ 후원사인 ㈜한국문화진흥에서 '문화상품권'을, 르네상스 서울 호텔에서 유니버설 뷔페권을 드립니다.

첫 번째는 나에게 배웠던 학원생 세 명이다. 전세금 삼천 오백 만 원을 주인이 제때 주지 않아 새로 한 전세 계약이 깨질 상황에 부닥쳤다. 이국 땅에서 이런 일을 겪으니 앞이 캄캄했다. 그래서 강의 중간의 휴식 시간에 몇몇 나이 먹은 수강생들에게 이런 사정을 얘기했더니 정말 놀랄만한 일이 벌어졌다. 며칠 뒤 이들이 무려 이천 만 원을 만들어 나에게 빌려주는 것이 아닌가. 잘 알지도 못하는 일본인 선생에게 무엇을 믿고 그렇게 선뜻 거금을 융통해주는지 어안이 생생했다. 그러나 나는 곧 알았다. 한국인들이 얼마나 정이 많고 남의 어려움을 도와주는데 열성인지를.

두 번째는 독립문 뒷골목에서 떡을 팔 때 만났던 아줌마다. 1백여 개의 떡을 들고 소리를 지르며 이 동네 저 동네 돌아다니는데 이 아줌마가 나에게 소리를 질렀다. "여기는 내 '나와바리' 야"라고. 무슨 뜻인지 금방 알아챈 나는 어떻게 해야 할지 난처했다. 그런데 처음에 화를 내던 아줌마는 내가 일본 사람임을 알고 난 후에는 불쌍해보였는지 화를 풀고 떡 파는 요령을 가르쳐주는 것이 아닌가. 참으로 고마운 한국사람들…. 눈물이 펑펑 쏟아졌다. 우리 가족 네 식구는 지금 평범하고 행복하게 잘산다. 그동안 신세진 한국사람 모든 분에게 감사하다는 말씀을 드리고 싶다.

어이구 이 화상아!!!

일본어 강사라는 직업이 제대로 서지 않았던 한때, 수업이 비는 날에는 어떻게든 돈을 벌기 위해 독립문 뒷골목에서 떡을 팔았다. 100개 가까운 떡을 이고, "찹쌀 떠~~~억!"이라 고래고래 소리 지르며 이 동네, 저 동네를 돌아다녔다. 추운 날씨에 몇 시간 동안을 목이 쉬도록 돌아다니는데,

어디선가에서 어떤 아주머니가 "야 이놈아, 여긴 내 나와바리야! 얼른 꺼져!"라고 화를 내고 있었다. 똑같이 떡을 이고서 말이다.

"아이구, 이 화상아!
넘의 나라까지 와서 한다는 것이 고작 이 짓이냐?"

그 아주머니는 나의 행색을 보며, 키도 크고 허우대는 멀쩡한 놈이 떡을 들고 장사한답시고 돌아다닌다고 서슬 퍼렇게 나무랐다. 처음에는 자기가 장사하는 구역에 맘대로 넘어왔다고 역정을 냈지만, 일본인이 이러고 있는 것은 처음 본다고 불쌍하게 보았다. 나는 잘 몰랐다며 죄송하다는 말을 건네었다. 하지만 아주머니의 다음 행동은 '저리 가라'라는 말 대신, 놀랍게도 떡장사의 '노하우'를 가르쳐 주는 것이었다. 말이 잘 통하지는 않았지만, 이 동네는 어떤 곳인지, 어디가 잘 팔리는 '목'인지 보라는 것이었다.

처음은 당황했다. '나와바리(영역, 구역의 일본어)'라는 말을 듣고서, 내가 뭔가 잘못했나 싶었다. 한국에도 이런 '구역의 룰'이라는 것이 있나 싶어 기가 막혔다. 장사는 이렇게 끝나는 것일까 싶었는데, 불쌍하다고 봐주신 것이다. 그런데 거기에서 끝나는 것이 아니라 '인정'을 베풀어 도와주기까지 하시는 것이었다.

'그냥 안 되어 보여서'라는 말이 있다. 한국사람들이 정에 약하다는 말이 있는데, 그 말에 다 녹아 있는 것 같았다. 아까 전까지도 '동종업계의 경쟁자'였는데 불쌍하다는 생각에 인정미 넘치는, '도와주는 존재'가 된다. 이런 것이 한국인, 한국 사회가 가진 따스함이자 강한 유대관계가 아닌가 싶다. 반대로 이런 정서를 이용하여 선의로 다가오는 상대방의 등을 치는 그런 자도 많이 보았다. 사기꾼이야 어디든 있다고는 하지만 그 때는 눈앞의 어려운 상황을 두고 우선 인간으로서 해야 할 도리를 다하는 것이 사람이라는 생각이 강한 시대였던 것 같았다.

아주머니는 "떡 빨리 팔아서 어여 들어가."라 하시고 그 자리를 총총걸음으로 떠나셨다. 그 후로 다시 뵌 적은 없었으나, 아직도 생각나는 분 중의 한 명이다. 또 다른 한 분은 내가 전세를 이사 갈 때 큰 도움을 주셨을 뿐 아니라, 서울 종로구 혜화동의 삶의 터전을 있게 해주신 분이다.

원래 살던 전셋집을 떠나 다른 집으로 옮겨가는데, 가지고 있던 이천만 원과 집을 나올 때 받아야 할 전세금을 같이 주어야 했다. 그런데 이전 집주인이 전세금을 돌려주질 않는 것이었다. 사정은 알 수 없었지만 "바로 줄 수 없으니 기다려 달라."라는 말만 들었다. 이런 사정을 설명하여도 "돈을 다 받지 못하면, 들여 줄 수 없다"라고 하는 새집 주인 사이에 딱 끼여서 오지도 가지도 못하게 될 판이었다.

'이천 만 원'이라고 하면 그 당시인 1990년대나, 그로부터 삼십 년이 지난 지금이나 쉽게 빌리고, 빌려줄 돈은 아니다. 아무리 형제자매 사이, 친척, 친구 사이라도 떼일 각오로 큰 마음먹지 않으면 쉽게 빌려줄 수 있는 돈이 아니었다. 게다가 한국으로 온 지 얼마 안 된 신용 '제로'의 일본인에게 돈을 빌려주는 은행은 없었다.

"당신의 사람됨을 믿는다. 나중에 갚으라"

양가에 손을 벌리지 않겠다고 부부가 서로 다짐까지 한 터라 갑갑했다. 이사 날짜가 코앞으로 다가왔는데도 돈 나올 구석은 없으니 그저 답답할

뿐이었다. 학원에서 강의하면서도 자꾸 신경 쓰이니 여느 때와는 다른 모습이었나 보다. 수업이 끝나자 나보다 나이 많은 '수강생' 한 분이 그를 찾아와 무슨 일이 있는지 물어보았다. 밝은 내용의 이야기가 많던 보통 때와는 달리 내 얼굴에 근심이 가득해 표가 난다는 것이었다.

자초지종을 털어놓았다. 그분과는 오래전부터 강의에서 선생과 제자의 관계에서 '좋은 누나이자 좋은 친구'로 지내오고 있던 터라, 편하게 지낼 수 있었던 분이었다. 단 하나, 돈 이야기는 한국이나 일본이나 분위기나 정서는 똑같아서 쉽게 꺼내는 이야기가 아닌데, 이래저래 유도 질문을 당해 술술 자백해 버렸다. 그냥 한국의 사정을 모르는 일본 청년이, 나이 많으신 사업가분과 한국에 와서 몇 년 동안 이래저래 겪어왔던 '설(說)'을 풀어 즐거운 이야기는 했지만, 다음 날 생각해 보니 괜한 쓸모없는 이야기를 한 느낌이었다.

며칠 뒤, 수업이 끝나고 그분이 따로 만나자고 했다. 솔직히 돈 때문에 이야기를 털어놓은 것은 아닌데, 학원이 가까운 종로 광화문 쪽으로 출퇴근하기 쉬운 집을 알려주시고, 그 집에 들어가라고 자금까지 빌려주신 것이다. 그분이 도와주지 않았다면, 지금 어찌 되었을까 하는 생각조차 힘들다. 믿을 구석은 아무것도 없는데도, "당신의 사람됨을 믿는다. 나중에 갚아라"라는 말을 들었다. 울지 않으려 했지만, 눈물이 쏟아졌다. 그 후 다행히 전세금을 돌려받아 그분께 돌려 드렸다. 그 은혜는 평생 못 잊을 것이라 현재도 계속 연락하고 있다. 아흔 살이 넘으신 연세에도 아주 정정하신 목소리로 전화에 나오신다. 정말 감사할 뿐이다.

아무리 모질고 각박한 세상이지만, 그래도 인심 하나는 좋았던 때였다. 사는 것이 고달파도 어려우면 돕고, 도움을 받으면 남에게 베푸는, '그런

거 없으면 인정머리 없다'고 핀잔을 들을 정도로 정이 많은 세상이었다. 본인들의 지금 사정이 아무리 괴로워도 어려운 사람을 보면 그냥 놔두지 않는 따스함이 있었다. 그런 온정이 있었기에 '지금의 혼다'가 있었다고 생각한다.

박달재에서 만난 평생의 반려자가 있어서 '지금의 혼다'가 있다

나는 시간강사로 일했기 때문에 급여는 그렇게 많지 않았다. 하다못해 남는 시간에 다른 일을 했으면 그보다도 더 벌 수 있지 않았을까, 하는 생각도 들었다. 그래도 교사, 강사에 대한 비자의 규정 때문에 다른 정규직의 일을 할 수는 없는지라, 처음 한국에 왔을 때에는 남는 시간에 한국의 여러 곳을 돌아다니며 한국이라는 나라의 이곳저곳을 보려 했다. 그래서 나는 '짬나는 시간'을 활용하여 무언가 할 일들을 찾고 사람 사귀기를 좋아했던 나는 우선 같이 돌아다닐 사람들을 모으기 시작했다.

그 일을 하는 데에는 시간이 오래 걸리지 않았다. 학원에서 일하는 원어민 강사 중에는 일본어 이외에 영어 강사(당연하지만)도 있었다. 미국인 친구와 영국인 친구는 한국에 들어온 지 얼마 안 된 때에 만났고, 각자 강의가 끝나면 모여서 함께 식사하거나, 다음 강의를 하기 전까지 "이번 주는 여기, 다음 주는 어디?"라고 계획할 정도로, 시간이 날 때마다 가까운 곳, 먼 곳 할 것 없이 여기를 작당해서 싸돌아 다녔다. 그들이 귀국한 후, 시간이 지나면서 점점 연락이 뜸해졌지만, 다시 보고 싶었다.

학원 수강생분들의 대부분이 나이가 많으신 분들이라, '수업 반(半), 놀이 반(半)'이었다. 일본어 수업을 하는 중에도 짓궂게도 "아는 일본노래가 있으면 한번 불러 보세요"라며 장난치는 분도 계셨다. 딱 대학교의 합기도부 생각이 났다. 그래서 노래를 부르고 있으면, 교실은 순식간에 '가요 무대'로 바뀌었다. 덕분에 분위기는 훈훈했다. 수업이 끝나면 그분들이 저녁을 사주시면서 술자리에 거꾸로 한국노래를 가르쳐 주기도 했는데, 그때 배운 것이 '울고 넘는 박달재'였다. 구성지게 부르는 트로트가 일본의 엔카와는 묘하게 틀리길래, 귀에 박히고 입에 달라붙을 정도로 불렀다.

"박달재를 울고 넘는 우리 님아
물항라 저고리가 궂은비에 젖는구려.
왕거미 집을 짓는…."

일본에서 '한(恨)'이라는 단어는 원수(敵, 카타키)나 원한(恨み, 우라미)를 생각하기 쉬운데, 한국에서 말하는 '한'이라 하면, 일본어와 달리 한 사람이 가진 인생의 우여곡절까지도 내포하는 '설움, 사무침'을 표현하는 말이다. 그런 사연을 담아 '절절하게 꺾어' 불러야 할 부분도 그분들은 내게 알려주셨다. 그래서 곡을 외워 두었다가 다른 사람들 앞에서 부르면, 한국사람들도 '어, 이 사람이 이 곡을 부를 줄 아는가?' 싶은 표정이었다.

친구들끼리 "이번엔 어디 놀러 가?"라며 친구가 물어볼 때, 이미 섭렵한 곳도 많아 가볼 곳도 이제 많이 없어, "그냥 한번 박달재에 가보자"고 했다.

박달재는 충청북도 제천시 봉양면과 백운면 사이에 있는 고개로 제천과 충주를 연결하던 옛길이다. 박달재는 충청도 제천에서 한양으로 가던 관리들이 이용하던 길이었으며, 장사꾼들이 넘나들던 길이다. 경상도 총각 박달과 충청도 처녀 금봉이의 애달픈 사랑 이야기가 전해지는 박달재 옛길은 길도 험하고 산짐승에 도적 떼까지 많아, 박달재 너머로 시집가면 다시는 친정을 구경하기 힘들어 새색시들이 눈물을 쏟으며 넘었다. 2000년 12월에 박달재 터널이 완전히 개통되면서 구불구불한 박달재를 일부러 넘을 일이 많지 않으나, 1988년만 해도 등산객들이 많은 낮은 고개였다.

아내(박귀옥 여사)는 서울에서 임상병리사로 일하다 피로가 겹쳐 그만두고, 원래 살던 제천의 집(처가)로 내려와 쉬며, 경치를 구경하는 것으로 한숨을 돌리기 위해 박달재를 찾았다 원래부터 운동하는 것과 산을 타는 것을 좋아하던 아내는 가까운 곳에 들러 자연을 즐기기 위해 왔다고 하는데, 설마 그렇게 일평생을 함께 사랑해야 할 사람을 그때 그 장소에서 만날 줄은 몰랐다. 그렇게 나는 여러 사람과 어울려 한국의 이곳저곳을 돌아다녔고, 충주의 박달재에서 '운명의 사람'을 만나, 이를 놓치지 않고 아내로 맞이하게 되었다.

아내는 내가 한국에 남을 수 있게 해 준 일등 공신이자, 한국 인생의 삶의 동기가 된 여인이다

나는 1988년에 처음으로 한국에 와서 자유롭게 한국말을 할 수 없었고, 그나마 할 수 있었던 대화를 오래 끌고 갈 수 없었던 점이 가장 괴로웠다. 말을 능숙하게 할 수 있다면, 한국인을 대상으로 하는 고급 일본어 수업도 담당할 수 있겠지만, 말로 설명하는 능력이 부족한 초반에 그런 자리는 욕심조차 낼 수도 없었다.

다음은 아무래도 외지이다 보니 한국의 기후와 음식에 적응하는 것도 쉽지 않았다. 일본도 나름 춥다고 느꼈는데, 한국의 찬바람은 영하 10도쯤 되면 '살을 에이는 듯한'이라는 말이 무슨 뜻인지 바로 알 수 있을 정도로 매우 추웠다. 그리고 음식의 경우, 일본 음식이 '달고 짠' 음식이 많다고 한국사람들은 말하지만, 한국 음식은 '맵고 짠' 경우가 많은데, 매운 음식의 경우, 어디까지 매운 것이 '맵지 않은지' 알 수 없을 정도로 매운 것도 많아, 한국사람들은 매운 음식에 관해서는 거짓말쟁이라는 생각도 하게 되었다. 나중의 일이지만, 시간이 지나면서 매운 것에도 익숙해져 더 매운 음식에도 "맵지 않아"라고, 매운 것에 약한 일본 사람 친구나 한국사람 친구에게 장난칠 수도 있게 되었다.

아무튼 그때는 먼저 한국에 온 외국인 동료로부터 한국의 생활에 대한 지식을 귀동냥으로 들으며 생활할 수 있었으나, 한국에서 빨리 안정적으로 정착하여 살아가려면 짝으로 될 누군가는 필요하지 않겠냐는 조심스러운 생각도 하고 있었다.

한국인이라면 누구든 사랑하리라 생각했다. '무조건'이었다. 나 자신이 아무것도 내세울 만한 것이 아무것도 없으니 사람을 만날 때에 외모나, 직업이나, 어떤 상황에 있더라도 그런 조건을 따지지 않고, 아무 조건 없이 누구라도 평생을 함께할 수 있을 것으로 생각했다. 그런데 눈앞에 '사랑해야 할 그 사람'이 나타난 것이다. 한눈에 반했다. 여러 가지 고르고 벼를 필요도 없이, 누구를 만날까 생각해 왔는데, 말끔하게 잊게 해줄 그런 사람이 나타난 것이었다.

한국에서 터를 잡고 제대로 살아가려면 사랑하는 누군가와 같이 살아야겠다고 생각했고, 계획은 이곳에 와서 정착하고 안정되면 그때 여유를 가지고 인생의 반려자를 찾을 예정이었는데, 그렇게 빨리 만날 줄은 몰랐다. 더 이상 고르고 벼를 필요가 없는 상대를 만나게 되어 자신이 붙었고, 선천적으로 사람 만나기를 좋아하는 나와 아내의 '연애의 진도'는 빨라졌다. 나의 어머니 역시 아들이 원하는 반려자가 나타났다고 좋아하니 문제가 없을 듯했다. 다만, 처가가 될 사람들은 그렇지 못했다.

그때는 몰랐다. 둘이 사랑해서 하나로 결합하는 것이 '결혼'이라 생각했다. 부부간의 사랑은 결혼 생활의 기본이지만, 시가와 처가로 '가족이 늘어난다'라는 생각은 별로 하지 않았던 것 같다. 그래도 둘이 같이 있을 때는 마냥 좋기만 했다.

박달재에 간 덕에 나는 매우 든든한 지원군을 얻었다. 위에서 이야기한 대로 제일 막막했던 것이 한글이었는데 '현지 사람'을 만나게 되어 한꺼번에 해결할 수 있었다. "배고프다…" 한국에 와서 가장 먼저 배운 말이었다. 농담 빼고 진심으로 이야기하더라도 며칠 동안 굶다 보면 '체면 따위'는 한구석에 던져두고 말해야 할 것이었다. 그렇게 한두 달을 한국에서 보내니 먹는 것과 살아가는 것이 하루하루의 생존과 연결되었는데, 그나마 등을 기대고 의지할 수 있는 사람이 생긴 것은 절망 중의 희망이라 할 수 있을까? 물론 아내가 부자였던 것은 아니다. 결혼하면서 아무것 없이 시작한 우리 둘 다 가난을 맛봐야 했다. 그래도 젊은 시절의 나에게는 가장 따뜻했던 때였고, 가장 의지가 되는 사람을 만나게 되어 둘이 힘을 합하여 '지금의 혼다'가 될 수 있었다.

그분께 여쭤봤다. ① 박귀옥 여사

아내는 배드민턴에서 산행까지 여러 가지 운동을 좋아한다.

아내는 동호회 '산사랑 길사랑'의 산악대장으로 활동 중이다.

박사님의 어떤 부분이 마음에 들어서 결혼하셨나요?

- 일단 사람이 선하게 보이고 유머 감각이 있는 점이 매력일까? 그 부분이 묘하게 사람을 끄는 부분이 있다. 거기에다 일본인 특유의 성실함이 겹치니까 이 정도면 충분하다는 느낌이 들었습니다. 지금도 부지런하고 성실하게 하루하루를 살아가는 자세와 부정보다는 늘 긍정적으로 살아가려는 자세는 정말 좋은 점이라고 생각하네요.

같이 살아가시면서 어떠셨나요?

1. 우선, 남편(정확히는 '혼다 씨')은 오히려 장점을 찾으며 그것을 더욱 '끄집어내서' 칭찬하는 태도가 너무 좋아요. 보통, 사람들은 남의 단점을 찾아 험담하기 쉬운데, 어떻게든 좋은 점을 찾아 칭찬한다.

예전에 아이가 학교에서 30점짜리 시험지를 들고 온 적이 있는데, 제가 야단을 치고 아빠에게도 혼이 좀 나라고 아이를 보내면, "저번에는 20점을 받았는데, 이번에는 30점이구나. 잘했다"라고 말하는 거예요. 엄마인 저로서는 20점이나 30점이나 '낙제' 점수인데 그걸 잘했다고 하니, 속에서 열불이 터지죠. 그러자 하는 소리가, 10점 전진했다는 것만으로도 충분히 칭찬받아야 한다는 거예요. 글쎄, 진짜 이 양반이 한국인이 아니라서 한국의 사정을 모르고 정말 너무한 거 아니냐는 생각도 들었습니다.

그런데, '칭찬은 고래를 춤추게 한다' 잘하고 있다고 믿어주면, 그것만으로도 충분하다고 해요. 사람이 가진 '잠재력'이라는 것을 믿고, 어떻게 하면 그것을 끌어낼 수 있을까? 그런 것으로 많이 고민한다고 하네요. 그러기 위해서 실제로 상대방의 말을 잘 들어주는 것을 자주 보았습니다.

2. 아이들과 늘 잘 놀아주는 아빠였습니다. 아이들이 어릴 때 몸으로 놀아주거나 학교 친구들을 데려와도 같이 놀아주는 편이어서 아이들에게는 '잘 놀아주는 아빠'이고, '자기들 이야기를 잘 들어주는 아빠'였다고 해요. 어릴 때부터 언제든 편하게 자기 고민을 털어놓을 수 있는 관계이다 보니, 아빠를 많이 따르고 사이가 돈독했습니다.

진학이나 장래 문제에 대해서도 아이들의 말을 많이 들어주고, 아이들의 편에 서서 이해해 주고, 대변해 주는 점에서도 아이들이 많이 따르는 점이기도 하다. 엄마의 입장으로 가끔 속상한 일도 있지만, 후에 좋은 결과로 돌아오는 것을 볼 때면 '나쁘지 않았다'라는 생각을 자주 합니다.

3. 유머 감각이 있고, 성실한 데다, 배려심까지 있어서 학원강사 시절부터 인기가 많았다. 처음 다니던 한진학원에서 원장님이 너무 좋아해서 오전에 출근해서 늦게까지 잡혀 있었는데, 그 인기는 학원 학생(?)들에게도 많아서 점심때나 저녁때면 제자들과 친목(?)을 다지러 식사하러 내가거나, 놀러 나가는 경우가 많았습니다. 그나마 다행인 건 여러 사람이 모이는 '그룹 모임'이라는 룰은 철저하게 지켰던 사람이었고, '밀착 교육'과 '친교 관계' 그 이상의 선을 넘지 않는 사람이었습니다(학생들도 직장 관계로 일본어를 빨리 배워야 하는 특별한 처지였다고).

학원에서 여자 학생들과 같이 지낸다는 소문을 달갑지 않게 생각했던 원장님도 그랬지만, 저 역시 좋게 보지는 않았죠. 그런데 전세 문제로 집을 구하지 못하고 길가로 내몰릴 상황이었는데, 남편의 학생으로 있었던 구자옥 회장님(91)의 도움으로 전셋돈을 빌릴 수 있었습니다(당시 의상 관련 무역업을 하던 기업의 회장님이었다고). 전셋돈은 지금에도 꽤 큰돈이었는데, 시간강사인 남편에게 선뜻 빌려주시리라 생각도 못했습니다.

'인생사 새옹지마(人生事塞翁之馬)'라는 말이 있지만, 그때 선생과 학생의 인연으로 만나게 되어, 약 삼십 년 가까이 지난 지금까지도 아름다운 추억으로 기억되는 그런 인연이 될 줄은 몰랐습니다. 그 일이 있던 후에는 이것이 남편만이 가진 '인연 만들기'와 '교육방식'이라는 것을 알게 되니, 남편이 가르치는 방식에 대해서는 일절 토를 달지 않게 되었습니다.

'사위' 대신 '왜놈', '일본놈'

1988년, 아내의 도움으로 우리는 결혼하는 데에 성공했고, 한국으로 온 하루하루가 숨 가쁘게 지나갔다. 12월 말에 우리는 서울 양천구 신월동에 새살림을 차렸다. 아내는 결혼을 앞둔 두 달 가까이 "그 놈과 결혼하지 마라"는 오빠들의 구박을 많이 받았다고 했고, 어떤 때는 맞기까지 했다. 그래도 딸이 좋아서 결혼하겠다고 해서 벌인 일이므로 아내의 부모님으로부터 결혼을 승낙받기는 했지만, 당분간은 '사위' 대신에 '왜놈' 아니면 '일본놈' 소리를 듣고 살았다. 직장에서 많이 힘들어하던 아내를 도와주어 믿음직한 기둥이 되어 주었던 것을 잊지 않으셨지만, '왜 하필…' 이란 분위기가 강했다. 그래도 사랑하는 사람과 결혼하게 해 주셨으니 감사하고 또 감사해야 할 일이었다.

그러나 나는 결혼 후로도 처가 집에 인정받기 위해 여러모로 노력해야 했다. 본인이 자기는 이 사람과 결혼하겠다고 하여 부모님은 결혼시켜 주었으나, 일본인이 처남으로 오는 꼴을 보고 싶지 않았던 모양이었는지, 열 남매 중 여덟 번째이고 외동딸인 아내는 걸핏하면 "하필이면 일본놈과 결혼하냐?"는 오빠들에게 많이 맞았다고 울었다. 하지만 아내를 때린다고 씩씩거리며 처가에서 서로 주먹질하고 다닐 수는 없었다. 그렇다면, 오히려 더욱 싹싹하게 성실하게 처신하여 처가의 부모님과 형님들을 내 편으로 만들 수밖에 없었다. 어떻게 보면 한 가정의 평화를 깬 것은 다름 아닌 '나'였기 때문이었다.

결혼한 지 얼마 안 되었을 때, 설날이나 추석에 처가에 다녀오면 늘 욕을 먹었다. 이미 남의 집사람이 되었으니 어쩔 수 없다는 분위기가 강해도 새로 들어온 가족이, 처남이 된 자가 "하필 일본 놈이니 뭐라 자랑하지도 못하겠다"는 말이 따라다녔다. 그제야 나의 어머니가 왜 한국에 가지 말라고 이야기하셨는지, 왜? 결혼할 때 배우자와 가족까지 보라고 하는지, 축복받은 결혼이라는 것이 무엇인지 뼈가 저리도록 깨달았다. 여러 형님이 나를 그렇게도 나를 미워하는 것을 보고, 처음에는 어쩔 줄 몰랐지만, 겁을 내고 물러서면 안 되겠다 싶어 우선 장인, 장모님께 먼저 잘해드리려 애썼다. 문득 대학 합기도부에서 해왔던 '선배 모시기'가 다시금 떠올랐다.

어떻게 잘 모시는가에 대해서는 (못하면 몸이 고생했기 때문에) 이골이나 있었다. 사람이 사는 세상에 장인, 장모님도 나와 똑같은 사람이기에 나의 부모님처럼 모시며 정성을 다하면 그 정성을 모를 리 없는 것이고, 언제까지 모질게 대하시지는 않으리라는 생각도 들었다.

사람들을 내 편으로 만드는 것은 쉽다. 예전과 같이 선배들에게 해드렸던 것처럼, 어르신들께 필요하겠다 싶은 것을 '알아서 찾아' 먼저 해 두어 편하게 해드리던가, 편하게 주무실 때까지 계속 어깨나 종아리를 주물러 드렸다. 그러다 보면 편한 가운데서, 보통 때에 말하기 껄끄러운 이야기들도 나올 수 있는 신뢰 관계가 생기고, 살가워져 편해지다 보면 그 분들이 먼저 무엇이든 편하게 일들을 부탁했다.

일본어 성경에는 이런 말씀이 있다.

"신앙이란 소원하는 것이 반드시 이루어진다고 하는, 움직이지 않는 확신을 말한다.
또한 어떻게 일어날지 모르는 장래에도, 소망하는 것이 반드시 기다리고 있다고 믿으며, 의심하지 않는 것이다."

"信仰とは´願い事が必ずかなえられるという´不動の確信のことだ。
まだ´どうやって起こるかわからない行く手にも´
望みどおりのことが必ず待ち受けていると信じて´疑わないことである。"

한글 성경에는 아래와 같이 적혀 있다.

"믿음은 바라는 것들의 실상이요 보이지 않는 것들의 증거니…."

(히브리서11:1)

'지극정성(至極精誠)'으로 하면 어떤 일이든 길이 열린다고 했다. 일희일비(一喜一悲)하지 않고 한 우물을 파듯 그 일에 충실할 뿐이다. 몇 년이 지나자, 설날 가족 모임 때에 장모님께서 '혼 서방, 자네 여기 앉게'라며 옆자리를 만들어 주셨다. 그것도 여러 형제가 있는 곳에서 제가 아들 노릇을 제일 잘한다며 아껴주셨기 때문이다. 지금까지 나 자신이 겪은 경험을 살려 문제를 해결해 왔는데, 아무리 힘들고 어려워 보이는 지금 눈앞의 일도 긍정의 힘으로 문제를 직시하고 끈질기게 달라붙으면 해결은 가능하다.

역지사지- 삼무(三無)의 사위

한국에 왔을 때, 나는 아무것도 없었던 '빈털터리'였다. 그랬던 내가 지금까지 이곳에 터 잡고 살아갈 수 있었음은 많은 한국 분들의 도움이 컸다.

딸 노조미, 그리고 건실한 사위

아무것도 없었고, 무엇하나 내세울 것 없는 나였는데, 아내가 그나마 호감으로 나를 대해 주고 용기를 내라며 힘을 북돋아 주었기 때문에, 격노하시던 장인어른에게 감히 딸을 주십사고 요청할 수 있었다. 제일 섭섭해 하시던 장모님을 달래며 사위 노릇을 하랴, 형님이나 작은 처남들 사이에서 '가족의 일원'으로 대소사가 있을 때마다 시간을 내었다. 그렇게 처가에서 '한 사람의 몫'을 얻으려 노력하였고, 애를 썼던 즐거운 경험이 있었다. 그런 일은 나의 때에 '흔한 일'인 줄 알았고, 내가 경험한 시대의 '경험'으로 끝난 줄 알았는데, 딸 노조미(希實)가 결혼할 때 똑같은 일이 생겨 버렸다.

상대방은 딸을 사랑한다는 충북 청주에 사는 젊은 청년이었다. 내가 그를 만나보니 훤칠한 키에 순수한 외모를 가진 건실한 한국 청년이었는데, 문제는 열 살이나 나이 많은 총각에, 칵테일 바의 사장이었지만 불황으로 사업을 접은 상태이고, 아버지의 병간호와 수발로 인하여 오히려 빚까지 떠안은 상태였다. 그런 사람에게 딸을 주면 어떻게 하냐며 결혼 시키지 말라는 지극히 일반적인 만류가 있었다. 아내도 노조미(希實)가 태권도 사범 출신이라 충북 청주에서도 도장에서 일하면 당분간 수입이 있겠지만, 결혼 후 아이가 생기게 되면 직장이 없는 동안 고생할 것이라며, 혼사의 진행을 고려하자는 말을 했다. 다만, 결혼의 승낙은 가장인 나에게 맡긴다는 말을 남겼다.

본인들을 빼고 주변에서 반대하는 결혼에 찬성한 사람은 '나 혼자'였다. "왜 그러느냐?"는 질문에, 먼저 우리 부부가 한국인과 일본인의 관계라는 어떻게 보면 '악조건' 아래서 많은 반대를 무릅쓰고 아무런 조건 없이 결혼한 사이이기 때문이었다. 무엇보다도 중요한 것은 부부로서 생활을 이어 나가려는 서로의 자세가 매우 중요한데, 그 원천은 사랑이라고 말해주었다. 둘째는 사람이나 물건이 침체기 또는 '바닥' 상태에 있다면 그것은 어떤 상황일까? 이름 있고 건실한 회사의 주식이 바닥을 쳤다면, 그것은 몇 번 없는 매수 시점이 아닌가? 사람도 침체기가 있다면 언젠가 그것을 뒤집고, 용수철처럼 다시 튀어 오를 때가 있으니 걱정을 말자고 했다.

사람 좋고 성실한 사위는, 최근에 청주의 유명 반도체 회사의 '배관공'으로 일하고 있다. 옛날에는 배관공이라 하면, 더러운 곳을 담당하는 하찮은 직업으로 보일지 모르겠지만 하루에도 15만 톤 이상의 물을 쓰는 공장에서 수십 킬로미터나 되는 배관 중 하나가 터져도, 그날 생산에 차질이 발생한다는데 공장을 오르내리는 수많은 배관을 알고 있어야 하는 만큼, 고되어도 전문적인 업무라고 말한다. 세상사는 인생이 새옹지마와 같다고 하고, 길고 짧은 것은 대봐야 아는 것처럼 모든 일들은 끈기를 가지고 마지막까지 직관(直觀)하는 힘을 길러야 한다.

그분께 여쭤봤다 ② 혼다 노조미(딸)

아빠와 엄마는 어떤 분이신가요?

- 아빠는 우리 남매가 하고 싶어 하는 것은 뭐든지 들어 주셨습니다. 태어나서 지금까지 아빠가 "안 돼!"라고 말씀하신 것을 들어본 적이 없었고, 항상 우리 편이셨습니다. 예전에 초등학교 방과 후 수업 중에 '플루트 연주'라는 수업이 있었는데, 그때는 '플루트'라는 것이 무슨 악기인

늘 딸만 응원했던 "딸 바보."

줄 모르고, 말의 느낌이 좋아서 해보고 싶다고 말했을 뿐이었는데, 며칠 뒤에 그 '플루트'라는 것을 가져오신 거예요. 그 당시에 사십 만 원이나 하는 비싼 물건이었는데, 우리가 하고 싶어 했던 것은 아낌없이 지원해 주셨던 것이 기억납니다. 다만, 제 성격이 '무언가에 꽂히면 끝장을 보고 마는' 깊이 빠지는 성격인데 플루트에는 그러지 못했던 것이 죄송했습니다.

아빠의 장점은?

- 늘 좋은 방향으로, 좋게 이야기하시는 것? 우리가 하고 싶어 하는 것을 잘 들어 주시고 반대하지 않으셨습니다. 초등학교 때에 체력이 좋지 않아서 태권도를 배웠는데, 중학교에 입학했을 때 태권도 사범께서 선수단에 들어오라고 권유하셨습니다. 그때는 진짜 아무것도 모르고 부모님께 선수 생활을 하겠다고 했는데, 깜작 놀란 엄마가 "다시 한 번 생각해 봐라. 선수생활은 어렵다"라고 하시며, 강하게 반대하셨습니다. 저도 "태권도로 선수가 되고 싶다"고 떼쓰며, 들어달라고 졸라댔습니다. 한편, 아빠는 "네가 하고 싶은 대로 해라"고 하시면서 더 이상 말씀을 안 하시는 거예요. 엄마도 강하게 반대하시다가도 아빠가 더 이상 말을 않으시니 엄마도 어쩔 수 없이 허락해 주셨습니다. 그때 선수 생활을 계속하게 되어 나중에 디자인 공부를 하는데 체력이 필요할 때 지치지 않고 학업에 전념할 수 있었습니다. 태권도 여자 사범 5단은 청주에서는 별로 없는데, 생활체육지도사 자격증을 따면 앞으로 도장을 차릴 수 있다고 들었습니다. 지금은 디자인과 유튜브를 겸업하고 있지만 언제든 태권도를 할 수 있다는 자신감이 있습니다. 그때 허락해 주신 것에 감사하고 있습니다.

또 하나는 동생인 쇼(혼다 토모후미本田知史)가 "대학에서 배울 것이 없다"며 다니던 대학을 관두겠다는 이야기를 한 적이 있었습니다. 저랑 엄마는 앞으로 사회에서 생활할 때 그래도 필요한 것이 학력인데, 지금 다니고 있는 학교를 관두는 것은 너무 성급한 생각이라고 졸업 후에 진로를 찾는 것이 좋지 않겠냐고 말렸습니다만, 시간을 낭비하는 것이라고 바로 그만두겠다는 것이에요.

아빠라면 조금은 이해해 주시겠지 싶어 우리 편에 서 달라 했는데, "그 자세가 대견하다, 평범하지 않다"라며 동생 편을 들어주었습니다. 남편도 같은 경험이 있는 터라, "대기업에 입사할 때 불이익이 있지만, 본인이 작은 기업의 사장이거나 프리랜서로 일한다면, 그런 것은 문제가 되지 않는다"라고 이야기하여, 결심을 굳힌 동생은 며칠 뒤에 학교를 나왔습니다. 모든 것에 하겠다는 의지가 있으면 본인의 의지를 존중하는 자세가 장점이라고 봅니다.

반대로 아빠의 단점은?

- 속을 알 수 없는 거? 정말 생각이 없는 것인지, 아니면 정말 생각하는 것인지, 어떤 때는 종잡을 수 없을 정도로 '진지함', '고뇌'와는 담을 쌓은 분처럼 보여요. 아빠는 깊이, 깊이 생각한 끝에 나오는 결론에서 '후자'라고 하시지만, 어떨 때는 정말 아무 생각 없이 '네가 생각한 대로 하렴'이라 말씀하시는 것 같아 속상할 때도 있었습니다.

본인이 일본인이라 겪었던 일이 있었다면?

- 초등학교에 들어가야 할 때, 서울 강남구 개포동에 일본인 학교가 있다

고 해서 지원서를 냈는데, 학교 쪽에서 모국어인 일본어는 못하고 한국어를 잘해서 입학을 받아 줄 수 없다고 퇴짜를 맞은 적이 있어요. 아빠도 한국에 와서 한국인처럼 살기를 원했기 때문인지 특별히 외국인으로 취급받기를 원하지 않았던 것 같습니다. 이름이 '노조미(希實)'라서 '좀이'라고 놀림을 받고, 조리돌림을 당한 때도 있었고, 하루는 새 옷을 입고 갔는데, 등에 붓으로 '바보'라고 낙서를 써 놓아 집에 와서 펑펑 울었던 적도 있습니다.

초등학교 때는 '일본인'이라고 하면 '타도'와 '배척'의 대상이 되어, 따돌림을 받은 게 많았습니다. "쪽발이들은 어떻네" 등등, 내 뒤에서 수군거리는 이야기를 들을 때마다 아빠를 욕하는 것처럼 들려, 그런 소리를 듣지 않으려 더 정신을 차려야겠다고 생각한 적도 있었다.

그런데 시대라는 것이 변하는지 중학교, 고등학교 때는 초등학교 때와 같은 일은 없어졌고, 그때 초등학생이었던 동생은 나 같은 일은 겪은 적이 없다고 하네요. 중학교 역사 시간 때 선생님이 일제 강점기를 이야기하면서 '쪽발이'라 외친 적이 있었는데, 앞자리의 반 친구들이 나를 돌아보는 거예요. 수업이 끝나고 나서 친구들이 '마음이 많이 아팠겠다'라든가, '괜찮니? 어떻게 저럴 수 있을까?' 등으로 위로해 주셨습니다. 그때부터 한국인 친구들에게 마음을 열고 가까이 대할 수 있게 되었습니다. 일본 문화가 많이 개방되어, 드라마나 애니메이션 같은 콘텐츠들이 늘어나면서 일본어나 일본의 문화를 배우고 싶어 하는 친구들도 많아져 일본에 관해 묻는 경우도 많아졌습니다, 나는 일본인이지만 한국에서 태어나 한국에서 자라서 일본어는 잘 모른다고 하니 친구들이 이상하게 여긴 적도 있고, 오히려 저보다 일본어를 더 잘하니 매우 어색한 때도 있었습니다.

외국인의 국적으로 한국에서 사는 것은 어떤가요?

- 어렸을 때는 외국인이 그렇게 많지 않아 신기한 눈으로 보는 경우가 많았습니다. 방송에도 몇 번 나간 적이 있는데, 그런 것을 제외하고 외국인이라는 신분이 한국에서 사는 데에 방해되는 일은 거의 없었습니다. 다만, 태권도 선수 생활을 계속할 때 한국인으로 살아야 할지, 일본인으로 살아야 할지 고민해본 적이 있었습니다. 한국에는 유능한 선수가 많아 두각을 나타낼 수 없고, 일본인 대표로 태권도를 하기에는 인지도가 낮아 어떻게 해야 할까? 였는데, 그때 '나는 어느 나라의 사람이어야 할까'로 고민한 적이 있었습니다. 혼자일 때는 불리하게 작용하는 일들이 없었지만, 남편과 결혼하여 분명 '다문화 가정'을 이루었는데, 주민등록 등본이나 제도상의 여러 가지 일들이 외국인에게 불리하게 작용하는 일들이 많습니다. 정부에서는 다문화 가정에 대해서 많은 배려와 지원을 해준다는 이야기를 들었지만, 현실은 달라서 힘들다는 생각을 많이 했습니다. 이제는 진지하게 귀화를 고려해야 할 때가 온 것 같네요.(웃음)

결혼은 어떻게 허락받으셨나요?

- 남편은 칵테일 바의 사장님이었고, 제가 서원대에서 디자인 전공으로 있었을 때, 대학 3학년에 칵테일을 배운 적이 있었는데 그때 강사님이었습니다. 제가 한 가지에 호기심을 가지면 푹 빠져드는 성격인데 바에서도 칵테일을 배우다가 그때 사귀게 되었습니다. 다만, 결혼을 결심했을 때 시아버님의 건강이 좋지 않아 병간호로 빚을 지게 되었고, 가게도 사정이 있어 문을 닫아서 좋지 않은 상황이었지만 이 사람이라면 날 굶겨

죽이지 않을 것이라는 믿음이 있어서, 아빠에게 남편이 이런 사람이라고 먼저 귀띔을 넣었습니다. 부모님께 결혼을 이야기했을 때 딸도 자신처럼 고생할까 싶어, 엄마는 매우 걱정했습니다. 남편의 전후 사정을 알고 계셨던 아빠는 언제나 그랬던 것처럼 '효자는 오케이'라고 허락해 주셨습니다. 물론 '빚을 다 갚은 뒤에'라는 단서가 붙긴 했지만, 남편은 성실하게 빚을 청산했고, 우리는 결혼할 수 있었습니다.

본인의 인생에 아빠는 어떤 분이라 생각하나요?
- 아빠 인생의 이야기를 들어보면, 아빠가 걸어온 길을 우리가 뒤따르고 있는 것은 아닌가 싶을 정도로 닮은 인생을 걷고 있습니다. 어릴 적에 밖에서 노는 것을 좋아했던 것이나, 아빠는 합기도를 좋아했는데, 나는 태권도를 좋아했고, 필요할 때 짧게 집중해서 공부하여 원하는 디자인을 배우는 대학에 들어갔고, 지금은 유튜버의 길을 걷는 것도 그렇다고 봅니다. 따라서 하고 싶어 한 것이 아니지만, 우리 남매는 아빠의 길을 따르는 것 같습니다.

삶은 외발자전거 타기가 아니다

1989년 새해에 부부는 새로운 결심을 했다.

"우리가 지금은 단칸 셋방에서 사는 것으로 시작하지만,
열심히 일해서 10년이 지난 99년에 1억을 모으자"

학원에서 시간강사로 일하는 지금 상황으로는 '1억 모으기'는 까마득

한 미래의 이야기이기만 할 뿐이고, 지금 하찮은 무엇이라도 당장에 하지 않으면 우리는 길거리에 내다 앉을 것이 뻔했다. 그래서 나는 어렸을 적에 했던 일 -말이나 커뮤니케이션을 필요하지 않는-신문 배달과 수금, 파지수집, 떡 장사 등의 부업을 꾸려가며 생계에 필요한 돈을 마련했다. 한국어를 제대로 못하여 할 수 있는 일이 제한되었기 때문에 밖에서 고객을 응대하는 홀은 하기 힘들었지만 안에서 일하는 접시닦이나, 그 밖에도 손에 잡히는 대로 시간이 나는 때마다 뭐든지 해왔다. 오전 세 시경에 일어나 신문 배달 나가고 돌아와선 파지를 모으고, 오후에는 강의를 내가 밤까지 강의하거나, 떡 장사를 하며 쉬지 않고 일했다. 적은 돈이었지만, 악착같이 벌어 두어야만 이번 달 생활비와 다음해 전세 적립금, 비상금 등을 마련할 수 있었다. 돈을 버는 것은 나의 몫이었지만, 가계를 꾸리는 것은 아내의 몫이었다. 워낙 알뜰하고 꼼꼼하게 챙기는 데다, 돈의 씀씀이가 헤프지 않고 계획적으로 쓰는 점이 워낙 좋아 돈에 관해서는 신경을 쓸 일이 없었다.

나는 예전에 인생이라는 것은 마치 '달리는 외발자전거와 같다'라는 생각이 있었다. 계속 자전거를 움직이게 하는 나의 발이 움직이는 노력을 멈추면 외발자전거는 바로 쓰러지게 된다. 내가 지치거나, 균형을 잃어도, 누가 옆에서 밀어도 바로 넘어져 버린다. 일단 올라탔으면 '요령껏' 발로 페달을 계속 돌려야 한다. 그래야 나와 자전거는 움직이게 된다. 따라서 지금의 상황을 자신이 원하는 상황으로 바꾸고 싶다면, 무엇이든 해야 한다는 생각이 가득했다.

한 마리 늑대, 독불장군

(一匹狼)

하지만 한국에 와서 이런 생각은 바뀌었다. 혼자 밟아야 하는 외발자전거로 인생길을 계속 헤쳐 나가는 것은 매우 비효율적이라는 생각이 들었다. 그것은 내가 아무리 발버둥 친다 해도, 혼자서 할 수 있는 것과 안 되는 현실을 깨달은 것이다. 외발자전거는 넘어지기 쉽다. 그러나 바퀴가 두 개인 두발자전거로 달릴 때는 훨씬 안정적으로 달릴 수 있고, 달리는 속도를 발을 쉴 수 있으며, 게다가 빠르기까지 하다. 거기에 바퀴가 네 개, 여섯 개, 여덟 개로 늘어나, 하나의 프레임 안에서 같은 방향을 간다면 험한 땅에서도 넘어지지 않고, 나 말고도 많은 무게를 실을 수 있으며, 안정적으로 달릴 수 있게 될 것이다.

내가 지금까지 살아오면서 가장 귀하게 여겨온 것은 무엇일까? 사람과 사람의 관계 아니었을까? 나 혼자는 약하지만 나와 하나로 뭉친 친구들은 강하다. 나 하나의 힘에는 한계가 존재하지만, 둘, 셋이 함께 뭉치는 힘은 어떤 방향으로 힘을 끌어내는가에 따라 단순한 '두 명', '세 명'에서 끝나지 않고 더 크거나, 아예 새로운 시너지를 만들어 낼 수 있다.

나 또는 우리가 가진 마음의 방향을 제시해 주는 선한 영향력이자, 눈앞에 놓여있는 난관보다도 긍정적으로 생각하게 해주는 그것을 나는 '초긍정'이라 불렀다. 지금 눈앞에 놓인 난관이 내가 보기에 어렵고 힘들다고 해도 예전에 누군가에게 있었던 일일 것이고, 앞으로 누군가에게 있을 수 있는 일이므로 풀리지 않을 일은 없다. 아마 해결할 수 없는 일은 내가 죽을 때에 해결되지 않을 것으로 생각했다. 누군가가 긍정적인 생각으로 가득 차 있다면 그 긍정의 에너지가 전염되는 것처럼 다른 사람도 같은 긍정의 생각으로 머릿속을 채우게 될 것이다. 긍정의 에너지를 만드는 일에는 분위기를 이끌어갈 '무드 메이커(Mood maker)'가 필요하다. 그 역할을 하는데 내가 필요하다면 초긍정의 힘으로 분위기를 이끌고 싶다.

한국과 일본의 다리를 튼튼하게 이어줄 손자 하원이

2019년 10월에 기다리고 기다리던 손자가 세상에 태어났다. 이름은 '하원'이다. 산후조리를 마친 딸이 육아를 위해 잠깐 서울로 올라와 있었는

150일이 지나자, 몸이 근질거려 함께 북한산에 올랐다.
손자 다칠까 조심스러운 산행길이었다.

데, 육아에 지친 딸과 아내가 쉴 때면, 둘을 돕자고 따로 손자와 놀아준 때도 있었다. 백일이 지난 시점에는 코로나 사태로 외출을 나갈 수 없어, 인적이 드문 야외로 나갈 일이 많았다. 위의 사진처럼, 건강을 위해 부부와 손자가 함께 산행을 나가는 일도 있었는데, 어려서부터 밖에 나가 자연을 배우고 익힘과 동시에 할아버지와 할머니의 얼굴을 익혔으면 하는 생각에서 틈이 날 때마다 산행이나, 동해 바닷가로 놀러 가곤 했다.

현재 하원이는 청주에서 유치원을 다니고 있다. 하원이는 아이들과 잘 어울려 지낸다. 다만 조금 짓궂은 아이가 유치원을 "하원한다"고 놀린다며 유치원에 가기 싫다고 칭얼거린 적이 있다고 한다(그러고 보면 예나 지금이나 사람 이름이나 외모로 놀림거리로 만드는 것은 여전한 모양인가 보다).

하원이는 딸과 사위가 지은 이름이지만, 그 뜻에는 "하나님이 원하시는 대로 살라"라는 나의 소원이 붙어 있다. 한국에서 시작된 우리 가족의 역사는 이제 삼십오 년이 된다. 딸의 역사도 한국에서 시작되었고, 3대째인 하원이의 역사도 시작되었다(아들 역시 한국에 정착을 생각하고 있으니, 언젠가는 아들의 손자를 볼지도 모르겠다). 하원이는 어떤 삶을 살게 될까? 내가 아흔 살에 봉사하는 삶을 '은퇴'하는 그때쯤에는 어른이 된 하원이가 독립하여 새롭게 자기 삶을 살 것이다. 2022년 5월 기준으로 한국에 상주하는 외국인은 150만 명으로, 앞으로도 한국에는 나처럼 새로운 인연을 만나기 위해 또는 잠시 머물려다 한국에 정착하는 사람들이 늘어날 것이다. 하원이가 장년이 되고 중년이 되어갈 무렵에는 다문화 가정의 비율이 더 늘어나, 혈연 중심의 '한국인'이라는 개념도 많이 달라질 것이다.

그들에게서 태어난 새로운 '한국인'들도 마찬가지로 한국에서 한국인으로 태어나, 부모의 문화와 전통을 이으며, 한국인으로서의 가치관을

손자와 함께, 청주에서

이어 나갈 것이다. 한일 간의 우호를 상징하는 '가교(架橋)'를 누군가 물어본다면, 우리 딸과 손자 그리고 다음 세대들이 산 증인(證人)의 역할을 하지 않을까? 손자들은 먼 훗날에 나를 가리켜 "먼 옛날에 우리 할아버지는 한국이 좋아서 일본에서 왔대"라고 이야기를 꺼낼지도 모르겠다. 다만 그들의 삶은 하원이에게 붙여준 소망처럼, 어떤 삶을 살던 그 삶이 하나님께서 원하시는 삶이었으면 한다. 나를 이끌어 주신 한국이라는 새로운 땅에 살면서 한국과 일본의 다리를 튼튼하게 이어주는 삶을 살았으면 한다.

육년 만에 받은 영주권 그렇지만 국적은 일본

한국에 와서 6년이 지난 1994년에 내가 그렇게도 기다리던 영주권(F-5)이 나왔다. 지금까지 비자(F-2 회화지도)로 학원에서 내주는 유효기간 문제로 고민해야 하는 일도 끝났다. 영주권이 나온 이후로 나는 학원에서 시간강사가 아닌 정직원으로 일할 수 있게 되었고, 수입도 늘어나게 되었다.

학원에서도 대하는 처우가 달라졌다. 한국에서 할 수 있는 일을 다 할 수 있는 신분이 되니 체류자격에 대해서 제한이 없다 보니, 비자 문제로 '원장님 눈치 보지 않고' 일을 할 수 있게 되었다. 한국으로 온 지 6년이

지나서 손에 쥐어 보는 영주권이라서 느낌이 각별했다. 그동안 악착같이 살아온 것에 대한 보답을 받은 느낌이었다. 이때부터 한국에서 안정적인 삶을 누릴 수 있는 기반이 마련되었다고 생각했다.

영주권이라는 것은 해당 국가에 외국인으로서 특별한 제한이 없이 거주할 수 있는 권리여서, 영주권을 가지고 있다고 해서 그 나라의 국민이 되는 것은 아니며, 그 나라의 국민이 되는 권리인 국적을 취득해야 한다. 간혹 국적과 영주권의 개념을 혼동할 수도 있지만, 이 둘은 엄연히 다르다. 대한민국 국민은 어느 나라 영주권을 받더라도 국적은 대한민국이며, 타국에 가는 경우도 대한민국 여권을 사용한다. 하지만 나에게는 대한민국의 국적이 없다. 어떻게 보면 한국에서 삼십 년을 살아온 나는 일본인이자 '국적 없는 한국인'인 셈이다.

나는 아직도 그때 영주권을 받은 사람으로 지금까지도 일본인으로 살고 있다. 지인들은 이제 귀화할 자격을 충분히 갖추었는데 아직도 귀화하지 않느냐고 놀라며, 왜 취득하지 않느냐고 묻기도 한다. 그때 그는 항상 가슴속에 준비된 말을 꺼낼 것이다.

"남북한이 하나 되면, 북한에서 좋은 일을 할 때, 외국인의 유리한 지위를 선하게 쓰고 싶습니다. 그때가 오면 조금이라도 빨리 그곳에 가고 싶네요."

제2부
신의 직장, 교직을 내던지다

- 정규직 특수교사를 던지고 비정규직 강사로

누군가를 반드시 필요로 하는 자리. 그러나….

박사님이 처음 교편을 잡으신 곳이 어디였습니까?

- '후쿠시마현립 이와키 지원학교'라는 중복장애우를 가르치는 특수한 학교였다. 중복장애우는 말 그대로 장애가 겹친 환우들을 말한다.

어떤 곳이었나요?

- 특수학교라는 학생의 특성상, 학교와 병원이 같이 있는 학교입니다. 우리가 아는 장애인학교와는 좀 다른 곳입니다. 장애가 중증(重症)으로 겹치다 보니 등교하는 것부터 힘든 예도 있어서, 등교와 하교가 수업인 학생도 있었고, 조금 나은 경우는 컵을 어떻게 뒤집을 수 있는지 등교 시간 내내 여러모로 시도하는 때도 있었습니다. 대상이 특수하고 사람마다 다르니, 교육도 일정하지 않고, 교과서에도 없는 내용을 가르쳐야 했습니다.

이론에 없고, 이론으로는 안 되는 내용을 일 대 일로 가르쳐야 하는, 세계에서 하나밖에 없는 수업이 매일 다르게 일어나는 곳이었습니다. 교사 역시 가르치는 역할만 하는 것이 아니라 선생, 간호사, 심리 상담사의 역할에 아이가 침을 흘리면 닦아주는 것까지 여러 가지 일(케어)을 해야 한다.

박사님 본인이 원해서 가신 곳인가요?

- 아닙니다. 학교 교사는 국가에서 배정하게 되어 있습니다. 아마 특수학교의 교사자격증을 가지고 있어서 그렇게 된 것이 아닐까 하네요.

만약에 박사님이 원하는 학교에 갈 수 있다면 어느 곳이었을까요?
- 집 근처의 가까운 학교? 대학도 집에서 멀었지만, 직장이 된 학교 역시 멀어서 자취해야 했습니다. 대학 4년도 합기도 합숙을 하다 보니, 집에서 어머니가 해주시는 '집밥'이 그리웠습니다.

학교에서의 교사생활에 보람을 느끼셨나요?
- 네. 장애우 학생들에게는 굉장히 미안한 일이지만, 교사로서 그 아이들을 가르치는 나 자신이 정신적으로, 육체적으로도 건강하다는 것에 감사함을 느꼈습니다. 모든 일에 감사할 일만이 있었다. 이 학생들에게는 나아감, 즉 발전이 없는 생활과 정체된 미래만이 있었습니다. '죽어가는 생명'이라 할까요? 오늘 학교에서 본 학생을 내일 볼 수 없는 때도 있습니다.

그러고 보면 일본의 교육이라는 것이 이런 아이들까지 평등하게 교육을 제도화하여 실시하는 것에, 한국도 이런 점을 배워야 한다는 생각도 들었습니다. 꺼져가는 생명이지만 이들과 함께할 수 있어서 감사할 수 있었고, 그들을 가르치는 것에서도 여러 가지로 창의적인 노력을 할 수 있어서 보람을 느꼈습니다.

힘들지는 않으셨나요?
- 체력적으로는 전혀 힘든 점은 없었습니다. 전에도 말했지만, 기본적으로 안 되는 것이 당연한 학생들이 기적같이 뭔가 하나를 해내는 것을 보면 감사할 것이 많고, 그런 일로 오히려 배우기까지 하니까요. 어떤 곳에서도 자신감 있게 적응할 수 있다고 다짐을 해왔고, 아무리 어려워도 모

든 것들을 문제없이 해결해 왔습니다.

그런데 왜 학교를 그만두셨나요?

- 교사로 부임한 지 삼년이 되자 주임 교사의 직을 제안받았습니다. 교육계에서는 교사로서 해야 할 기본소양을 마쳤다고 봅니다. 그런데 교육의 내용으로 보면, 누구나 할 수 있는 일로 삼년을 일했는데, 이런 일을 정년이 되기까지, 삼십 년 동안 수없이 반복해야 하는 것일까? 하는 회의가 들었습니다.

또 하나는 교사들이 학생을 대하는 태도였다. 학생들은 어리기도 하고, '정상'이 아니라 되는 것이 이상할 정도라 '보통 사고' 대신에 전혀 다른 관점으로 접근해야 한다. 실수하는 것이 당연하니 마음을 비우고 끈기 있게 대하며 차분하게 반복해야 해요. 그건 참아서 될 일도 아니고 화를 내서 될 일도 아닌데 화를 냅니다. 어떻게 보면 선생님이 자기 뜻대로 되지 않는 것에 대한 분풀이라는 생각까지 하게 되었습니다.

'이것이 선생님의 위치에 있는 사람이 할 수 있는 일일까?'라고 생각을 많이 했습니다. 그때 학교에 있던 선생님 대부분이 비슷한 태도를 보이고 있었는데, 시간이 지나고 보니 나 역시 그런 사람의 일부가 되어가고 있는 것이었습니다.

삼년 동안의 특수교사 생활은 섬김의 생활이었다

내가 대학을 졸업하여 처음으로 부임한 곳은 '후쿠시마현립 이와키 지원학교'라는 일반학교보다 특수하고, 특수학교보다도 더 특수한 '중복 장애우'의 교육을 담당하는 곳이었다. 중복 장애 또는 중증장애란, 하나의 장애 이외에도 또 다른 장애가 겹쳐 정상적인 생활이 매우 힘든 사람들을 가리키는 말이다.

대표적인 중복장애인이라 하면 '헬렌 켈러(Helen Adams Keller, 1880~1968)'라는 분이 있다. 헬렌 켈러는 시각과 청각장애에 언어장애까지 있었다. 정상인이라면 어떤 경우 하나라도 불편하겠지만, 보지 못하고 듣지 못하는 것을 넘어 말하는 것을 배워, 자기 생각을 글로 쓰거나 연설하기도 했다. 하지만 이곳의 학생들은 육체적인 부자유에 정신적인 부자유까지 겹치는 일도 있어 학교에 와서 집으로 가는 일이 그날 수업이 되기도 하였다. 어떤 경우는 오늘 하교한 학생을 내일 볼 수 없는 때도 있었다.

헬렌 켈러에게 설리번 선생님이라는 헌신적인 선생님이 계셨듯, 학생들을 일 대 일로 만나는 우리 학교의 선생님들은 학생의 몸짓 하나하나와 그들의 움직이는 입에 유의하며 '그들이 학생으로서 배워야 할 것'을 가르쳤다.

학교의 수업은 하루하루가 정말 독창적인 일로 가득했다. 보통의 학교 수업처럼 모든 학생이 똑같이 보고, 듣고, 가르치는 것을 알아듣는 상황이었다면, 가르치는 일이 쉽겠지만, 모두가 하나같지 않았다. 일반인들이 보기에도 교육이라 할 수 없는 상황이 이곳에서는 일어난다.

"자아~. 오늘 배울 것은 숟가락으로 밥을 떠먹어 보는 일이에요."

"오늘은 책상 위에 있는 종이컵을 한번 잡아보고 뒤집어 보자."

라고 들을 수도, 볼 수도 없는 학생을 상대하여 보이지 않는 숟가락을 잡아 입으로 음식물을 가져가게 하거나, 종이컵을 잡으라고 시켜서 반대로 뒤집는 일이 쉬운 것은 아니었다. 그래서 가르치는 것이 교과서에서는 없는 일이고 교안(教案)을 잘 만들어도 당일 교안대로 되지 않는 경우가 많았다.

하루의 일과를 끝내고 종례할 때, 어떤 분들은 "우리가 이런다고 아이들이 어느 날 갑자기 밥을 잘 먹게 되는 것은 아니어도, 그 아이들을 못 보게 될 날이 오더라도 지금 그들에게 필요한 사람답게 살기 위한 최소한의 조건은 우리가 보장해 주어야 한다"라고 웃으며, 이야기하고 수긍한 적이 있었다. 그런 곳이 나의 직장이었다. 그러나 이 일이 고귀하기만 한 일은 아니었다. 수업을 진행하면, 당연한 일이지만 수업이 제대로 되지 않고, 자꾸 엇나가는 경우가 많았다.

설리번 선생은 헬렌을 가르치면서 얼마나 마음속에 '참을 인(忍)' 자를 새기며 살았을까? 그러고 보면 헬렌 켈러를 만든 사람은 본인이 아니라, 어떻게 보면 설리번 선생이 있었기에 가능한 일이기도 했다. 글과 말을 배우려 애쓰던 헬렌도 중요하다. 하지만 만약 설리번 선생이 도중에 가르치기를 포기했다면 '미국의 작가이자 교육자로 성공한 헬렌 켈러'의 이야기는 없었을 것이다. 설리번 선생의 이야기는 어떻게 보면 시대는 다르지만 우리들의 이야기이기도 했다. 오히려 우리의 일들이 그녀가 했던 일들의 일부였다는 느낌이 들 정도로, '헌신'이라는 하나의 단어로, 해결되지 못할 여러 가지의 일을 했다는 생각도 했다.

고등부를 다니는 다 큰 학생이 유치원생 같은 수업을 한다든가, 반복과 숙달 훈련이 제대로 되지 않거나, 학생이 갑자기 '돌발행동'을 해서 통제되지 않거나 하면, 선생님도 당황하거나 짜증을 내다가 울분이 쌓이면 마지막에는 '폭발'해 버리는 경우를 자주 보아 왔다 TV에서 어린아이들을 둔 부모님이나 보육원 선생님들이 화를 내며 아이들을 때리는 것과 똑같은 일이었다.

그 학생이 어떤 동작에서 무슨 잘못을 하더라도 반복되는 동작을 제대로 못해서 크게 난장판을 벌이건 우선 어깨에 들어간 힘을 빼고, 이런 일은 언제든 있을 수 있는 것인데 지금 터진 것으로 생각하며, 아이가 다치지 않은 것을 감사한 뒤에 자연스럽게 다음 해야 할 일을 찾는 것이 중요한 일이다. 어쨌거나, '교사'는 가르치는 일의 전문인 '프로'이므로 프로다운 모습을 아이에게 보여 주어야 하는데, 그렇게 참아오다가 한번 화를 내버리면, 그 후에는 정말로 별것 아닌 일로도 아무렇지도 않게 화를 내는 모습을 볼 수 있었다.

아무리 생각하는 힘이 부족한 학생이라도 화를 내거나 윽박지르거나 하면 동물적으로 느낀다. 그런 고압적인 관계에서 '사제 간'이라는 사이가 있을 리가 없다고 봤다. 그러나 나는 오히려 무질서한 상황을 즐겼다 아이들에게 헌신적으로 대할 수 있었던 것에 감사하는 마음만 있을 뿐이다. '건강한 몸과 건강한 정신으로 사람을 섬기는 기쁨'이 그 당시의 그를 움직이고 있었다.

'감사, 감사, 감사, 감사, 감사, 감사, 감사.'[1)]

1) '7'은 동양에서 행운을 주는 숫자로 생각한다. 성경에서 '7'은 거룩한 숫자로 '완벽'을 상징한다.

감사(感謝)는 지금까지의 나를 이끌어온 원동력이었다. 한국에 와서 좋은 사람들을 많이 만난 덕에 지금까지의 삶을 영위할 수 있었다. 그런 사람들과 맺어온 인연이 없었다면, 감사해야 할 여러 일들을 겪지 않았다면 지금의 나는 없었을 것이다.

사표를 내고 한국행을 타다

학교에서 근무한 지 어느덧 삼년이 지났다. 이 학교에 처음으로 부임했을 때는 아무것도 모르는 '초짜'였지만, 어느덧 시간이 흘러 다른 선생님들을 감독하는 '주임 교사'의 위치에 오를 수 있었다.

일본에서 '교직'이라 불리는 직업은, 한번 교편을 잡기 시작하면 정년 또는 불미스러운 일로 퇴직하기 전까지는 고용의 안정이 보장된, 이른바 '신께서 내려 주신 직장' 중의 하나이고 지금도 그렇다. 기를 쓰고 내가려 하지 않는 이상, 그 정년이 보장되어 있고, 교감, 교장이라는 명예로운 직위에 오를 수도 있었다. 나의 남동생은 아홉 해의 교감 생활 끝에 작년에 교장으로 승진했다. 내가 퇴직하지 않고 교직에 있었다면 동생보다 먼저 교장이 되었을 확률이 없는 것은 아닐 것이다. 하지만 나에게는 일본의 학교가 '자신의 끼'를 펼칠 곳이 아니라는 느낌만 강했고, 당시에는 이런 길로 교장까지 오를 생각은 '하나'도 없었다.

또한 주임 교사라고 하면 교사 사이에서도 허리가 되는 위치이고, 학교의 조직상으로도 중간 역할을 하는 이른바 '중간 간부'였다. 보통은 교사 생활을 꽤 오랫동안 하시고, 경험이 많으신 분들이 주임의 자리를 받는데, 교장선생님께서는 제가 삼년 동안 나름 성실하게, 열정적으로 직분의 소임을 다했다고 판단하시고 주임 교사로 승진하는 것을 교육청에 보고하신 것 같았다. 하지만 문제는 나의 마음이었는데, 나는 이곳이 더 이상 자신이 있을 곳이 되지 않는다는 느낌을 받았다.

몸이 불편하고 힘든 학생들을 가르치는 숭고함이나, 헌신을 비하할 뜻은 전혀 없다. 하지만, 보직을 받아 생활하면서 일 년 동안이면 누구나 할 수 있는 이 일을 앞으로도 삼십 년이나 계속하여야 하는가 생각해 보니 나는 그러지 못하겠다는 생각이 들었다. 그래도 내가 원했고, 아버지를 닮겠다고 꿈꿔온 '가르침의 길'에서 떠나고 싶지 않아 일단 교사 일을 계속하면서 앞으로 어떻게 바뀔지 지켜보는 것으로 했다.

한국이라는 나라를 알게 되어, 한국이라는 나라에 한눈에 반한 후로 1987년, 88년의 나날은 매우 바삐 돌아갔다. 1987년의 마지막에 주임직의 제안을 받았을 때 이미 내년 3월에 학교를 사직하겠다고 했다. 하지만 막상 그날이 다가오자, 학교의 교장선생님이 나에게, "철회할 생각은 없냐?"고 물었다. 교사가 지녀야 할 자질은 물론이지만, 학생을 대하는 그의 '성실(誠實)함'과 맡은 학생 하나하나에 맞추는 '창의력(創意力)', 화를 내지 않고 기다리는 '인내심(忍耐心)'을 모두 갖춘 인간미 넘치는 교사는 잘 찾아보기 힘들었다고 했다. 그래서 마음을 돌려보려 한 것이지만, 나는 사양하였다.

그때를 생각하면 참 무모했다는 생각이 들었다. 일본에서 비행기로 두 시간 정도면 갈 수 있는 가까운 곳이란 생각이 있었다면 이미 마련되어 있는 일본에 삶의 터전을 두고 '직업적으로 왕래'하는 옵션을 넣을 수 있었을 것이다. 그럼에도 그곳의 생활이 궁금해서 직접 한국에 가서 살아보자고 결심했고, "쇠뿔도 단김에 뽑는다"라는 말도 있듯이 한번 결정하면 '노 빽(No back)'이었던 내게, 앞뒤 재지 않는 그런 성격이 크게 작용하고 있었던 것 같다. 이미 마음은 콩밭, 아니 한국인데 그런 권유가 통할 리가 없었다.

그곳은 내가 있을 곳이 아니라는 생각과 여기에 있어도 나의 인생에 도움이 될 곳이 아니라는 생각만 들었다. 그래서 한국으로 떠날 곳을 찾고 있었는데 그곳이 어디든 상관없다는 생각까지 했다. 혼자 사는 생활은 이미 질리도록 했으니, 어딜 가든 먹고 사는 데는 자신이 있었다. 그래서 한국행이 결정되자 부랴부랴 짐을 싸서 한국행 티켓을 쥐고 이곳으로 왔다.

한 직장에서 삼 년이면 장점과 단점에 대해 볼 것 다 봤다는 생각을 그 당시에 했던 것 같다. 결론은 삼 년이라는 짧은 기간 동안 교직에 있다가 한국으로 오는 것이 멋진 선택이었다고 지금도 생각한다.

1987년 한국을 다녀온 이래로 한국에 대해서 줄기차게 공부했다. 한국에서 살며 공부하려면 어떻게 해야 하는지, 비자를 따내기 위하여 센다이의 한국영사관을 몇 번이고 들락거렸다. 매일 같은 한국 이야기로 어머니를 귀찮게 하였고, 9월에는 어머니를 모시고 한국 관광과 88올림픽을 관람하게 되었다. 열광의 도가니 같던 1988년의 올림픽이 끝나고, 김포공항에서 어머니와 작별했다. 사랑하는 아들을 다른 나라 땅에 두고 혼자 돌아가야 하는 것이 안쓰러웠는지 로비에서 연신 울기만 하셨다. 걱정하지 마시라며 어깨를 다독이며 어머니를 비행기로 보내 드렸다. 비행기가 떠나고, 혼자 서울로 돌아오는 길이 퍽이나 쓸쓸했다.

혈혈단신이지만 고달프지 않았던 학원강사 시절

열광이 곳곳을 휩쓸고 다니던, 내 눈에 찬란하고 화려하게 보였던 올림픽이 끝나고, 서울의 들떠 있던 모든 것들이 원래대로 돌아갈 무렵에 나에게 '진짜 한국 생활'이라는 무거운 현실이 다가왔다. 유학비자 하나로 일본에서의 삶을 접고 한국으로 왔지만 여기서는 누구 하나 반겨 줄 이가 없었다.

일본에는 없는 '한국의 저력'을 한국에서 느껴보겠다고 무턱대고 왔다. '혈혈단신(孑孑單身, 의지할 곳이 없는 외로운 홀몸)으로 맨땅에 헤딩'한다는 말이 딱 어울리는 상황이었다. 그때는 '여기 오면 뭐든 되겠지….' 정말 아무 생각 없이 한국에 오겠다는 생각만 했던 것 같다.

일단 빠르게 밀어붙인 결혼 후에도, 일본에서 살아왔던 것처럼 한국에 오면 일본에서 열심히 살았던 만큼 여기서도 잘 될 것이고, '나라는 달라도 사람 사는 곳이니 어떻게 든 살겠지' 하는 막연한 계획으로 온 것도 있었다. '젊은 혈기'와 '사랑하는 아내와 함께'로 밀어붙이면 되겠지, 뭔가 하나라도 할 수 있겠지. 하는 생각이 들었다. 하지만, 막상 와 보니 오라는 곳 하나 없이 여기저기를 전전긍긍하는 처지가 되어버렸다. 그때도 나는 이곳저곳에서 잡일을 하고 있었는데, 아내가 일본어 학원을 찾아준 덕에 강사 생활을 시작했다. 목동에 있는 한진학원에서 일본인 강사가 필요했고, 원어민 강사로 한국말도 제대로 못 하던 나를 강사로 받아주었다.

시간강사로 일했기 때문에 급여는 그렇게 많지 않았다. 하다못해 남는 시간에 다른 일을 했으면 그보다도 더 벌 수 있지 않았을까, 하는 생각도 들었다. 그래도 비자 때문에 다른 정규직의 일을 할 수는 없는지라, 처음 한국에 왔을 때는 남는 시간에 한국의 여러 곳을 돌아다니며 한국이라는 나라의 이곳저곳을 보려 했다.

학원의 원어민 강사 중에는 일본어 이외에 영어 강사(당연하게도)도 있어서 강의가 끝나면 모여서 함께 식사하거나 다음 강의를 하기까지 옆에 있는 사진의 미국인 친구와 영국인 친구는 한국에 들어온 지 얼마 안 된 때에 만나서, '이번 주는 여기, 다음 주는 어디?'라고 할 정도로, 시간이

벌써 10년, 30년이나 지났지만, 교류는 아직도 '현재진행형'이다. 한진학원 30년 지기(가운데)와 개인교습 10년 지기(오른쪽)의 애제자들.

날 때마다 작당해서 이곳저곳을 싸돌아 다녔다. 하지만 아내와 결혼하고 난 뒤에는 따로 시간을 내기 힘들어졌고, 그들이 귀국하고 나서는 연락이 끊어졌다.

학원 수강생분들의 대부분이 나이가 많으신 분들이라, 수업은 '가르침이 반(半), 놀이가 반(半)'이었다. 일본어 수업을 하는 도중에 짓궂게도 '아는 일본 노래가 있으면 한번 불러보라며 장난치는 분도 있었다. 그때만큼은 대학의 합기도부 생각이 났다고 나는 말한다. 일본 노래, 한국 노래 무엇이건 함께 부르고 있으면, 자칫 지루해지기 쉬운 교실의 분위기는 순식간에 '가요무대'로 바뀌고, 덕분에 화기애애한 분위기로 바뀌었다.

거처를 목동에서 서울 시내로 옮김에 따라, 나는 종로학원에 직장을 옮겼다. 현재 재수생을 가르치는 학원이지만 그때 당시에는 외국어 교재 세트(교재 6권+테이프)를 판매하고, 교재를 구매한 구매자에게 서비스로 학원의 강사가 교재를 가르쳐주는 구조로 되어 있었다.

교재의 내용을 되짚어가며 요점을 알려주는 것이 선생님들의 일이었다. 판매한 교재에 대해서 추가로 가르쳐 주는 것이라서, '집에서 교재를 열심히 익히면 된다'라는 인식이 강했던 모양이다. 그래도 서울의 중심지이고, 직장인들이 많았던 종로였으니 학구열이 강한 '학생'들이 많아 학원은 밤늦게까지 사람들로 가득했다.

내가 한국에서 길러온 일본어 전수의 스킬은 해를 거듭할수록 노련해졌고, 오랫동안 일본어 회화를 가르치면서 현장에서 쌓아온 노하우가 '어떤 사람에게 어떻게 일본어를 가르치는 것이 좋은가?'와 '체계적으로 능력을 기르는 방법' 등을 터득하기 시작했다.

한국인 중에는 일본 강점기에 일본어를 배워서 꽤 잘하시는 나이 많은 어르신도 계셨다. 그때의 영향이 남아 있어 사회에도 일본어 단어가 많이 남아 있다(그러고 보면 1945년 광복 이래로 50~60년 정도 지난 때였다). 잘 아시겠지만, 공사장이나 당구장에서 일본어 단어들이 많이 쓰인다.

'공구리(콘크리트)'
'아시다이(발판, 비계)'
'함바집(공사장 임시 식당)'
'시마이(완료, 끝)'
'히끼(당겨치기)'
'히네리(커브)' 등

꽤 많은 단어가 남아 있다. 한국어로 많이 순화되었지만 어르신 중에서는 '다마네기(양파)'라는 말을 지금도 쓰시는 분도 있다. 그렇게 많은 분이 직·간접적으로 일본어를 접하여 쓰는 경우도 많았다.

예로부터 '한국과 일본은 가깝고도 먼 나라'라고 했다. 일본어는 외국이기는 하지만, 지리적으로 가까운 거리나 문화적인 친근감(옛날 고대에 한반도에 거주하던 사람들이 일본으로 가서 지배계층이 되었다던가 하는), 언어적인 유사성(어순이 같다는 단순한 이유)이 강하게 작용하는 사이여서, '일본어는 쉽다!'라는 긍정적인 선입관을 주어 어학에 대한 부담감을 낮추기는 한다. 하지만 외국어는 외국어인 것이, '일본어는 공부하면 할수록 어려워진다'라며 '깔딱고개'를 넘지 못하고 그 자리에 자빠지기 쉽다. 그래서 일본어는 쉽다고 생각하며 일본어에 대해 '아직 뭣도 모르는', 흥미가 식지 않은 때에 여세를 몰아 쉽게, 쉽게 중급자 수준까지 실력을 올려 놓는 일이 매우 중요했다.

일본어 시간강사에서 저자로, 선생으로(1)

1996년, 나는 처음으로 『전화 일본어』(인터미디어사)라는 책을 출간하였다. 이전에 특별한 재능이 있어서 시작한 것도 아니었다. 글을 잘 쓴다는 그런 의식도 없었다. 그때는 다만 나는 일본인이고, 한국에 온 일본인 중에 학원강사로 일하다 보니, 잘 틀리기 쉬운 내용과 한국인 학생들이 많이 물어보는 표현을 좀 더 잘 알고 있었던 위치에 있었기 때문에 가능한 일이었다고 본다.

실은, 1994년에 영주권을 받기 이전부터 책을 써 온 것이었다. 학원이 끝나면 여학생(?)들과 어울리는 시간이 많은 것이 싫었던 원장님이 '혼다 선생! 자꾸 학생들과 놀고 있으면, 비자 연장 안 해 줄 거야!'라고 협박(?)을 받아 수업 시간 이전과 수업 끝난 후, 비번 때에 사무실에 앉아서 썼다. 어떻게 보면 '강의록'과 같은 것이었다.

일본어와 관련된 교재는 많았지만, 그 당시에 중고등학생들을 위한 '초보자용 일본어'가 많았다. 정작 회사에서 해외와 관련된 업무를 하려면, 직장인들에게 필요한 일본어는 내용이 실제 일본 사회, 또는 회사의 내용들을 반영해야 하는데, 그런 내용을 회화 형식으로 간편하고 깔끔하게 다루는 교재는 별로 없어서 만들어봤다.

책은 많이 팔리지는 않았지만, 처음 글을 쓰는 것이 힘들지, 한번 쓰고 나니 그다지 어렵지 않게 쓸 수 있었다. 실제로 나는 이때 이후로 여러 가지 책을 저술하기 시작했고 일이 년을 주기로 일본어 서적을 집필하였다.

쓰나미 'IMF'가 휩쓸고 간 지옥, 그리고 살기 위한 몸부림

1997년 11월 21일 임창열 경제부총리가 충격적인 특별 기자회견을 가졌다. 우리 정부는 국제 통화기금(IMF, International Monetary Fund)에 자금 지원을 요청하기로 공식적으로 결정하였다는 내용이었다. 나라의 빚이 총 1,500억 달러가 넘는데, 우리가 가진 외화는 40억 달러에도 미치지 못한다는 설명이 뒤따랐다. 뒤이어 12월 3일 우리나라는 IMF로부터 210억 달러의 구제 금융을 승인받았다. 더불어 국제부흥개발은행(IBRD, International Bank for Reconstruction and Development)이 100억 달러, 아시아개발은행(ADB, Asian Development Bank)이 40억 달러를 지원하기로 하여 총 350억 달러의 국제기관 지원이 결정되었다. 다음날인 12월 4일 긴급히 55억 달러가 공수되었다. 그리고 미국, 일본, 독일, 프랑스, 영국, 캐나다, 호주에서 추가로 200억 달러가 지원되어 총 550억 달러를 지원받

J-AD PLAZA
중앙일보
1997년 11월22일 토요일
IMF구제금융 요청
林부총리 긴급회견 美·日 협조융자 합쳐 총600~700억弗
실무단 來週 방한-3~4週뒤 1차지원
환율·金利 진정~株價 급등
1달러=1,056원-지수 17P 올라 506기록
金대통령 오늘 밤에 APEC 회의 참석
경제난국 극복 협력호소
고정간첩 수사확대
정치권은 大選후에

IMF가 터지던 그날. 각자도생 시대의 개막이었다.

았다. 우리는 국제적으로 550억 달러를 빚진 채무국이 된 것이다.

이로써 간신히 국가 부도 사태는 면했지만, IMF는 우리나라에 가혹한 경제 구조조정을 요구했다. 기업들이 무너지고 은행들이 도산했다. 수많은 주식이 휴지 조각이 됐고, 일자리를 잃고 가족에게 알리지 못해 양복을 입은 채 산에 갔다가 퇴근하는 가장들의 '등산 출근 현상'이 언론에 보도되기도 했다. 국민은 달러가 없어 나라가 부도날 수도 있다는 것에 충격을 받았다.2)

1997년 7월의 무더운 여름날, 한국은 원하지 않는 외환위기 사태, 소위 'IMF'를 맞이하였다. 아시아에서 시작된 외환 유동성의 위기로 인하여 여러 나라들이 엄청난 위기를 겪었고 한국의 많은 그룹과 크고 작은 기업들이 부도를 맞이하고 대량 실직이 발생하였다.

새벽 때 학원에 가면 여느 때보다 사람이 많았다. 아침에는 회사로 출근하고 저녁과 밤에 사람들이 많은 것이 보통인데, 그 일이 일어난 뒤로 평일 오전에도 학원에 오는 사람들이 늘어났다. '좋지 않은 일을 당한' 것이다. 어떤 이들은 정리해고로, 회사의 부도로 하루아침에 직장이 없어지자 갈 곳이 없어, 집에는 회사 간다고 말해놓고, 재취업을 하려 지푸라기라도 잡으려는 심정으로 학원에 나왔다고 한다. 사람들과 대화하기를 좋아하는 나 역시 학원에서 매일 열한 시간 가까이 강행군으로 일하며, 정성껏 학생들을 가르쳤다. 학원은 아침부터 밤까지 배우려 하는 사람으로 열기로 가득했다.

지금의 상황을 타개하려는 절박함으로 외국어 배우기에 도전하는 학

---

2) 〈550억 원을 빚진 경제국치의 날〉 '기록으로 만나는 대한민국' 홈페이지에서.

생들에게 대충 가르치면 안 된다는 생각이 들었다. 물론 그런 것은 성격에 맞지 않았다. 나는 한국인들과 함께 이를 악물고 삼년을 일했다. 누군가가 배우려 한다면 선생으로서 해야 할 일을 기꺼이 하는 것이 선생 된 자의 도리라는 생각으로 열(熱)과 성(誠)을 다했다.

이때, 정확한 시발점은 알 수 없으나 대한제국기의 국채보상운동처럼 '금 모으기 운동'이 일어났다. 금은 곧 달러처럼 쓸 수 있으니, 장롱 속에 잠자고 있는 금을 모아, 나라의 빚을 갚자는 것이었다. 이렇게 확산된 '외채 상환 금 모으기 운동'은 1998년 1월부터는 KBS 한국방송의 '금 모으기 캠페인'이 시작되면서 전 국민이 보상과 헌납의 방식으로 금을 모으기 시작하였다.

결혼반지와 돌반지가 나왔고, 운동선수들은 금메달을 내놨다. 김수환(金壽煥, 1922~2009) 추기경도 금으로 된 자신의 십자가를 내놨다. 부모의 등에 업혀 온 코흘리개 아이부터 백발의 어르신까지 수백만 국민이 금 모으기에 동참하기 위해 길게 줄섰다. 위안부 피해 할머니들도 금반지를 내놨고 재외동포들까지도 합세했다. 그렇게 온 국민이 모은 금이 석 달 동안 227톤으로 18억 달러어치, 현재 기준으로 2조 5천억 원어치였다.

금 모으기에 동참한 사람 숫자만 약 351만 명이었다. 금모으기운동은 실제로 외환위기 탈출의 발판이 되기도 했으나, 하루속히 나랏빚을 갚고 금융 위기를 극복하자는 국민의 단결력을 보여준 사례로, 외국인들에게는 '불가사의한 한국인의 힘'의 하나로 인상에 남았다. 2015년 8월 한 방송사(MBC)에서 '광복 70주년 대국민 의식조사'를 했는데 광복 이후 가장 자랑스러웠던 순간은 '월드컵 4강 진출'이었고, 그 뒤가 88올림픽 개최, 세 번째가 'IMF 극복, 금 모으기 운동'으로 꼽혔다.3)

우리 손에 반지가 없는 이유

돌은 아이가 태어난 지 일 년이 되는 첫 생일이다. 돌잔치의 '돌'은 열두 달을 한 바퀴 돌았다는 뜻이다. 의학이 발달하지 못했던 과거에는 아이가 무사히 첫 생일을 맞이한 것을 기념하고 장차 잘 자라기를 바라는 뜻에서 친지와 이웃들을 초대해 돌잔치를 열었다. (중략)

초대받은 친지들은 옷이나 돌 반지 등과 같은 선물을 사주기도 하고, 아이의 주머니에 복돈을 넣어주기도 했다. 돌반지의 경우 아이가 자라면서 가정에 어려운 일이 생겼을 때를 대비해 비상금으로 사용하라는 의미에서 반지를 순금으로 하는 풍습이 생겨났다고 한다.[4]

온 나라가 550억 원이라는 거금을 빚져 이렇게 힘들고 어려운 때, 그 당시에 태어난 우리 딸(1994년생)과 아들(1996년생)의 돌 반지와 백일 반지도 금 모으기 운동으로 은행에 가서 망설임 없이 헌납하였다. 이 나라에 사는 사람으로서 요긴하게 쓰라고 받은 금붙이를 이때 쓰는 것이 좋다고 여겨 아내와 상의한 끝에 보내기로 했다. 지금 와서 생각하면 아들과 딸의 기념을 위해 한 개 정도는 있었으면 어땠을까 생각도 한다. 그러나 '나라 살리기'라는 심각한 상황에서 금 모으기 운동에 참여한 330만 명의 대열에 동참했다는 뿌듯함은 지금도 그대로 남아 있다. 만약 이런 일을 하자고 하면, 일본에서도 일어날 수 있을까? 한국사람과 성격이나 문화가 비슷한 오사카 정도라면 가능하지 않았을까 싶다.

보통 국제 금융 기구가 구제 금융의 공급을 결정하면, 그 나라에 강도

3) 〈550억 원을 빚진 경제국치의 날〉 '기록으로 만나는 대한민국' 홈페이지에서.

4) 민은미, 〈힘들 때 비상금으로... 순금 돌 반지에 담긴 의미〉, 《중앙일보》, 2021.9.25

높은 경제구조의 개혁을 요구하는데, 그런 중에도 온전히 다시 일어선 나라는 한국이 유일하다. 총액 550억 원과 비교하면 18억 원은 어떻게 보면 미미한 금액일지 모른다. 또한 소중히 모은 금을 제값 받고 팔지 못하거나, 일부 개인들이 배를 채웠던 불미스러운 일도 있었지만, '다시는 나라를 외세에 뺏기지 않겠다'라고 하는 국민의 염원에서 일으킨 행동이라는 평가가 많다. 그래서 전문가들이 오년 정도 걸린다고 하는 구제 금융의 덫에서 빨리 벗어날 수 있었다고 한다.

어떤 관점에서 보면 '정에 약하다'는 것은 기계같이 정확하고 시계같이 칼 같은 태도를 요구하는 서구 현대사회에서 가장 먼저 없어지는 행동이다. 하지만, 요즘에도 선하게 일한 가게 주인이 '돈줄'이라는 테러(?)를 당했다는 훈훈한 이야기를 만날 수 있는 것도 정에 약한 한국이니까 가능할 것이다. 'IMF 삼년'이라는 긴 터널을 빠져나오기 위해 몸부림치는 동안, 나도 열심히 일하다 보니 집을 마련할 자금이 생겨, 2001년에 현재 사는 곳에 '마이 홈'을 구하여 지금까지 살고 있다. 그때, 그분들이 가졌던 배움에 대한 열정이 없었다면, 따스한 인정이 없었다면 '지금의 나'는 물론이고 '혼다네 가족'이라는 것은 아마도 지금은 없을 것이다. 연락되지 않는 분들도 있고, 이미 고인이 되신 분들도 계시지만 지금도 그분들께 감사하고 있다.

1998년, 2003년 일본 대중문화의 개방으로 일본어 학습 열풍 불어

김대중(金大中, 1924~2009) 대통령이 일본 대중문화에 대한 전격적인 개방 조치를 내리게 된 데는 몇 가지 배경이 작용하였다.

첫째, 일본 대중문화는 개방조치 이전부터 이미 한국사회에 깊숙이 침투되어 있었다. 일본 유행가나 애니메이션, 만화 등은 이미 많은 한국인에게는 익숙한 존재가 되어 있어 법적으로 이를 막는 데에 한계가 뚜렷할 뿐 아니라 오히려 이를 불법화할 경우, 음성적으로 더욱 유포될 우려가 제기되었다.

둘째, 김대중 정부는 일본의 대중문화를 단계적으로 개방할 경우, 일부가 우려하는 것처럼 한국의 대중문화가 일본문화에 의해 일방적으로 지배된다고 보지 않았다. 즉, 때에 따라서는 우리의 대중문화가 일본에 비해 충분히 경쟁력을 지니고 있다고 판단하고 있었다.

셋째, IMF 위기 속에서 집권한 김대중 대통령은 한국의 경제위기를 돌파하기 위해서는 일본과의 근본적인 관계 개선을 통한 경제협력이 필수적이라고 판단하였다. 이를 위해 일본에 선제적인 양보함으로써 일본으로부터 한국에 대한 정치, 경제적인 지원과 협력을 이끌어내려는 전략을 추진하였다.

김대중 정부는 1998년 10월 이제까지 허용하지 않왔던 일본 대중문화의 유입을 전격적으로 허용키로 하였다. 1998년 10월 8일 김대중 대통령은 '단계적이되 상당한 속도'의 일본대중문화 개방 방침을 천명하고 다음의 단계에 입각하여, 개방 조치를 취하기로 결정하였다.[5)]

위와 같은 이야기로 1998년 1차 개방이 있었고, 2001년에 일본의 역사 교과서 왜곡시정 거부 문제가 일어나 한동안 중단되었다가, 2003년에 문화교류를 활성화하기 위해 다시 일본 대중문화를 개방하였다. 1차

5) 국가기록원 홈페이지.

개방에서 6년이 지난 2004년 1월 1일부터 완전히 개방되었는데, 처음에는 '왜색문화(倭色文化)'라 부르며, 맹렬히 반대했던 그때와는 달리, 2002년에 한국에서 인기를 끌었던 '겨울연가'가, 2004년에 일본 지상파 TV를 통해 방영되면서 폭발적인 '욘사마' 열풍이 불게 되면서 일본인들의 한국방문이 늘어나게 되었다.

만약 한국에서 먼저 일본의 대중문화를 개방하지 않았다면, '겨울연가'나 '욘사마'는 없었을 것이다. 오히려 김대중 정부가 판단했던 '우리의 대중문화가 일본에 비해 충분히 경쟁력을 지니고 있다'라는 것이 맞아떨어져, 한국문화를 보기 위하여 한국을 방문하고, 거꾸로 한류(韓流)가 수출되는 시작점이 되었다.

일부의 우려는 우려로 끝났다. 우리가 먼저 마음을 열어 상대를 끌어들이지 않으면, 상대방도 문을 꽁꽁 닫고 열려고 하지 않는다. '주고받기(give and take)'는 자명한 법칙이 아닐까.

당시의 종로학원은 IMF 이후와 2000년부터 불어온 한류열풍으로 일본어를 배우려는 학생들로 넘쳤고, 일본어를 더 배우기 위해 일본으로 유학 가거나, 한국문화가 좋아 일본에서 오는 손님들을 맞이하러 나갔다.

당신이 있을 곳은 여기가 아니다

2001년이 몇 달 남지 않은 가을 무렵, 나의 강의실에 처음 보는 남자분이 앉아 자신의 강의를 지켜보고 있었다. 강의 시간이 끝났을 때, 처음 뵙겠다고 하며, 들고 있던 명함을 내게 건네셨다. 내가 '배화여자대학교 비서학과 교수 이평원'이라 적힌 명함의 내용을 확인한 것을 본 그가 말했다.

"명함에서 보시는 바와 같이 나는 이 학교의 교수이고, 당신의 강의를 듣고 있었습니다"라고 말했다. 대학의 교수님이 무슨 일로 학원에 와서 강의를 듣는지 의아해하던 나에게 시간이 있다면 이 자리가 아니라 다른 자리에서 이야기하자고 했다. 학원을 나와서 찻집에서 자리를 잡은 뒤에 이야기는 계속되었다. 교수님은 다시 말을 이었다.

"학교에서 일본어를 가르칠 분을 모셔야 하는데, 어떤 분께서 종로학원의 원어민 선생님이 잘 가르친다고 해서, 한번 강의를 들어보고 뽑으라고 추천해 주시길래 들어보러 왔습니다"라고 말하며, 몰래 들어와서 미안하다고 말씀하시기에, 새로운 얼굴이 보이길래 누군가 싶었다고 웃으며 대답했다.

교수님은, 한 시간 내내 즐겁게 수업을 들었다고 말하며, 단순히 일본어와 관련된 지식을 알려 주는 데에 그치지 않고, 폭넓은 견해를 바탕으로 일본어에 대해 여러 가지를 생각할 수 있어 좋았다고 말했다.

"수업을 듣는 동안, 당신이 있어야 할 곳은 여기,
종로학원이 아니라는 생각이 많이 들었습니다."

교수님은 학교에 돌아가면 추천서의 내용대로 가르치시더라고 보고할 것이고, 지금 당장에 와 달라는 이야기는 아니니, 기회가 되면 배화여대에서 학생들을 가르쳐 달라는 말을 남겼다. 서류 전형이 끝나고 학교의 결과가 나오기를 기다리는 상황인데, 지금처럼 실제로 강의를 들으러 그 대학의 교수님이 직접 오실 줄은 몰랐다. 아무런 연락도 없이 갑자기 평가가 시작되어 놀라기도 했지만, 평소에 해 왔던 있는 그대로를 보여주게 되어 좋았다. 이미 이전에 원서와 이력서를 낸 상황이었고, 합격하면 겸임교수로 일하게 된다. 당장이라도 목 끝으로는 "물론입니다. 열심히 하겠습니다"라고 말하고 싶었다.

다만, 쉽게 말할 수 없었고 기다려 달라고 망설였던 것은, 학원강사로 있을 경우와 대학으로 옮겨 갈 경우, 생기는 보수의 차이였다. 종로학원에서 인지도를 쌓아 올렸고, 교실은 공부하려는 학생들로 늘 가득했다. 여기서는 내가 그달에 가르친 만큼 수입을 받아 갈 수 있는데, 그 기득권을 버리고 겸임교수(시간제 강사)로 가게 되면, '교수'라는 직함을 얻고 대학에서 새로이 교편을 잡는 대신, 수입은 확 줄어들게 된다. 그러나 학원강사에게 대학 강사의 직은 쉽게 오지 않는 기회이기도 했다.

'명예'냐, '실리'냐의 문제이기도 했으나, 이내 그 문제에서 벗어날 수 있었던 이유는 이미 학원강사로서 해볼 수 있는 모든 것을 다 해보았기 때문이다. IMF의 삼년 동안 하루 열한 시간을 학원에서 보내며 열심히 일하여 삶의 터전도 마련했기 때문에 일본의 특수학교 시절처럼 이루어낸 과거의 성취감에 머물러 '일타강사'라는 고인 물처럼 썩어가기보다, '대학'이라는 새로운 물, 새로운 무대에서 내가 할 수 있는 새로운 일을 해보고 싶었기 때문이었다. 고민이 결심으로 바뀌는 데 드는 시간은 그리 길지 않았다.

기회의 여신은 머리카락이 앞쪽에만 있다더라

이렇듯, 아무리 만반의 준비를 하고 있어도, 성공을 만들어 줄 기회를 붙들지 못하면 그야말로 '꽝'이다. 반대로 내게로 달려든 기회가 내게 버겁거나 하여, '나의 것이 아닌 것'을 억지로 붙들었다면 그것 역시 '꽝'이다. (내가 계획하는) 준비하는 힘과 (우연히 지나가는) 기회가 자기 것인 줄 알고 정면으로 맞서 낚아채는 힘이 모이면 '기적' 같은 일이 일어난다. 사과가 익으면 나무에서 떨어질 것이란 것은 모두 알고 있다. 하지만 하염없이 그냥 나무 아래에 있으면 사과를 얻기는 힘들 것이다. 언제 사과가 열매를 맺는지 알고, 어떤 나무에 서 있으면 사과를 좀 더 확실하게 얻을 수 있을지, 기회를 맞이하기 위하여 준비해야 한다. 물론 떨어지는 사과를 확실하게 낚아챌 직감(直感)과 운(運)도 필요할 것이다. 치타는 먹이를 잡기 위해, 어떻게 행동할까?

2초 안에 시속 70킬로미터를 낼 수 있고, 최고속도로 시속 120킬로미터를 뛸 수 있으니, 아무 준비 없이 먹이 사냥을 나가 먹이를 잡는 듯 보여도, 20초의 시간에만 전속력을 낼 수 있는 치타의 행동은 오히려 신중하다.

1. 느리지만 방향을 바꾸며 재빠르게 달아나는 먹이를 잡기 위하여 모습을 들키지 않도록 몸을 낮추고, 자신의 냄새를 알아채지 못하도록 바람을 마주하고 먹이(기회)를 잡기 위해 조심스레 다가간다(계획 세우기).
2. 그리고 힘껏 달릴 수 있는 거리 안에 들어가 방심하는 틈을 타 전속력으로 달려, 먹이를 쓰러뜨린다(기회 잡기).
3. 하지만 기껏 먹이를 잡았다고 해도 하이에나 같은 다른 육식동물들이 뺏으러 온다면 주저 없이 물러난다. 내 것이 아니라면, 미련 없이 포기하고 다음 기회를 내 것으로 하면 되기 때문이다(싸워서 괜히 다치게 되면, 사냥도 못하고 굶어 죽을 수 있기 때문이다).

이평원 교수의 방문이 있었던 뒤로, 학원강사를 그만두고 배화여자대학교 겸임교수의 기회를 움켜잡은 나에게 여러 기회가 찾아왔다. 배화여자대학교의 겸임교수 근무(2001~2005)를 시작으로, EBS의 라디오 교육방송(2001~2008), 서강대학교 강사(2006~2013) 시절과 서일대학교 조교수(2007~2014)의 새로운 시절이 차례대로 몰려오기 시작했다. '물이 들어찰 때, 그 기회를 놓치지 않고 노 젓기'를 시작했다.

일본어 시간강사에서 저자로, 선생으로 (2)

EBS 시절

2001년에 나는 한국교육방송공사(현재 EBS의 전신)의 '라디오 중급일본

어 회화'에 출연진(원어민)으로서 공동으로 진행하였다. 원미령 선생님이 교재의 내용을 해설하면, 옆에서 일본어로 문장이니 대화를 말하거나 발음을 담당하기도 했고, 본문 대화의 내용을 이해할 수 있도록 일본의 사회, 문화 등을 원어민의 시각에서 설명하는 역할을 맡았다. 얼굴을 직접 보여주지 않는, 라디오로 송출하는 방송이라 프로그램을 듣는 시청자들이 귀로 들으며 지루함을 방송계에서 그럭저럭 일이 년을 진행하면 '성공작'인 것이고, 방송 개편이나 인기도가 낮으면 교체되는 가운데, 우리 프로그램이 칠 년이나 장수했던 이유 중 하나는 재미가 있었기 때문이 아닐까 싶다. 흥미를 끄는 입담을 서로 주거니 받거니 하는 '호흡'이 필요했다.

십오 분 방송할 때마다 일본어로 노래를 부르곤 했다. 사전에 대본 연습할 때, 본문의 내용에 맞는 노래 가사를 준비하는 노력도 있었고, 준비해 둔 노래를 이때다 싶을 때에, 순발력 있게 부르는 것도 중요했다. 방송국에서 방송 중에 지금 무슨 말을 해야 하는지, 무엇이 필요한지 눈빛만 봐도 알 수 있는 '환상의 콤비'로 소문났던 것 같았다. 한번은 방송녹음 중에 어떤 일 때문이었는지 모르겠지만, 갑자기 웃음보가 터져서 약 한 시간 정도 방송을 진행하지 못했던 적이 있는데, 출연진과 제작진이 어떤 말을 하려 해도 웃음이 그치지 않았던 유쾌한 추억이 생각난다.

또 다시 만나뵐 수 있기를!!~

김**(부산) | 08.02.28 | 63

2006년 후반기부터 듣기 시작한 것 같아요.

jpt 치면 듣기가 영~꽝이었던 저에게 시간이 없었지만 mp3에 넣고

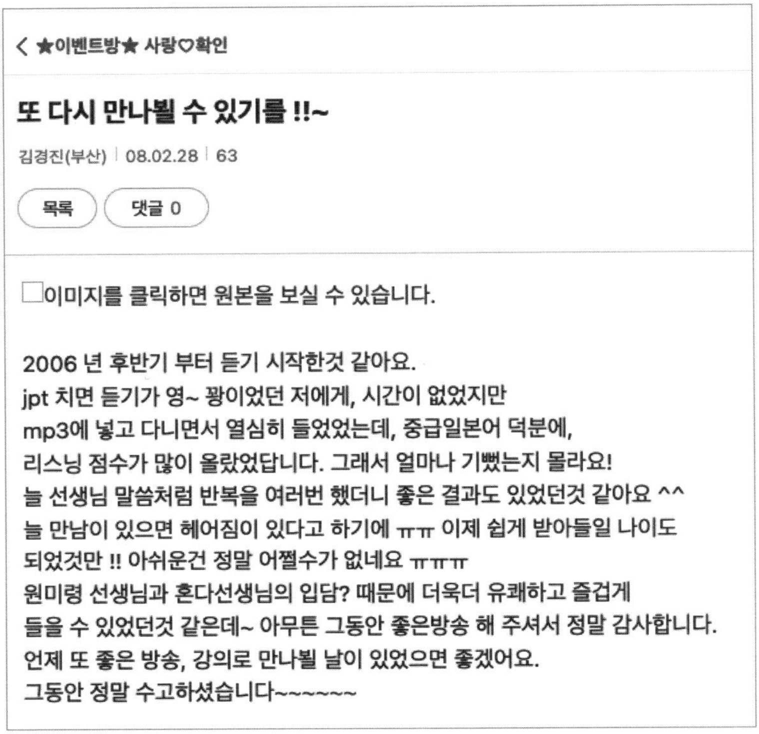
< ★이벤트방★ 사랑♡확인

또 다시 만나뵐 수 있기를 !!~

김경진(부산) | 08.02.28 | 63

목록 댓글 0

☐이미지를 클릭하면 원본을 보실 수 있습니다.

2006 년 후반기 부터 듣기 시작한것 같아요.
jpt 치면 듣기가 영~ 꽝이었던 저에게, 시간이 없었지만
mp3에 넣고 다니면서 열심히 들었었는데, 중급일본어 덕분에,
리스닝 점수가 많이 올랐었답니다. 그래서 얼마나 기뻤는지 몰라요!
늘 선생님 말씀처럼 반복을 여러번 했더니 좋은 결과도 있었던것 같아요 ^^
늘 만남이 있으면 헤어짐이 있다고 하기에 ㅠㅠ 이제 쉽게 받아들일 나이도
되었것만 !! 아쉬운건 정말 어쩔수가 없네요 ㅠㅠㅠ
원미령 선생님과 혼다선생님의 입담? 때문에 더욱더 유쾌하고 즐겁게
들을 수 있었던것 같은데~ 아무튼 그동안 좋은방송 해 주셔서 정말 감사합니다.
언제 또 좋은 방송, 강의로 만나뵐 날이 있었으면 좋겠어요.
그동안 정말 수고하셨습니다~~~~~~

EBS 시절, 원미령 선생님과, 학생들과 같이한 증거, 생생한 목소리. EBS홈페이지에서

다니면서 열심히 들었었는데, 중급일본어 덕분에,리스닝 점수가 많이 올랐었답니다. 그래서 얼마나 기뻤는지 몰라요!
늘 선생님 말씀처럼 반복을 여러번 했더니 좋은 결과도 있었던 것 같아요^^
늘 만남이 있으면 헤어짐이 있다고 하기에 ㅠㅠ 이제 쉽게 받아들일 나이도 되었건만!! 아쉬운 건 정말 어쩔 수가 없네요 ㅠㅠㅠ
원미령 선생님과 혼다 선생님의 입담? 때문에 더욱더 유쾌하고 즐

겁게 들을 수 있었던 것 같은데~ 아무튼 그동안 좋은 방송 해 주셔서 정말 감사합니다.

언제 또 좋은 방송 강의로 만나뵐 날이 있었으면 좋겠어요.

그동안 정말 수고하셨습니다.~~~~~~~~~~~

라디오 중급일본어 회화는 일주일에 여섯 번, 십오 분 방송하는 것으로 진행되었기 때문에 한 주에 두 번 EBS에서 방송분을 찍는데, 워낙 호흡이 잘 맞아 거의 NG를 내지 않고 녹음을 끝낼 수 있었다. 그리고 누가 시키지 않았는데도 간식을 챙겨 가서 출연진, 스텝들과 함께 나눠 먹으며 유대를 돈독하게 해 왔다. 처음에는 라디오 방송만으로 시작했는데, 시간이 지나자 인터넷이 발전하게 되어 방송국의 홈페이지나 '싸이월드' 등의 인터넷 환경이 빠르게 성장하자 '출연진 & 수강생의 온라인 모임'과 '오프라인 모임'까지 만들어져 네트워크는 점점 커졌다.

그렇게 칠 년 동안 서로 합을 맞추어 왔는데, 2008년 3월에 프로그램을 하차하게 되었다. 방송이 끝나는 마지막 날에는 원미령 선생님과 그리고 수강생이 모두 모여 신촌에서 마지막 정기모임을 가졌다. 나는 대학에서 일이 있어서 늦게 모임에 합류했는데, 나를 못 보고 끝나는 것이 정말 아쉬웠는지, '공식 4차' 이후로도 오래도록 모였던 기억이 난다.

배화여자대학교 겸임교수 시절

2000년도 초에는 원어민이 많지 않았다, 비영어권 중에서도 특히 일본인은 더욱 적었는데, 대학에 부임한 첫날, 학생들이 나를 신기하다는 눈빛으로 바라본 것 같았다. 마침 그때 EBS 교육 방송 라디오의 일본어 중급 회화를 진행했던 까닭에 인지도나 인기도가 꽤 있었는데. '방송에 나오는 그 선생이 우리 학교에 있다'라는 그것만으로도 학생들이 몰려들었다. 가르치는 것도 초급은 한국어와 일본어의 비중을 반반으로 했지만, 중급일본어 이상은 아예 일본어만 사용하여 수업을 진행한 적도 있었다. 무엇보다도 나는 학교 내에서의 활동보다 야외 수업을 중요하게 여겼다. 일본 음식을 먹으며, 일본어로 주문하는 방법을 실습한다던가, 아니면 계산하는 방법을 배우는 등의 한 · 일 간의 문화 비교까지 현장에서 진행했다.

이십삼 년이나 지난 지금까지도 서로 연락하는 애제자가 있는데, 졸업 후에도 개인적으로 과외의 형식으로 더 가르쳐 주기도 했다. 칠 년 전은 인생에서 아홉 번째로 주례를 서게 된 해였다. 일본인 신랑과 한국인 신부였는데, 그 애제자가 주인공이었다. 당시에 일본과 한국에서 결혼식을 올렸는데, 한·일/일 ·한의 양방향 통역이 가능하다는 이유로 양가의 부모님을 모신 결혼식의 사회까지 보기도 했다. 그녀는 현재 국제무대에서 한·일 / 일·한, 영·한 / 한·영의 통·번역 업무도 하고 있고, 가정도 살뜰하게 보아 아주 훌륭하게 아이를 키우고 있다.

배화여자대학교는 겸임교수로 들어가 조교수의 직까지 얻었고 수업을 쉽고 재미있게 가르친다는 이유로 나름 학생들에게 인기가 있었다. 하지만 다른 교수님들에게 눈엣가시가 되는 계기가 되기도 하여 결국 이곳을 물러나, 삼십 대 일의 경쟁률을 이겨내고 서일대학교로 전임 교수로 이적하게 되었다.

현장 수업을 중시한 서강대학교 강사 시절

서강대학교에서는 일본어 작문 수업을 진행했는데, 처음 이곳에 왔을 때는 학생들이 받은 학습의 수준과 강도가 높아서 그랬는지 일본에서 일본인 학생들의 수업을 지도하는 느낌이었다. 서강대의 강의는 주변 학교의 학생들도 참여가 가능한 제도가 있어서, 바로 옆에 있는 이화여자대학교의 학생들도 나의 수업을 들으러 와서 강의실은 많은 학생으로 붐볐다.

내가 진행하는 수업의 특징은 교실과 현장을 나누지 않고 병행하는 것이다. 현장 수업을 하는 가장 큰 이유는 회화의 스킬을 습득하는 것은 교실에서 교재, CD와 단어들을 달달 외운다고 해서 잘 되는 게 아니고, '실제 현장'에서 지금까지 배웠던 모든 지식과 감각을 동원하여 회화에 몰입하게 상황을 만들어 주는 것이 가장 중요했다. 물론 일본 현지에서 하는 것이 가장 이상적이겠지만, 현실적인 면에서 타협한 것이 서강대 근처의 가게들을 이용하는 것이다, 대학가의 인근에는 스시야(壽司屋, 횟집), 이자카야(居酒屋, 선술집), 가라오케(カラオケ, 노래방), 야타이(屋台, 포장마차) 등으로 현장의 감각을 살릴 수 있는 가게들이 많았으니, 그곳에서 직접 일본의 문화를 가르치고, 상황에 맞는 대화와 함께 예절, 매너 등도 알려 주었다.

물론 학교 밖에서 수업을 진행하는 일이라서 허가받고 진행하는 일이었지만, 이것이 생각보다 쉽지 않았는데, 현장 수업을 진행하는 중에 만일의 불미스러운 사고나 문제가 발생해서는 안 되었기 때문이다. 그렇지만 모두 어른들이므로 문제없을 것이라 믿고, 서강대 근처의 가게들을 돌아다니며, 1차 일본 음식 먹어보기, 2차 노래방에서 일본노래 체험하

기, 3차 포켓볼, 4차 포장마차 등등의 다양한 장소에서 일본의 문화와 관련된 다양한 체험을 할 수 있도록 유도했다. 1차의 경우, 돈가스나 덮밥 등을 먹으며 큰 시합을 앞두고 이기기(勝つ, 카츠) 위해 돈가스를 먹는다는 이야기도 해주고, 일본은 각자 자기 몫을 부담하는, 당시의 한국에서는 생소했던 '와리칸(割り勘, 1/N) 문화'도 소개했다. 일본 음식을 먹으면서 주문하는 방법을 일본어로 실습한다던가, 아니면 계산하는 방법을 알려준다던가 하는 한일 문화 비교까지 현장에서 진행했다.

그리고 중간고사나 기말고사가 끝난 뒤에는 사비를 털어 파티를 열어주었다. 피자, 콜라, 햄버거 등을 시켜 시험 기간 중에 있었던 고생을 털어내고, 함께 먹으며 담소를 나누는 시간도 마련했다. 학생들의 평가는 최상급으로 100만 원의 포상금과 함께 서강대학교 총장상을 받기도 했다.

연구실이 있었던 서일대학교 교수 시절

배화여자대학교 겸임교수 시절(2001~2005, 이후 조교수 진급)과 서울대학교 대학원 국어교육과(2000~2007)의 생활을 끝낼 즈음, 나는 새로운 가르

서일대학교 교수연구실 509호에서. 사랑하는 갑들과 함께.

침의 자리를 찾게 되었다. 서일대학교 비즈니스일본어과의 교수직을 담당하게 된 것이었다. 비록 2년제 전문대학이었지만, 조교수의 타이틀을 가지고 자신의 연구실에서 자기 연구를 할 수 있는 것이 큰 장점이었다.

8년의 세월이었지만, 단지 '가르친다'에서 끝나는 것이 아니라, 학생들과 학업을 위하여 함께 노력하고, 함께 고민하며, 함께 성장하는 드라마 같은 부분이 있었다. 학생이 배우고자 하는 진심(本気)을 가지고 노력하면, 나 역시 나의 진심으로 서로 맞대어 해결해 왔고, 그것이 바로 눈에 보이는 결과로 나타나지 않아도 서서히 좋은 성과로 나오게 되어 정말 즐거웠다. 그보다도 학생들이 졸업하여 학교를 떠나도, 필요한 일이 있으면 언제든 학교에 와서 나를 찾아 편안하게 상담하거나 의뢰하는 것은 매우 소중한 경험이었다.

나는 이곳에 부임하자마자 나의 연구실 한쪽 벽에 학과 학생들의 사진을 빼곡하게 붙여 놓고 한 명, 한 명의 이름을 다 외우기 위하여 노력했는데, 아무래도 학생과 상담하기 위해서는 학생의 이름을 알고 있어야, 만나면서 대화를 나누어도 어색하지 않기 때문이다. 처음에는 학생들의 이름 석 자를 100퍼센트 외우고 호명하는 데 애썼다. 외국인 선생이 한 명씩 떠듬떠듬 이름을 부르며 얼굴을 확인하는 출석/결석 체크가 어떻게 보면 지루하기도 하고 우습기도 하지만, 실은 개인 한 명 한 명에게 신경을 쓰고 있다는 관심의 증거이기도 하다.

서로를 알기 위한 노력의 일환인 교수연구실 개방

나는 연구실(도서관 705호)을 개방하여 학생들이 쉽게 연구실을 드나들 수 있도록 만들었다. 처음에는 '교수와 학생 사이'라는 서먹서먹함도 있었다. 하지만, '언제나 여기는 열려 있고, 일이 없으면 항상 거기에 있으니 놀러 오라'며 자주 홍보했고, 학생들과 약속했던 일들은 반드시 지키는 것으로 신뢰를 얻어 나갔다. 처음의 서먹서먹함은 내가 먼저 다가서는 노력(친화력)과 위트로 해소해 나갔다. 처음에 연구실에 온 학생이나 교수님은 벽에 빼곡하게 붙은 사진과 이름을 보며 놀라기도 했다. "이건

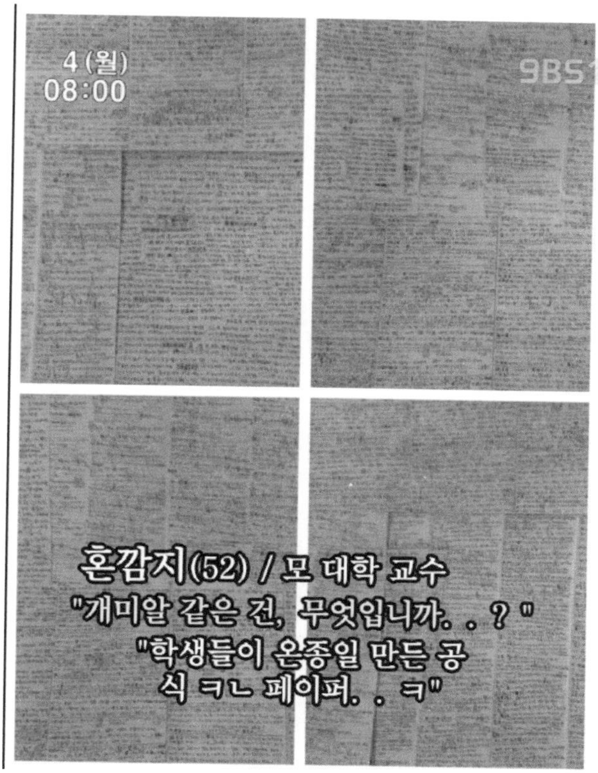

학생들이 만든 깜지. 시험을 통해 학생들의 열심을 보았다.

장식이 아니라 너희들에게 관심이 있다는 것을 어필하는 것이다, 만나는 사람 하나하나의 기본적인 정보가 그 사람의 이름인데 알고 있어야 하지 않을까?"라며 한 명씩 외우는 것이 솔직히 힘들기는 하지만, 학생들 모두를 기억하려 한다고 말하자, 그것이 가능하냐며 '우와!'라는 말을 했다.

내가 가르치는 수업의 내용이 학생들의 생각해 왔던 기존의 상상을 초월할 정도로 아이디어가 많았다. 예를 들면,

1) 수업에 나오는 일본어 표현에 대하여 창의력을 발휘하여 그림으로 발표하는 숙제를 제시한다.
2) 학생들은 그림을 그리는 동안, 일본어 표현의 뜻을 이미지로 머릿속에 담는다.
3) 숙제를 모두 거두어 작품의 이름을 가려 교실에 전시하고, 공평하게 다른 사람이 평가하게 한다.
4) 학생들은 다른 사람이 그린 그림을 보면서 어떤 일본어 표현인지 추측한다.
5) 발표회에서 본인 작품을 보이며, 일본어 표현을 설명한다. 다른 학생은 일본어 표현이 얼마나 적절하게 그림으로 표현되었는지 평가한다.

관용적인 표현은 어느 나라든, 글자의 조합으로는 그 뜻을 알기 힘들고 외우기도 힘든데, 내용을 이미지로 바꾸어 정리하는 방법을 터득하게 한 것이다. 이외에도 학생들의 창의력을 끌어내는 수업도 많이 했는데, 기존의 '단순한 외우기'에서 벗어나 '입체적으로 표현을 배우도록' 하는 데 노력했다. 원래 말이나 글에는 사전적인 의미가 있다. 하지만 그것을 벗어난 '뉘앙스'가 있는데, 그런 내용들은 일반적인 교재나 수업에서는 알기 힘들다. 일상생활에는 교과서나 교재에 기록된 내용도 있지만, 일본어는 이중으로 의미하는 표현도 많다. 그것을 '몸으로 느끼는 것'이 매우 중요하기에, 의미를 음미하고 느낄 수 있도록 상상력을 발휘하도록 유도하는 일에 전념했다.

그중에서 중간고사와 기말고사 필기시험을 깜지(공식 컨닝 페이퍼)를 만들어 보면서 시험을 보게 했다. 시험을 볼 때, 깜지가 통하는 것이 아니

'혼사마' 클럽과 함께 오사카, 교토여행. 금각사 앞에서.

라, 시험 범위를 확인하고 깜지를 준비하는 과정과 A4 크기의 깜지를 앞뒤로 빼곡하게 쓰면서 공부하게 만드는 아이디어를 썼다. 물론 작성하는 시험지 역시 중요했지만, 답을 도출하는 데 쓰인 깜지도 회수해서 학생들이 정말로 이해하고 있는지도 확인했다. 또한 구두로 하는 시험은 교수연구실에서 순차적으로 보면서 시험 기간 내내 실시했는데 학생 면담도 겸하여 고민에 대한 상담도 함께 진행하였다.

또한 방학 중에는 (가칭) 혼사마 팬클럽의 학생들과 함께 오사카와 교토로 여행을 떠난 적도 있다. 가이드와 함께 일본을 여행해도 문화 체험을 하는데 충분하지만 '수업의 연장'이라는 생각으로 사비를 털어 기쁜 마음으로 같이 떠났다. 이때는 서강대 강사를 같이하는 시기여서 서강대의 현장 수업이 피드백 되고, 업그레이드되어 일본 현지에서 제대로 된 수업을 했다고 생각하면 된다. 본의 아니게 외국에서 학생들의 인솔자가 되어 나로서는 신경을 쓸 일이 배로 늘어났지만, 짧은 기간 동안 학생들은 일본 사회를 현장에서 체험하며, 일본문화의 겉과 속을 어느 정도 깊이 체험할 수 있게 되었다며 좋아했다.

학생들을 지도하는 방식에서 외우는 것으로 쉽게 지치고, 패턴이 단조로워서 넘어지기 쉬운 '어학'이라는 학습을, 어떻게 하면 흥미를 붙여 효율적으로 배울 수 있는지 연구를 많이 했는데 때로는 지금까지의 전통적인 방식과는 많이 다른 교수법이 효과를 내자, 인기도 그만큼 하늘을 솟구쳤다. 스승의 날이면 선물이 방 안에 가득할 정도여서 즐거운 비명을 외치기도 했다. 한편으로는 전국 교수 축구대회와 전국 교수 배드민턴대회에 출전하고 축구는 전국 3위를 했고, 배드민턴은 개인전에서 우승까지 했다.

서울대학교 석·박사과정과 은사 민현식 교수님

2001년 2월에 배화여자대학교의 일어통번역학과의 겸임교수로 대학 강의를 시작하면서, 이평원 교수님과 함께 이야기하며 시간강사로 지내는 현재에서 나의 위치를 올리는 방법을 모색했다. 교수님은 한국에서 조교수 이상으로 활동하고 싶다면, 지금 소지하고 있는 일본의 학사 이상의 학력이 필요하다고 했다. 즉, 석사 이상의 타이틀은 필요하다는 것이다. 또 한 가지는 한국어 교원 자격을 가지게 되면 해외에서, 일본에서도 한글을 가르칠 수 있게 된다는 말을 들어, 예전부터 계획하던 것을 실행에 옮기기로 했다.

일본어를 가르치는 기본적인 소양은 한국으로 와서 지금까지 학원에서 원어민 강사로서 학생을 가르쳐 온 것으로 이미 증명이 되어 있었다. 종로학원의 일타 강사로 '재미있게 학생들을 가르치는 선생'으로 인기가 많았지만, 여기서 '한 단계 업그레이드'된 강의를 제공하기 위해서는 그에 맞는 자격이 필요하다고 생각해 왔다.

'외국인을 위한 한국어 지도사'라는 과정이 서울대학교에 있는 것을 보았다. 외국인인 '일본 사람'인데, 외국인을 가르친다고 하니 좀 우습게 보였다(영주권을 가지고 있어서 자격취득은 문제없다). 그래도 '한국인'의 한 명으로서 한국어에 대해 가르치는 데에는 더없이 좋은 자격이라 생각했다. 한국어 실력도 늘려볼 겸, 겸사겸사 시도해 볼 만하다고 생각했던 까닭이었다.

2000년, 외국인으로는 유일하게 서울대학교 대학원의 과정에 등록하여 매일 밤 한국어 서적과 씨름했다. 또한 지도자과정 4기의 수료(2001. 2)와 더불어 꿈을 더욱 키워, 서울대학교 대학원 국어교육과에도 입학하여 언어뿐 아니라, 한국의 문화와 역사도 깊이 연구하여 대학 강단에서 한국인 학생들에게 한국어를 가르치고 싶다는 '원대한 포부'도 가지게 되었다.

일본인이 모국어를 논해서 한국의 석·박사 자격을 취득하는 것은 좀 우스웠다. 그래서 이미 소지하고 있는 일본어 교사 자격의 연장으로 일본어 교육에 관한 석·박사 자격을 취득하는 것보다 오히려 한국어 교육학의 관점에서 일본어를 논하는 것이 나에게는 성취도가 높을 것으로 생각했다.

그 당시의 또 다른 꿈은 한국어를 제대로 배워 일본인과 재일교포 2, 3세에게 한국어에 대해 가르치는 것이었다. 그래서 2001년부터 석사과정을 거치기 시작해서 2004년에 석사과정을 수료했고, 다시 2005년에 이어 2007년에는 '서울대학교 대학원 국어교육 전공 박사과정'을 수료하게 되었다. 이리하여 7년에 가까운 교육과정을 통하여 나는 '업그레이드

된 교육자'로 세상에 나갈 수 있게 되었다.

늘 감사한 나의 한국어 멘토이신 은사 민현식 교수님

민현식 교수님과 나는 '외국인을 위한 한국어 지도사' 과정 4기에서 지도

오늘날의 혼다를 있게 해 주신 은사 중의 은사. 민현식 교수님.

교수와 연수자로 만났고, 2007년 박사과정을 마치기까지 7년 동안 스승과 제자로 관계를 쌓아왔다. 이후, 교수님은 2012년부터 2015년까지 9대 국립국어연구원장으로 임기를 마치고, 서울대에서 5년간 재직하고 퇴임하였다.

꽤 세월이 흘렀지만, 국립국어원 원장으로 지내실 때, 나를 잊지 않으

시고 일본어 표기(관광안내책자, 표기 등의 수정·교정)에 추천하여 주셨다. 대학의 교수가 이 작업에 참여한다고 하여, 꽤 후한 보수를 받으며 출석한 기억이 있었고, 덕분에 지하철 간판 표지 등의 일본어 표기를 감수할 수 있었다. 특히 전문 문서나 공공장소에 비치할 책자에 대한 표기법을 규정하는 작업도 했다. 작업을 의뢰할 수 있는 다른 여러 사람이 있었지만, 지도교수로서 제자들을 신뢰하고 아껴주시는 점에 감사하기도 했다.

민 교수님은 석사논문 발표(2003년)를 앞두고 피곤하신 가운데에서도 학생들의 논문 원고를 수정·교정을 해 주셨던 것을 기억한다. 감수하시는 중간중간마다 가끔씩 졸고, 수정하다가 또 졸다가 오·탈자 잡아주시고…. 강의에, 대내외 활동으로 늘 바쁘시던 교수님은 틈나는 시간에 제자들 논문을 보셨다. 얼마나 피곤하시면 그랬을까! 라고 생각하게 되었다. 그럼에도 본인의 논문처럼 정성껏 애착을 가져 하나하나 지도하여 주셨다.

이제는 티칭(Teaching)이 아닌 코칭(Choching)

2014년 2월 28일 출사표

일어과 교육 특임교수 혼다

일본에서 교육학을 전공하고 네 가지 자격증을 취득한 후에 대학 졸업하자마자 시작한 교사 인생. 올해까지 교편 삼십 년을 티칭을 해 왔다면 이제 코칭으로 인생 2막, 또 다른 삼십 년을 시작하려 한다.

아버지의 업을 이어받아 지금까지 교사 생활을 해 왔는데 서일대학교를 끝으로 퇴직하면서 과연 참된 교육이라는 것이 무엇인가? 사람은 왜 사는가? 사람의 최종 목적지는 어딘가? 여러 생각을 하게 된다. 삼십 년 동안 알게 된 것은 결국 사람은 '감탄'을 먹고 산다는 것이다. 사람이 이 세상에 태어나서 걷기 전까지 엄마 품속에서 1년 365일 내내 감탄이라는 '놀라움(칭찬)'을 몸소 느끼며 살아간다.

언제부터인가 '선정후교(先情後教)'라는 교육 철학을 벽에 걸고 교육 현장에서 열심히 달려 온 것 같다. 즉, 가르칠 대상과 소통이 된 다음에 교육이 이루어진다는 것이다. 지금까지 외부 특강으로는 한국 대기업의 삼성, 포스코, 또 공공기관인 동사무소, 종로구청, 서울시청, 대한민국 국회, 정부청사에서 특강을 해 왔는데 이제 청와대만을 남겨두고 있다. 그리고 방송 활동에서는 교육 방송 라디오(7년 공동 진행)를 시작으로 드라마, 영화, 화보집까지 촬영하고, 이제 광고만 남았다. 교재 집필은 『오아시스 일본어』를 시작으로 약 10여 권을 집필하고 작년에는 국정 고등학교 일본어 교재를 공저하기까지 했다.

이제 남은 것은 『한일지인(韓日知人)』[6]라는 제목으로 자서전을 발간하는 일만 남았다. 코칭하면서 또 새로운 교육 철학을 머릿속에 두고 지도하고 있는데 이것은 바로 '100명이라도 1명처럼, 1명이라도 100명처럼'이다. 티칭은 주로 학생을 대상으로 했다면 코칭은 학생을 가르치는 지도자들을 대상으로 한다. 퇴직 후에 새로 다

6) 책을 쓰기로 한 지 9년 만에 나는 이 책 『나는 일본의 통신사』(국적 없는 한국인)라는 책을 출간하게 된다.

니는 연구소는 중·고등학교 대상으로 코칭을 하는 곳이다. 연구법인 미래 '일과 교육'이라는 곳인데 이곳에서 특임교수로 일하게 되었다. 주로 하는 일은 학교컨설팅과 해외연수, 그리고 교육 코칭이다. 부족한 저를 발굴해주신 안강현 박사께 감사드린다. 그리고 서로 장점을 강점으로 변화시켜서 멋진 코칭 연구소로 발전시켜나가고 싶다. 인생 2막 파트너로서 최강의 조건을 가졌으니 이제 자신있게 나가면 된다.

마지막으로 2001년 서울대학교 대학원 국어교육과에 입학하여 2007년에 박사 수료를 했으나, 학위를 못하고 있다. 다시 새로운 각오로 박사 학위 취득을 목표로 재도전하려 논문은 그간 많은 교재를 써 왔기 때문에 '교재론'을 분석하고 더 나은 교재 개발을 위하여 논문을 써나갈 것이다.

다시 한 번 염려와 격려의 말씀을 해주신 모든 분께 감사의 말씀을 전하고, 앞으로도 많은 사랑과 관심 부탁드린다. 사람을 움직이게 하는 힘의 원천은 칭찬이라 생각하면서 인생 2막을 힘차게 시작하고 있다.

2014년의 2월은 나에게 한 시기의 끝이기도 하고 새로운 시기의 시작을 알리는 때이기도 했다. 그해에 서일대학교에서 은퇴하게 되었다. 지금까지 삼십 년 동안 교편을 잡으며 누군가를 가르쳐 왔다. 일본에서 삼십 년 동안 살아왔고, 한국에서 삼십 년을 살아 온 이해에 무언가 다른 일을 하겠다고 마음먹은 것이다.

서일대학교에서 여덟 해 동안 교수로 지내며 부지런하게 업적을 쌓아

특임교수로 일하던 시절 미래산업과학고등학교의 꿈나무들과 함께.

가며 학생으로부터 존경과 사회로부터 신망(信望)을 받아온 그가 대학을 떠나 새로운 인생의 갈림길에 서게 되었다. 앞으로 해야 할, 그 '다른 일'이라는 것은 코칭(Coatching)이었다. 지금까지 해 온 일들이 지식의 가르침-티칭(Teaching)이라고 했다면, '연수'라는 형식으로 좀 더 적극적으로 내가 가진 모든 지식과 경험, 철학을 젊은 세대나 같은 세대에게 '전수(傳授)'하는 것도 하나의 방법일 것으로 생각했다.

특임교수의 일- 5박 6일간 집중적으로 일본을 배우고 일본인들과 생각을 나눈다

그래서 나는 은퇴 이전부터 제안이 있었던 몇 군데를 통하여 전문 강사의 다른 형태인 '특임교수'로 '연구법인 미래'에 취직하게 되었다. '일'과 '교육'이라는 직장에서 나는 주로 고등학교의 일본 체험 연수와 일본학교와 자매결연 등을 맺어주는 역할을 맡게 되었다. 안강현 대표와 나를 포함한 세 명의 특임교수들이 교육연수 및 교육코칭 업무를 추진하기 위하여 '연구법인 미래'에 모였다.

'업무의 특성상, 연수의 담당자로 외국 현지에서 연수자들을 이끌고 다녀야 했기 때문에 '국외여행인솔자'라는, 문화체육관광부의 위탁으로 한국여행업협회가 발행하는 자격이 필요하게 되었다. 자격을 취득한 나는 일본 연수를 중심으로 활동을 시작하여, 1월부터 경희중학교의 인솔교수로 학생들과 함께하게 되었다.

대학을 은퇴하게 되었지만, 계속하여 학생들을 가르칠 수 있게 되어 기뻤다. 일본으로 여행을 떠나 일본의 문화를 직접 체험하고, 한·일 양국의 학생이 교류함으로 서로의 생각을 나누는 장(場)에서 서로를 이어주는 가교(架橋)의 역할을 하게 된 것이다. 물론 대학에서도 '일본어 강의'를 통하여 일본이라는 나라에 대해 여러모로 알리는 노력을 많이 했다. 이번에 하는 업무 역시 일본을 알리는 일 중의 하나이고, 5박 6일로 놀러 간다는 생각으로 보기에 짧은 시간이지만, '집중적으로 일본을 배우고 일본인들과 생각을 나눈다'라는 것을 연수의 포인트로 삼았다.

일본이 아닌 독일·프랑스의 유럽 연수

2014년 겨울에는 서울 초등 학습연구년 특별연수(초등학교 선생님 중에서 교원능력개발평가의 결과가 우수한 교사를 대상으로 연수의 기회를 부여하고

한국 경희중학교와 일본 도시샤중학교의 자매결연 수업
(가운데에 통역하는 혼다 박사)

교원의 사기를 북돋우는 연수제도)의 인솔 교사로 나설 수 있게 되었다. 그냥 일반인들을 인솔해서 가는 것이 아니라, 현업에서 쟁쟁한 실력이 있는 선생님들을 모시고 가야 하는 것이고, 가까운 '일본'도 아니고, 먼 나라 '독일'과 '프랑스'라서 부담은 컸다. 하지만, 처음 연수 지도를 하는 것도 아니기 때문에 선생님들이 원하는 연수코스를 만들고 선생님들의 격에 맞는 '인문학 강의'를 짜맞추어 주는 것이 무엇보다도 중요하다고 생각했다.

나의 부단한 노력 끝에 '2014 서울 초등 학습연구년 교사 특별연수'는 성공리에 마칠 수 있었다. 선생님들은 학교의 베테랑이었다. 교사로서 많은 어린이와 접하며 오랜 경험을 쌓아 오신 분들이었다. 저마다 나름대로 아이들을 가르치는 철학을 가지고 현장에서 지도하신 '현역'이라, 미리 짜인 연수코스 이외의 시간에는 어떤 진정성을 가지고 '연수생'들을 가르쳐야 하는지, 무엇을 배워 학교로 돌아가게 해야 하는지 나름 많이 고민했다.

무엇보다 '한 분, 한 분을 잘 모시는 것'이 중요했고, 젊었을 때와 지금까지 한국에서 겪어온 경험을 진정성이 있게 설명하였다. 그것이 통했는지, 선생님들의 눈빛이 초롱초롱한 것을 느꼈다. 성공했구나, 싶었다.

다리를 세우는 일

내가 연구법인 '일과 교육'에서 '학생들을 가르치는 것'과 함께 힘을 쏟았던 것은 한국과 일본 사이에 '다리를 세우는 일'이었다.

예전에 나는 안중근(安重根, 1879~1910) 의사의 『동양평화론』을 읽은 적이 있었다. 이토 히로부미(伊藤博文, 1841~1909)를 쏘아 죽인 장본인이

경희중학교와 도시샤중학교가 자매결연 맺던 해, 지금으로부터 10년 전이다.

며 화해와 협력을 통한 동북아협력을 역설했다. 한국과 일본, 중국이 서로 주권을 존중하고 협력하여 극동 아시아의 세 국가가 정부, 경제, 군사적인 연합을 하자는 이야기였지만, 지금도 한, 중, 일이 협력을 공고하게 한다면 어떤 일이 벌어질까 하는 생각이 들었다.

그래서 그가 할 수 있는 '협력'이란 한국과 일본을 가깝게 하는 일이 아닐까 생각했고, 그런 일 중에 하나로 어린 세대끼리 만나 솔직하게 서로를 알아가는 일이 중요한 일이라는 생각이 들어 학교 간 자매결연을 추진했다. 그 결과, 경희 중학교의 일본 연수 이후에 도시샤중학교와 자매결연하는데 산파역을 하게 되었다.

경희중학교와 도시샤중학교는 2014년부터 교류를 계속해 왔다. 도시샤중학교는 일본 쿄토에 있는 미션스쿨인 도시샤대학의 부속학교로 '자유에서 창조로 향하는 풍부한 인간성의 양성'을 목표로 국제적인 교류를 계속 확대하고 있었고, 경희중학교는 '문화 세계의 창조'라는 창학정신을 바탕으로 개교한 학교였다.

'두 학교가 의기투합하면 무슨 일이 생길까? 하는 생각이 들었다. 처음으로 한국과 일본의 학생들이 만났을 때는 말이 통하지 않는 것 이외에도 여러 가지로 장벽이 많았는지 굉장히 서먹서먹해하던 느낌이었다. 하지만 같이 수업받고, 함께 탐구하는 가운데 서로를 알아가며, 마음을 연다. 구사하는 말은 서로 다르나, 함께 배우고, 느끼고, 깨닫는 과정 중에 '나와 같은 '사람'이라는 것을 느낀다. 진정한 국제화란 이런 것이 아닐까 하는 생각이 들었다.

나는 연수프로그램 중에 교사들의 위치에 서서 한국어와 일본어로 동시에 통역하며 서로가 하는 말들을 매끄럽게 이어주었다. 말이 다르기에

경희중학교와 도시샤중학교와 MOU 협약 당시, 경희중 교정 앞에서. 경희중 교장, 누마타 교사, 사쿠라이 교사, 경희중 교감선생님

생각이 다르고, 행동이 달라진다. 그것은 크게 보면 사회의 차이로 나타나고, 천 년 이상 다른 상태로 있게 되면, 문화와 행동양식의 차이로 나타나게 된다. 그런 배경들이 있는 것에 신경 쓰며, 서로가 알아야 할 것, 조심해야 할 것들을 설명하면서 통역을 진행했다.

한국에서는 지극히 당연한 것이 일본에는 그렇지 않은 것이 꽤 존재한다. 일본에서 상대방을 배려하는 차원에서 완곡하게 표현한다고 하는데, 한국에서는 이리저리 빙빙 돌려 말한다고 좀 더 '스트레이트'로 말하기를 원한다. 반대로 일본 사람들은 한국사람들을 거침이 없고 일을 속히 끝내는 것은 좋지만, 상대방의 입장을 무시한 채 무례하다고 느낄 정도로 '훅 들어오는' 때가 많다고 한다.

우리가 당연하다고 느끼는 것들이 상대방은 당연하지 않을 때도 있는 것이다. 그것을 인식 못하는 때에 서로를 답답하게 느끼며, 이상한 존재로 여긴다. 하지만 그것은 틀린 것이 아니라 다른 것이다. 서로를 잘 아는 사람이 그런 점을 설명해 주면 그제야 서로를 다시 한 번 바라보게 된다. '우리가 선입견을 품고 잘못 알고 있었구나.'라고 말하듯이….

나는 한국과 일본 사이에서 자신은 한국인이자 일본인이다. 두 나라의 좋은 점을 이어받기 위해 노력하는 '반반 치킨'과 같은 존재와 같다 서로를 이어주는 다리의 역할을 하는 것이 본인에게 주어진 목적이라면 자신은 그 인연을 마련하기 위하여 언제든지 헌신할 준비가 되어있다.

제3부
참교육과 올바른 인성의 길

– 경청과 선정후교(先情後敎)

나의 어릴 적 삶은 조금 독특했다

나는 1962년 8월 14일 일본 후쿠시마현, 다테시(伊達市)에서 혼다 가의 첫째로 태어났다. '다테(伊達)'라 하면 나중에 센다이번(仙台藩)의 첫 번째 번주(藩主)인 '다테 마사무네(伊達 政宗, 1567~1636)'를 떠올리기 쉽다. 미야기현(宮城縣) 센다이에 센다이성(아오바성이라고도 부른다)을 세우며 본거지를 만들었다. 그리고 그곳이 바로 현재의 센다이현이기 때문에 '다테 마사무네=센다이'의 인식이 강하지만, 이곳 다테시는 다테 가문의 발상지였고, 15대 선조인 다테 하루무네(伊達晴宗, 1519~1578)가 1548년에 본거지를 요네자와(米澤, 야마가타현山形縣 요네자와) 성으로 옮기기 전까지 360년 동안 이곳을 다스렸다는 곳이다(여담을 말하자면, '다테시'는 2006년에 후쿠시마의 다섯 개의 현이 합병되어 지금의 시가 되었다. 후쿠시마 이외에 홋카이도에도 1972년에 먼저 같은 이름을 가진 시가 있는데, 이곳 역시 다테 가문의 사람이 홋카이도로 건너가 개척한 곳이다. 후쿠시마 쪽은 당초에 다섯 개 마을을 합병하면서 '다테'라는 이름은 사용하지 않는 것으로 결정했는데, 마을 사람들은 새로 시를 만들면 옛 이름이 없어진다는 이유로 같은 이름을 쓰게 해달라고 청원했다고 한다. 결국 홋카이도의 쪽도 이의를 제기하지 않아 지금처럼 두 개의 '다테시'가 탄생했다고 한다).

1960년대 당시의 일본은 제2차 세계대전이 끝난 후, 1950년에 한국전쟁이 발발하면서 급속도로 경제가 회복되고 있었다. 내가 살던 마을은 동경만큼 모든 것이 풍족하지는 않아도 평화로운, 조용한 마을이었다. 일상의 모든 일이 조용히 흘러갈 줄만 알았던 우리 가족에게 시련은 너무 빨리 찾아왔다. 내의 나이 세 살에 부친이 돌아가셨다. 그것도 내가 태어

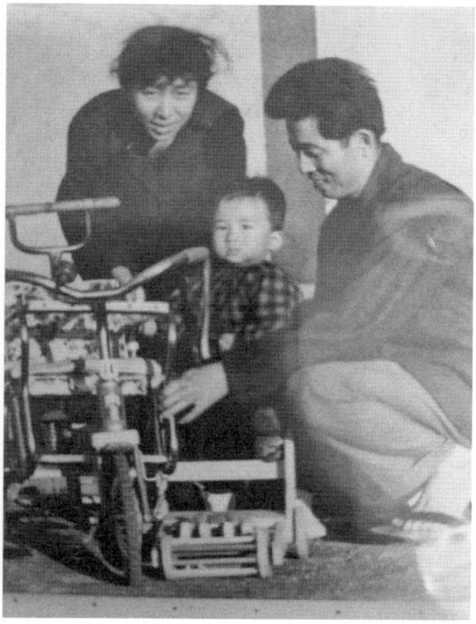

갓난아기 시절(좌), 아버지, 어머니와 함께(우).

난 날이었다. 세 살 때의 일어났던 일이니, 나는 아버지가 생전에 어떤 모습이셨는지 기억은 나지 않고, 다만 사진으로만 보았다. 암으로 고생하셨고, 돌아가실 때까지 병원에서 수혈을 많이 받으셨다는 말을 들었다. 아버지가 돌아가신 이후로는 아버지의 기일(忌日)이 우선되어, 나의 생일(生日)은 '있어도 없는 것'이 되었다. 비슷한 경우를 들자면, 어머니의 기일과 나의 생일이 겹치는 것이나, 결혼했는데 양가의 축일(祝日)과 기일이 겹쳐버린 경우라 할 수 있겠다. 어렸을 적에는 '하필'이라는 생각이 강했지만, 아버지가 계셨기에 지금의 내가 존재한다는 마음으로 생각을 고쳤다. 생일날 축하받지 못하는 것은 같은 날에 태어난 다른 분의 생일을 찾아 케이크를 드리며 축하해 드리고, 나도 함께 참여하는 것으로 나의 생일도 더불어 축하받게 되었다. 지금의 현상이 좋지 않더라도 내가 마음을 어떻게 먹고 현명하게 행동하느냐에 따라 좋은 방향으로 움직일 수 있다는 좋은 예가 되지 않을까 싶다. 1996년에는 또 하나의 기적과 같은 일은 일어났다. 아들 아키히로(昌誠)의 생일이 아버지의 생일과 같은 날이 되었다. 이는 돌아가신 아버지가 우리 아들을 두 배로 축하하기 위해 이런 겹경사를 주신 것이 아닐까 생각하고 있다.

화목했던 우리 가정

어머니는 친정이 있는 쪽으로 돌아오게 되었다. 학교 앞에는 할아버지의 가게가 있었고 집은 2백 미터의 거리를 두고 있어서, 보육원의 교사로 일하시는 어머니가 퇴근하실 때까지 동생과 나는 할아버지의 가게에서 놀면서 신세를 졌다. 할아버지의 가게는 떡집이었고, 화과자 가게도 겸하고 다과자(잡과)도 판매하는 곳이라 아이들에게 인기가 많았다. 할아버지는 주말은 국내 여행 인솔자로도 일하셨기 때문에 여행 떠날 때, 할아버지와 함께 여기저기를 다니기도 했다. 그래서 돌아가신 아버지의 자리를 할아버지가 대신하셨고, 바쁜 어머니 대신 할머니가 돌봐주셨다. 아버지가 계시지 않는다고 해서 특별하게 괴롭다거나 슬퍼할 일은 없었다. 다만, 초등 4학년 때 어떤 친구가 '아비 없는 놈'이라 놀려댔기에 크게 싸웠던 적이 있었는데, 이런 일에 화를 내며 반응하면 결국 지는 쪽은 나라는 것을 깨닫고 이후로는 싸우지 않기로 했다.

동생과 나는 학교를 끝나면 서예 교실에서 글을 배웠고, 초등학교 4, 5학년 때부터 할아버지의 가게 일(우유 배달과 신문지에 광고 삽입과 배달)을 도왔다. 중·고등학생 때는 공장에서 아르바이트로 일했다. 보통 우리 나이 때의 사람은 "어릴 적에 우유와 신문을 배달했다"라고 하면, 어떤 분은 '가난했구나'라는 불쌍한 눈으로 나를 쳐다보시곤 하는데, 반드시 돈이 부족해서 그런 것은 아니었다. 비록 적은 금액의 돈이라도 스스로 벌어서 용돈으로 쓰거나, 가계에 보태기도 했는데, 자기의 일을 스스로 알아서 하는 독립심을 키우라고 하는 어머니의 가르침이었던 것 같았다.

동네 친구들이 놀자고 하면, 학교의 운동장에서 축구와 공놀이 등으로 여러 가지로 놀았다. 특히 한 주에 한 번은 어머니와 함께 배구 활동을 참가해 본 적도 있었다. 그 외에도 초1부터 중3까지 보이스카우트 활동을 했다. 우리 형제는 어려서부터 일하는 것을 배웠고, 끊임없이 놀고 운동한 덕(?)에 이상한 생각을 할 겨를 없이 자랐다.

"공부하지마라(勉強するな)!"

내가 어릴 적에 어머니가 가훈(家訓)으로 막았던 것이 있었는데 그것은 공부였다. 어릴 적에, 나는 아버지가 젊은 나이에 암으로 돌아가신 것을 한으로 여기셨고, 자주 우리 형제를 불러 모아, "아무리 공부를 열심히 잘한다 해도 건강이 받쳐주지 않으면 소용없다"라고, 어린이는 밖에 나가서 친구들과 함께 노는 것이 일이라며 훈계하셨다. 나의 어머니는 일하러 외출 나갈 때는 항상 집의 문을 잠그고 나가셨다. "집에 들어와서 방구석에 틀어박혀 부모가 없는 때에 이상한 행동을 하기보다 할아버지 댁에서 같이 있거나, 차라리 밖에 나가서 친구와 놀라"는 것이었다. 어머니가 퇴근해서 오셔도 우리 형제는 학교의 뜰에서 친구들과 함께 밤이 될 때까지 놀았던 적도 있었다. 나는 자신의 유년기를 '그저 잘 놀기만 했던, 존재감 없이 평범했던 때'라고 생각한다. 학교 때 공부 성적은 좋지 않아도 체육만큼은 늘 우수했다. 중학교와 고등학교(궁도) 때에도 동아리 활동으로 운동했다. 그런데, 그렇게도 공부하지 말라던 '혼다 가문의 아이들'은 어머니의 말을 듣지 않았고 나중에 악착같이 공부하여 형은 한국에서, 동생은 일본에서 교육자의 길을 걸었다.

'작년(2020년)에 동생이 "이번 해에 교장이 된다"며 연락하였다. 만약 일본에서 평범하게 교사의 길을 걸었다면 나 역시 지금쯤은 학교에서 교장이 되어있지 않았을까 생각한다. 하지만 지금 한국에서 해 온 일들을 생각하면 후회는 없다. 오로지 하나의 길을 추구해 오는 것도 박수받고, 칭찬받아 마땅할 일이다, 하지만 남이 해본 적이 없는 길을 걸어온 나의 삶이 자랑스럽다.

대학에서 '다테오토코'를 찾다

나는 고등학생 때까지 다테시에서 살았고, 대학 생활 4년을 다테 마사무네의 본성이 있었던 미야기 현의 센다이에서 보냈다. 대학교는 센다이성(아오바 성)의 앞에 있어서 자주 놀러 가기도 했다. 물론 대학을 다니더라도 공부하지 말라는 명령은 여전히 유효해서 1~3학년까지 합기도부의 운동을 계속했다. 운동할 때 선배들은 '사내다움'과 강함, 힘, 유대를 강조하였는데, 연무(鍊武)하는 매일은 매우 고되고 힘들었다. 그 사내다움을 완벽하게 녹여낸 한마디가 바로 '다테오토코(伊達男)'라는 말이었다. 한국에서도 남자는 모름지기 '호연지기(浩然之氣)'를 기르기 위하여 정신을 수양한다고 하는데, 바로 호연지기와 같은 말이 그런 말이다. 그

아오모리현 네부타마츠리에서 인증샷(좌), 친구와 함께(우)

런데, 이곳은 이 단어가 나온 본고장인지라 제미에서 본격적으로 공부하게 되는 4학년이 될 때까지 3년 동안 내내 그 말을 듣고 반응하며 멋지게 행동하려 애썼다.

다테(伊達)의 어원은 '충의를 다하다' 등, '특히 그렇게 보인다', '아무리 봐도 그렇게 보인다' 라는 의미를 나타내는 접미어 '다테(立て, 세우다)이다.

이 접미어가 무로마치 시대 말기부터 명사나 형용동사로 독립되었다. 다테 마사무네의 가신이 화려하고 아름다운 복장으로 사람들의 눈길을 끌었던 것이 어원이라는 설이 유명하다. 그러나 다테(立て)에 다테(伊達)의 한자가 사용되는 이유는 다테 마사무네에서 유래되었다고 생각되나, 다테(立て)라 하는 단어 본연의 유래와 다테 마사무네는 관계가 없다.[1]

1) 伊達の語源は、「忠義立て」など「ことさらそのように見せる」「いかにもそれらしく見せる」といった意味を表す接尾語「だて(立て)」である。この接尾語が、室町末期頃から名詞や形容動詞として独立した。伊達政宗の家臣が華美な服装で人目をひいたことを語源とする説が有名である。しかし、「だて」に「伊達」の漢字が使われている由来は、伊達政

다테의 어원은 '충의(忠毅)'를 세우다' 등 '특별히 그렇게 보인다', '(누가) 어떻게 보아도 그렇게 보인다'라는 의미를 나타내는 접미어인'세움(立て, 타테)'이다. 이 '立て'가 눈에 띄기를 좋아하는 '다테 마사무네(伊達政宗)'와 화학작용을 일으켜 다음의 내용을 만들어 냈다.

1. 다테라 함은 의협심(남자다움)을 보이는 것이며, 또한 그런 모습을 말한다.[2]
2. 눈길을 끄는 화려한 행동이나 화려한 복장으로 외모를 장식하는 것.[3]
3. 취향이 (풍류에 따라) 멋진 모습. 세련된 모습.[4]

다테 마사무네와 그의 장졸들이 누가 멀리서 보아도 다테 마사무네의 군대인 것을 알게끔 화려한 옷을 입고 출진한다고 하여, '伊達者=멋쟁이'라는 의미의 단어도 생겨났다(보통 '일반 왜군(아시가루)'이라고 하면 삿갓처럼 생긴 투구가 많은데, 다테의 군대는 멀리서도 보이는 금칠이 된 고깔 모양의 투구였다. 실제 전투에 도움이 되지 않을 것 같아도, 누구의 군대라는 것은 확실했다고 한다).

'다테오토코'에는 '(화려하고) 멋들어짐이 있는 외면과 남자다운 내면을 겸비한 자'라고 하는 말이 있다. 즉, 남자 냄새를 풀풀 풍기는 '마초'와는 달리, '자신감에 넘치는 세련된 남자'를 말한다고 볼 수 있다. 본래부

宗にちなんだと考えられるものの、「だて」という言葉本来の由来と伊達政宗は関係ない(일본 '語源由来辞典' 홈페이지에서).

2) 伊達とは、俠気（きょうき・おとこぎ）を見せること。また、そのさま。

3) 人目をひく派手な行動や、派手な服装で外見を飾ること。

4) 好みが粋であるさま。洒落ているさま。

터 별난 행동, 돌출된 행동을 좋아하고 화려하고 우스꽝스러운 퍼포먼스를 좋아하는 성격인 다테 마사무네였지만, 당시 남자들은 하지 않는 취미였던 요리에 조예가 깊은 것으로 이름이 높았고, 겉보기와 달리 자기 군사들을 유달리 아꼈으며, 애처가에 딸바보였다고 하는데, 그가 사람들에게 호감을 사는 이유는 다음과 같았다고 한다.

이유 1 세련됨을 보이는 것에 게을리 하지 않는다(おしゃれには手を抜かない).
다테 마사무네는 평소에 늘 남의 시선 끄는 것을 좋아했고, 아이템(향)을 사용하여, 이미지 관리를 했다.

이유 2 생각을 자주 전달한다(思いはマメに伝える).
자필 편지가 1,300통으로 전국시대의 여러 번주보다 압도적으로 많은 수의 편지를 쓴 인물로, 중요한 문제에서 시시콜콜한 사담까지 여러 종류의 편지를 가족, 가신, 여러 번주(藩主)와 다이묘(大名)에게 썼다고 한다.

이유 3 풍류를 즐기는 마음을 잊지 않는다(遊び心を忘れない).
많은 와카와 한시를 남겼고, 다도는 센리큐의 제자와 직접 가르침을 받을 정도였다.

또 하나, 일본인들이 보통 '伊達じゃない'라는 말을 하면, 단순한 장식이나 외관으로 때우는 것이 아닌, 그에 걸맞는 제대로 된 내용과 실력이 있다. 한국어의 '명실상부한'과 통하는 내용으로 어떻게 보면 '(화려한 겉보기만큼 내용도 알차서) 겉치레나 장식이 전혀 아니다'라는 말일 것이다.

요즘 말로 말하자면 '쩐다'라던가, '폭풍 간지'일 텐데, '허세'가 붙지 않은 자연스럽고 진정한 멋과 실력'이라고 말할 수 있지 않을까.

다테의 의미는 다양하다

앞에서 말한 '다테오토코'의 의미는 시대가 변하면서 많이 변했다. '멋진 남자'에 대한 '칭찬'이라는 큰 의미에서 변한 것은 없다. 대학생 때, 젊은 혈기가 넘쳐흐르던 우리는 '다테오토코'라는 말을 많이 들으며 사용했다. 일본 국내를 여기저기 싸돌아다니며 마츠리(축제) 같은 행사 등에 참가하여 그 당시에 생각했던 '(남자가 생각하기에) 멋진 남자다움'을 과시했지만, 지금 와서 그때를 생각하면 치기 어린 '양아치' 같은 행동이 많았다.

약한 힘을 도와 강한 힘을 꺾는 그는,
바로 '다테오토코'라 해도 과언이 아니다.5)

그러나 '의협심이 강한', '강한 남자'의 의미에서 '세련되고 잘생긴 신사'로, 영어로 말하면 'Dandy'라는 말로 변하기 시작했다.

나의 할아버지는 유행에 민감하여,
주위에서 다테오토코라 불렀다.6)

---

5) 弱気を助け強気をくじく彼は、まさに伊達男といって過言ではない。

6) 私の父は、流行に敏感でまわりからは伊達男と呼ばれていた。

그러다가 카부키의 미남 배우(二枚目, 니마이메)+ 웃기는 역(三枚目, 산마이메)의 반이라는 '니마이메한(二枚目半)'이라는 단어도 나왔지만, 요즘은 잘나가는 얼굴(イケメン)이라는 말로 정착되고 있다.

그렇게 고향에 큰 의미를 두고 싶지는 않지만, 내가 태어난 다테시와 관련된 내용을 살펴보면 재미있는 사실과 내용이 많다. 어쩌면 나의 인생에서 내가 왜 그렇게 '평범한 것'을 배척하고 창의적인 것에 관심을 가졌을까? 바다 너머 한국에 왜 가려 했을까? 생각해 보면, 따분하고 단조로운 것을 싫어하고, 새로운 것으로, 항상 남의 눈에 띄고 싶어 했던 다테 마사무네와 그 일족이 센다이와 후쿠시마의 일부에 그런 영향을 남겼다고 생각하는데, 그 지역의 문화를 만들어 온 '땅의 힘'도 무시하지 못할 듯하다.

꼴찌에서 일등, 늦게 배운 도둑이 날 샌 줄은 모른다

대학교 4학년, 해가 지나면 졸업인데 지금까지 한 일들을 생각해 보니 어머니께서 하신 말씀대로 잘 놀았고, 합기도, 유도, 궁도 등의 운동을 잘한다는 것 빼고는 아무것도 없었다. 이대로 졸업하게 되면 사회에 나가, 면접관이 운동 이외에 무엇을 했는지 자기소개를 해보라고 할 때, 뭐라 할 말이 없었다. 고민하던 중에 마침 합기도부의 4학년 선배가 본인이 다니는 제미에 들어가지 않겠냐고 했다. 교사가 되기 위해 교원 자격을 취득하기 위한 제미인데, 이곳에 들어가면 거의 전원이 교사가 되는 곳이라고 했다. 후에 선배 역시 교원 자격을 따서 교사가 되었다. 눈이 번쩍 뜨여 지금까지 놀았던 힘을 공부에 쏟기로 했다.

나는 3학년을 마친 뒤 4학년이 되자 지금까지의 태도를 바꾸기 시작했다. 지금까지 대학교에서 친구들과 노는 것과 합기도를 했던 것 외에 공부하기 위해 교육학과의 제미(세미나의 독일식 발음인 '제미나르'를 줄여서 말한 것이다, 대학교 3~4학년의 교수·학생 간의 도제식 수업이 특징인 전문과정)에 들어갔다. 지금의 대학들도 이런 제도를 유지하는데, 학부의 강의

1984년(쇼와 59) 졸업한 '요코타 제미'의 동문들. 2011년(헤이세이 23)에 다시 모였다. 맨 아래 오른쪽이 나, 바로 옆이 스승인 요코타 교수님.

는 신청하면 수강 받을 수 있었지만, 일부 제미의 수업은 시험을 보아 합격하지 않으면 수강을 받을 수 없었다. 그러나 운동부에 소속한 학생들은 엄격한 단체생활로 사회생활을 받아들일 자세가 되어있다는 인정을 받아 공부하는 분위기를 만드는 데 도움이 된다는 이야기도 있었고 실제로 사회복지 분야는 남자의 힘이 필요한 분야여서, 체력의 뒷받침을 많이 필요로 하므로 운동으로 단련되고 자격을 소지한 교원은 귀했다.

40명의 학생을 받아들이는 '제미'였는데, 40번으로 턱걸이해서 들어갔다. 떨어져도 이상하지 않았지만, 마치 '공부하는 곳'으로 들어갔으니 이제 너는 공부만 해라'라는 계시(啓示)를 받은 것 같았다. 지금까지 신물나도록 놀아온 나에게 '배움'이란 신선한 자극이었다. '공부하지 마라!'는 가훈이 오히려 '공부하라!'라는 말로 들렸고, 지금까지 공부에 대해서는 반대해 오셨던 어머니도 이번에는 의외로 반대 없이 "네가 선택한 길이니 열심히 해라"라는 말씀과 함께 격려해 주셨다.

예전에도 가끔 들은 이야기였지만 아버지는 암으로 병상에 눕기 전까지는 교사였다는 말을 들었다. 아버지의 친척 두 분도 교사로 계시고 있어, 어떻게 보면 우리 집안은 '가르치는 것이 천직'이었던 것이다. 지금까지 공부하는 것을 반대하신 이유를 그제야 알게 되었다. 남편을 암으로 보냈는데, 아들들마저 병으로 잃고 싶지 않으셔서, 공부하기 전에 몸을 만들라고 공부 말고 다른 것을 하라고 하신 것이다. 그런데, 놀 만큼 놀았던 아들이 공부하고 싶다고 하자, 이제는 놓아 줄 때가 왔다고 생각하셨던 것 같다.

4학년이 된 나는 사람들이 이전에 알고 있었던 '혼다 토모쿠니'가 아니었다. 누군가는 '혼다가 졸업해야 하니까 저러는구나, 또는 '이제까지 신나게 놀더니 발등에 불이 떨어졌나?'라는 반응이었다. 그러나 '늦게 배운 도둑이 날 새는 줄 모른다'라는 속담이 있듯, 나는 남보다 늦게 공부에 재미를 붙여 무서운 속도로 제미의 학생들을 따라잡았다.

처음에는 어떻게 공부해야 하는지 답답했다. 학기 중에는 교육실습으로 낮에 중학교, 고등학교에 가서 학생들에게 교과를 가르치고 밤에는 가르칠 내용들을 예습해야 했다. 고등학교 교육 실습 때에는 입고 나간 교복이 실습을 나가는 학교의 교복과 비슷해서 그 학교의 학생으로 오해받은 적도 있었다. 하지만 그때가 가장 즐거웠다. 가르치기 위해 '배우는 즐거움'과 아는 것을 학생들과 나누는 '가르치는 즐거움'을 알게 된 것이다.

학기 처음에 40등으로 제미나르의 문을 두드렸던 나는 수석으로 그곳을 나서게 되었다. 일 년이란 짧은 기간에 아무것도 없는 '백지' 상태에서 벼락치기로 한다고 해서 될 수 없는 일을 한 것이다. 이런 일이 있기까지 여러 가지로 많은 일들이 나를 도와주는 듯했다.

첫째, 지금까지 합기도로 몸을 단련했으니 몸이 힘들지 않았다. 합기도부에서 선배이니, 부 활동 이외의 일을 두고 누구도 뭐라 할 수 없었다.

둘째, 지금까지 신물이 나도록 놀아보았으니 잠시 접고 공부에 전념할 수 있었고, 다른 것에 신경을 쓰지 않으니 자연스럽게 공부에 집중이 되었다.

셋째, 교생생활을 하면서 느낀 점이지만, 내가 공부해서 교사가 되면 아이들에게 도움이 될 일을 할 수 있겠다고 스스로 깨달았기 때문이다. 삶에서 나를 이끄는 '목적'이 없음은 다람쥐가 아무 일 없이 쳇바퀴를 돌리는 것이나 마찬가지라 생각하게 되었다.

나는 4학년의 일 년 동안, 그저 아무 생각 없이 앞만 보며 달려왔다. 대학 생활 4년 동안 무언가를 했다는 행적 없이 그냥 놀다가 대학을 떠나기는 싫었다. 일단 교사가 되기 위하여 자격을 공부하기 시작해서 악착같이 자격증을 '사냥'하였고, 이듬해에 내가 원하던 교원자격증을 손에 넣게 되었다.

내가 일본 학교의 교사를 관둔 이유

일본의 교육은 학생들에게 교육의 기회를 최대한, 평등하게 주려는 점은 인정할 만하다. 그 당시에 장애의 중증도, 중복이 심한 학생을 대상으로, 만약의 일에 대비하기 위하여 병원과 연계해서 교육하는 특수학교는 일본이 앞서있는 것으로 알고 있다. 처우와 관련해서는 교육 공무원이었으므로 학교에 배치될 때부터 정년은 이미 보장된 것이나 다름없었고 개인적인 불상사(폭력 행사, 성희롱 등)만 아니라면 사직서를 쓰지 않는 이상, 학교를 나갈 일은 없었다.

하지만, 아버지가 교사라서 어릴 때부터 아버지가 어떻게 일하셨는지를 미리 들었던 탓에 들어와서도 신성하다는 느낌은 없었다. 4학년 때 교사자격증 취득을 우선하여 일 년 동안 죽어라 공부했고, 시험을 보고 합격하여 목표를 이루었으니 더 이상의 미련은 없었다. 그런데 삼년을 근무해서 부장 승진을 제의받으니, 이미 해야 할 일을 다 했다는 만족감과 학생들에게는 죄송한 일이지만 내가 아니라도 다른 선생님이 더 잘할 수 있을 것이란 생각이 들었다. 단순하고도 반복된 삶에서 탈출하픈 생각도 이유 중의 하나일 수도 있었다.

그런데 누구한테 물어봐도 '미친놈'이라는 말 외에는 돌아오는 말이 없었다. 왜 그렇게 안정된 일자리를 버리고 바다 건너 반기지도 않는 나라에 가느냐?라는 말도 있었고, 심지어는 '자네는 아직 어리니까 아직 잘 모른다'라며, 한심하다는 표정도 있었다.

"우물가의 개구리가 대해를 모른다(井の中の蛙大海を知らず)."

1985년에 있었던 플라자합의가 있자, 240엔이던 엔·달러 환율은 9월 말 218엔으로 20엔 이상 절상됐다. 일 년 뒤인 1986년 9월에는 153엔으로 치솟았다. 시장의 누적 수요까지 겹쳐 엔화 가치는 일 년 만에 36퍼센트나 상승했다. 1987년 말엔 120엔대까지 올랐다. 애초 엔화 절상 폭이 15~25퍼센트에 그칠 것이라던 전문가들의 관측은 완전히 빗나갔다. 엔고는 처음엔 일본의 구매력을 배가시키는 마법을 발휘했다. 과거에는 100엔으로 40센트짜리 콜라를 사먹었지만, 엔화 가치가 오르자 80센트짜리 오렌지주스를 살 수 있게 됐다. 일본은 미국을 사들이기 시작했다. 1989년 미쓰비시(三菱)는 미국의 록펠러 센터를 인수했고, 1987년 야스다(安田)화재해상보험은 3990만 달러에 빈센트 반 고흐(Vincent Willem van Gogh, 1853~1890)의 '해바라기'를 사들였다. 일본인들은 세계 각지로 여행을 떠났다. 일본의 자존심은 하늘을 찔렀다. 여기에 일본중앙은행(BOJ)이 엔고(円高)에 따른 경기둔화를 우려해 정책금리를 2.5퍼센트로 내리자 부동산과 증시가 폭등했다. 닛케이 평균주가(日經平均株價)는 3년 동안 3배, 부동산은 한해 70퍼센트씩 뛰었다. 재태크(財, tech)란 말도 이때 처음 등장했다.[7]

7) 〈플라자합의 31년… 풀리지 않는 엔고 봉인〉, 《중앙일보》, 2016.9.21

그 당시만 해도 '글로벌'이라는 단어가 유행하기 시작하여 일본에서는 '해외로 나가자!'는 분위기가 무르익었다. 한편, 플라자 합의로 1986년도부터 1989년도에 이르기까지 한국은 경상수지 흑자를 보는 등의 이익을 보았다. 시기적으로도 유가 하락, 국제금리 인하, 1988년 서울올림픽으로 인한 투자 확대 등이 동시에 맞물렸고, 한국은 3저 호황(저유가, 저금리, 저달러)의 혜택을 입어 사상 최초로 경상수지 흑자를 기록하였고, 물건이 없어서 못 팔 정도로 수출이 폭발적으로 늘었다. 또한 심각했던 외채가 불과 3~4년 만에 절반으로 줄어들었다. 1987년에 한국을 답사하여 실제로 가서 한국의 발전상을 알게 되었는데 때마침 다음 해에 올림픽이 열린다는 소식을 듣고 가슴이 설레었던 것도 한몫했다.

'우물가의 개구리는 바다를 모른다(井中不可以語於海者)'[8]라는 말이 떠올랐다. 동경 올림픽 1964년에 성공하여 성장가도를 달려왔고, 이제 한국에 올림픽을 개최한다고 하니 그때의 천운이 온다는 확신이 있었다. 1988년, 가방 하나만 들고 한국에 와서 '큰 것을 내려놓았으니 더 큰 것을 받으리라'라는 마음의 확신이 있었는데 지금 생각하면 딱 맞아떨어졌고, 앞으로도 이 나라는 더 큰 복이 받을 것이라는 생각이 있기에 '만약에 내가 일본에 있었다면?'이라는 마음을 비우고 산다.

한 명을 백 명처럼 백 명을 한 명처럼

일기일회(一期一會, いちご-いちえ)[9]

8) 『장자』, 「추수편」.

9) 센리큐의 제자인 야마우에 소지(山上宗二)의 기록(山上宗二記)에 '일생에서 한 번의 모임

'일평생에 단 한 번의 기회'라는 의미로, 한 사람의 생애는 한 번뿐인 '한계'가 있으므로, 그 생애에 한 번뿐이라는 생각으로, 그것에 전념하라는 뜻. 원래는 다도(茶道)에 대한 마음가짐을 나타내는 단어로 어떤 다회를 하더라도, 평생에 한 번 있는 것으로 여겨, 주인과 손님 모두가 모두 성의를 다하라는 의미이다.

처음 다녔던 학원에서는 시간제 강사로 일하고 있었다. 당시는 수업 당일에 학생들이 오지 않으면 그날 수입이 끊어지는 방식이었다. 처음 한국에 온 일본인 강사에게 해주는 대우가 그러냐 싶겠지만, 학원 측에서 보면 처음 이곳에 온 초짜인 이 사람이 학원에 얼마만큼의 수익을 내줄지 모르니, 믿지 못하겠다고 하는 데는 어쩔 수 없는 일이었다. 따라서 학생들 한 명 한 명을 소중한 인연처럼 접해 왔다. 일본에서는 자주 말하는 '이치고이치에(一期一会)'라는 단어처럼, 하루하루의 만남을 소중하게 여기는 자세가 되었다. 다도에서 말하는 '손님(학생)'을 맞이하여 최고의 '차와 시간(수업)'을 제공하는 '주인(선생)'처럼 이 자리에 참석한 한 명의 학생에게도 백 명처럼 많은 사람 앞에서 강의하듯 가벼이 여기지 않는 자세와 백 명의 학생 앞에서도 한 사람, 한 사람을 소중히 여기는 자세는 한국에 온 지 삼십 년이 지난 지금까지 유지하고 있다. 그러다 보니 초기 강사 시절에 만났던 애제자와도 연락이 된다. 당시에 은행의 영업사원으로 일하던 '그 학생'은 일본어를 좋아하게 되어, 당시에 잘나가던 직장을 나와 일본으로 유학을 떠나게 되었다. 지금은 센다이에 살고 있고, 일본에 갈 때마다 안부 묻고, 한국에 오면 꼭 만나고 가며, 일본에 계신 외삼

(一期に一度の会)'이라는 기록에서 나온 말이다. 일기(一期)는 불교용어로, '사람이 태어나 죽기까지'의 뜻.

촌과 외숙모를 이어주어, 일본에서의 힘든 부분을 돌봐주기도 하는 개인적으로도 아주 가까운 사이가 되었다. 한국 역시 '옷깃만 스쳐도 인연'이라 하는데, 학생들을 '섬기고', 은인에게 받은 도움을 반드시 되돌려주지 못하더라도 '받은 고마움'을 다른 사람들에게 '나누며', 언제나 어려움이 생기면 반드시 '도와주는' 삶을 살고 있다.

삼십 년 지기 친구는 어떻게 하면 만들 수 있을까?
사십 대에 만난 결혼 커플

종로학원에서 강사로 일했던 시절은 정말 바쁘게 일했다. 가르치는 것이 원체 좋았던 나는 풀타임 강사로 일하면서 학생들을 가르쳤는데, 오전시간과 점심시간 때는 '누나' 뻘에 가까운 학생들을 가르쳤고, 교실 수업이 끝나면 점심시간을 같이 식사하며 추가로 현장에서 사용하는 '실전 일본어'를 알려주기도 했다. 하지만, 저녁에서 밤으로 이어지는 시간대의 학생들은 자격을 따기 위해, 또는 일본으로 유학가기 위해, 일본 취업을 위해 열심히 공부했다. 그것이 IMF 시절이 다가오자, 새벽부터 열한 시까지 공부하려는 학생과 직장인이 뒤섞여 후끈거리는 열기로 다가왔다. 배우려는 의지만 있다면 누구건 간에 가르치며 도왔는데, 그중에는 일본과 일본어에 흥미를 느끼고 교사의 길로 들어선 분도 있다. 종로산업정보학교의 안지훈 선생님은 학원 코스를 수료하고 일본으로 유학을 다녀와 종로산업전문학교의 관광일본어과의 선생님으로 일하게 되었다. 종로산업전문학교는 직업교육을 원하는 서울특별시 소재 일반 고등학교에 재학 중인 학생을 대상으로 3학년 때 직업 위탁교육을 하는 각종 학교이다.

안 선생님과 두 번째 인연은 주례였다. 그때는 외국인이 흔치 않아 한국에서 결혼식 주례를 서주는 사람은 당연히 한국인뿐이었다. 그런데 그 자리에 외국인, 그것도 일본인을 세운다는 것은 그 당시의 관례로 보아도 매우 낯설고 당황스러운 일이었다. 양가의 부모님을 설득하고, 허락받아 예식장에서 부부 앞에 서기까지 여러 우여곡절을 겪었는데, 그런 하나하나가 세간의 신선한 화제가 되기도 하였다. 평생에 한 번 있을까 말까 하는 일에 처음이라 매우 설레기도 하였고, 혹여 주례사에 실패하지 않을까 매우 긴장되기도 했으며, 매우 두근거리는 일이기도 하였다. 주례사는 신랑과 신부 이름으로 삼행시를 한 번, 그리고 나의 이름 6자 6행시로 마무리를 지었다.

그 후에도 안 선생님과는 자주 만날 일이었는데, 매년 안 선생님의 학교로 특강(일본어 취업 모의 인터뷰)를 하러 간다. 취업모의 인터뷰란 일본계 기업의 면접관 역할을 하면서, 간단한 자기소개, 취업 동기, 가족 관계, 취미, 등등을 들으며, 학생들의 일본어 면접에 대비하도록 하는 것이다(이는 취업 전문지도자 과정을 수료하고 자격을 취득했기 때문에 가능한 일이다).

그리고 예산이 배정되면 학생들에게 '동기부여 특강'을 하러 간다. 그곳에서 '혼다 토모쿠니'가 걸어왔던 삶을 설명해 준다. 원고는 거의 비슷하지만 학생들에게는 혼다는 고등학생 때 공부 안 하고 땡땡이만 치던 날라리였고, 대학에 들어가서는 일진처럼 놀아 공부의 'ㄱ' 자도 몰랐던 때가 있었지만 너희들은 아직 늦지 않았으니, 포기하는 것만 없다면 모든 일은 이루어진다는 조언을 던지고 온다.

누구든 오라. 같이 가자

대학교에서 강사로 또는 교수로 근무하면서, 여러 학생과 함께 길을 걸으며, 함께 고민하고, 웃고 울기를 계속했다. 물론 처음부터 화기애애한 분위기만 있었던 것은 아니고, 처음 부임한 배화여자대학교에서 '처음 보는 일본인'에 대한 위화감을 느끼는 학생들은 내가 나타나면, 본인들에게 일본어로 물어볼까봐 자리를 피하는 일도 있었다. 그런 서먹서먹함을 뛰어넘으려면 다가서는 나 자신도 그런 분위기를 과감하게 깨기 위하여 '교수'라는 윗사람의 위치에서 벗어나 눈높이를 맞추듯 나 자신을 낮추었다. 서일대학교에서는 교수연구실을 개방하고, 공부이건 상담이건 간에 오고 싶으면 언제든 와서 이야기해도 좋다고 했다(물론 그곳에 가면 재미난 일이 있다든가, 친구들과 잡담을 편하게 한다든가, 피자나 햄버거가 갑자기 생긴다든가 하는 이벤트 등을 많이 준비했다).

학생 한 명, 한 명을 우리 집 노조미(希實)와 아키히로(昌誠)라 생각하고 보살폈다. 수업에 나오지 못한 결석자에겐 반드시 연락하고 사유를 확인한 후에 이유를 떠나 격려하기도 했다. 일부 학생들은 학업과 상관없는 길을 걸었고, 지금까지 뚜렷한 목적 없이 '방황하던 인생'이었지만, 같은 길을 학생들 모두와 같이 걸어가기를 애쓰다 보니 마음을 열고 같이 공부하기도 했다.

어떤 학생은 15주 중 3회만 출석했는데 아르바이트 때문에 도저히 시간이 나지 않는다는 것이었다. 그래서 출석은 못하더라도 숙제를 내주면서 특별하게 관리했다. 다른 교수들에게는 눈 밖에 난 '문제 학생'이었지만, 끝까지 돌봐주고 도와주었다. 나중에 확인해 보니, 모 레스토랑의 점장으로 맹활약하고 있었다. 현장에서 공부보다도 귀한 경험을 현장에서 하고 있으니, 가산 점수를 받아야 마땅하다고 판단하고 흔쾌히 학점을 주었다(몇 년 후에는 그 학생의 주례를 서 줄 정도로 친하게 지내고 있다).

즉, 강의의 진행과 수업의 내용에 융통성이 필요하다면, 그에 대한 교육 평가도 융통성 있게 내려야 한다고 생각했다.

경청(1), 상대방이 하고 싶은 말을 꺼낼 때까지 계속 들어주는 것

구체적으로 말하면, '공감적 이해'에 근거하는 경청이란, 청취자가 상대의 이야기를 들을 때, 상대의 입장이 되어 상대의 기분에 공감하며 듣는 것입니다. '조건 없는 긍정적인 관심'을 가지는 경청이란, 상대방의 이야기 내용이 아무리 비사회적인 내용이라도, 처음부터 부정하지 않고 왜 그런 것을 생각하게 되었는지 관심을 가지고 듣는 것입니다. '자기 일치'에 근거하는 경청이란, 듣는 측도 자신의 기분을 소중히 해, 만약 상대의 이야기 내용을 모르는 곳이 있으면, 그대로 두지 않고 다시 듣고 내용을 확인해, 상대에 대해서도 자신에게도 매우 진지한 태도로 듣는 것입니다.[10]

누구든 상대방, 학생이나 직장의 부하나 아들, 딸과 원만하게 소통하기를 원할 것이다. 상대방이 가진 본심을 어떻게 하면 잘 읽어서, 원만한 인간관계를 유지할 수 있을까에 관심이 많다. 그만큼 복잡해진 세상에서 '모나지 않고' 자기에게 주어진 자기 사람들을 잘 추슬러 원하는 것을 얻는지에 관한 관심도 크다고 본다. 그러므로 사람의 마음을 열고 진솔한 이야기를 듣는다는 것이 꽤 어려운 기술처럼 보이지만 방법은 의외로 간단하다.

'그저 들어주는 것', 그것이 '경청'이다.

그저 고개를 끄덕이며 단지 잘 들어주는 척하는 것이 경청이라는 것은 아니다. 경청의 원리는 상대방이 자기가 하고 싶은 말을 꺼내어, 마음을 모두 쏟을 때까지 계속 들어주는 것이다. 아직 할 말이 많은데 그것을 막으면 상대방은 내 이야기는 다 듣지 않고, 자기 이야기만 하려 든다며 마

10) 노동후생성, '경청이란'.

음속의 분을 터뜨린다.

자신의 마음속에 들어 있는 모든 할 말 들을 죄다 꺼내어 '빈 그릇'이 되었을 때, 본인의 마음에 남의 말을 들을 여유가 생길 때, 비로소 그 마음에 '들을 마음의 준비'가 된다. 그때 '채우는 것'이다.

분명, 내 이야기를 하는데도 내가 들어도 바보 같은 이야기나 이상한 이야기를, 그런 기색 없이 계속 들어주는 것이 신기하다고 한다. 처음에는 어색해하다가 조금 있으면 진지하게 된다. 경청이라는 것이 원래 '귀를 기울여 (이야기를) 들어주는 것'인 만큼, 듣는 사람이 최선을 다해 상대방이 하고자 하는 말을 들어 주는 것이다. 말하는 사람은 자신의 짐을 털어놓을 수 있어 좋고, 듣는 사람은 말하는 사람이 무엇으로 고민하는지 알게 되는 기회가 되어 좋다. 듣는 사람이 말하는 사람의 머리 위에서 대답의 방향을 정하는 것은 아니다. 자신이 깨달아서 해야 할 것을 정하여 스스로 갈 길을 잡도록 해주는 것이 경청의 마지막 단계다.

1. 공감적 이해(empathy, empathic understanding)
   상대의 이야기를 상대의 입장에 서서 상대의 기분에 공감하면서 이해하려고 한다.
2. 무조건의 긍정적 관심(unconditional positive regard)
   상대의 이야기를 선악(善惡)의 평가, 호불호(好不好)의 평가를 넣지 않고 듣는다. 상대의 이야기를 부정하지 않고, 왜 그렇게 생각하게 되었는지 그 배경에 긍정적인 관심을 가지고 듣는다. 이로써 화자는 안심하고 말할 수 있다.

3. 자기 일치(congruence)

청취자가 상대에게도, 자신에 대해서도 진지한 태도로, 이야기가 알기 어려울 때는 알기 어려운 것을 전해, 진의를 확인한다. 모르는 것을 그대로 두는 것은 자기 일치와 반한다.[11]

이러한 경청을 하기 위해서는 인간관계에서 '매우 친한 사이'이거나, 자신의 비밀을 무덤까지 가져갈 '매우 믿을 만한 사이'의 어느 양쪽이 되어야 한다. 신뢰할 수 없다면 말할 수 없다. '믿지 못할 사람'에게 이야기를 꺼냈다가 무슨 일을 당할지 모르므로 아무에게나 자기의 고민을 쉽게 꺼낼 수는 없다. 그렇기에, 평소 자신이 기댈 수 있는 사람에게 이야기하거나 '고백'한 이후에 아주 친해지게 된다.

대학에서 제자들과 깊이 친하게 되었다. 간단한 것으로는 일본어 공부를 잘하는 방법이나, 어려운 것으로는 학업의 문제, 취업의 문제, 그 이상의 어려운 문제까지 들어달라고 오는 학생들이 많았다. 무슨 이야기를 하고 싶은지 대부분 감이 오는 이야기여도 건성으로 듣지 않고 한 명 한 명 정성을 다해 들어 주며, 아무리 어려운 이야기라도 어렵다 말하지 않고 부탁이라면 이루어질 수 있도록 백방으로 뛰어다녔다. 제자들에게 약속한 내용은 무슨 일이 있어도 지키기 위하여 애를 많이 썼다.

11) 노동후생성, '경청이란'.

두터운 인간관계는 학교와 국경을 넘는다

돈독한 신뢰 관계는 선생과 제자의 관계를 떠나, 졸업 후에도 이어졌다. 졸업 이후에도 졸업생들이 나를 방문하기도 했고, '인생 상담'을 위하여 연구실에 나타나는 일도 있었다. 학과의 다른 교수님들은 어째서 한국인보다 일본인을 신뢰하는지 질투 반, 부러움 반이었다.

사람에게 일상적으로 만나는 만남이 있다면 특별한 만남이 있는데, 여러 가지 만남 중에서도 '결혼'이라는 것은 아주 특별한 것에는 누구 하나 토를 달지 못할 것이다. 평소에 한국인들과 친분은 많아도 외국인을 세우는 일은 지극히 적은지라, 결혼식의 주례까지 설 일은 없으리라 생각했는데, 어느 날 예전에 가르쳤던 제자가 신랑이 될 사람과 함께 와서 결혼하게 되었다며 주례를 서달라고 요청했다. 그 자리에서는 "축하해요"라고 수락했지만, 일본에서는 주례라는 것이 없다시피 하니, 어떻게 해야 할지 몰라 조금은 당황했다. 축복받을 두 명을 위하여, 주례사를 보고, 예식장에서 들어보고, 자료를 모아 글을 쓰고 다듬어 주례사를 만들었다. 마지막으로 집의 거울 앞에서 열심히 연습하고, 예식장에서 예행연습까지 했다. 그렇게 부부를 만들어 보냈다.

자율성, 창의력, 색다른 교수법

학생들은 선생에게서 무엇을 배울까? 어떻게 하면 효율적으로 학생들을 잘 가르칠 수 있을까? 어떻게 하면 주입식 교육에서 벗어나 창의적으로 일본어를 배울 수 있을까?

다른 언어도 마찬가지이겠지만, 일본어 문자는 고유문자인 히라가나와 가다가나로 이루어져 있고, 그 뜻을 보충한다는 개념으로 한자가 섞여 있다. 표음문자의 약점이라 하면 장음(말:, 馬)과 단음(말, 言)의 구분을 발음에서 구별해 주거나 문맥으로 판단해야 하는 어려움이 있으나, 한자가 섞여 있어, 한자를 보며 문장이 대충 무엇을 의미하는지 '보인다.' 한자를 모르는 외국인들에게 한자는 일본어를 배우는 과정 중에서도 난관 중 하나이다. 하지만 한자를 어느 정도 (억지로라도) 통달한 후에 보이는 유희의 즐거움은 '어려움 끝에 보이는 색다른 맛'일 것이다.

이런 '깨달음의 유희'는 한자를 달달 외웠다고 해서 되는 것도 아니고, 초보들이 상상할 수 있는 수준의 것은 더더욱 아니다. 배우면서 깨닫고, 깨달아 궁리하며 응용하는 가운데 새로운 깨달음이 생긴다.

吐く ➡ 叶う

나쁜 기억들, 슬픈 추억들을 땅(土)에 모두 토(吐)해서 쏟아내면(없애면), 무엇이 될까? 답은 꿈이 이루어진다(叶う).

물가로 목마른 말을 이끌어 주더라도, 물을 마시는 것은 말이다. 공부는 스스로 할 때 성장한다. 배우는 것은 학습자 본인이지 선생은 아니다. 다만 여러 가지 흥미를 끄는 일들로 공부에 흥미를 느끼도록, 어려운 공부에 지치지 않도록 케어해 줄 수는 있을 것이다.

사람의 창의력에는 무궁무진한 가능성이 내포되어 있다. 형용사는 사람의 오감(五感)에 의존하는 부분이 큰 어휘라서. 같은 단어라도 사람이 받아들이는 정보의 차이는 사람마다 다르다. 예를 들면 '거무튀튀하다'라는 어떤 일본어로 설명할 수 있을까?를 일본어로 표현하거나, '薄暗い'를 한국어로 표현하는 방법, 또는 맛을 설명하는 방법을 찾도록 숙제를 낸다. 그러면 학생들은 자기 나름대로 그 내용에 적합한 표현을 찾아오는데, 학생에 따라서는 그림, 모형, 실물을 가지고 오기도 했다. 맛 다섯 가지를 공부할 때는, 요리 재료와 함께 형용사로 표현하기 등 보다 구체적으로 학습을 전개했고, 표현한 과제물을 복도에 전시하고 다른 학년과도 공유하기도 했다. 학생들이 열심히 생각해 준비해 온 이러한 표현들에 대해서 처음부터 잘못 구상하여 완전하게 틀린 것이 아니라면 잘했다고 칭찬하는 데에 주력했다. 생각이 다를 뿐, 틀린 것이 아니라는 판단으로 교수의 평가 범위가 아니라는 자세로 임했다.

가끔은 일본 노래 한 곡을 가사부터 외우고 부르는 수업도 해보았다. 대본(교수법)에 없는 기발한 아이디어를 쓰기도 하고, 어떤 수업에는 그때 배우고 있던 한국어 교수법 중 하나인 '침묵식 교수법'을 적용한 적도 있다.

- 외국어 학습은 모국어 습득과 다른 것으로 봄.

- 학습자가 수업을 주도함(스스로 능력을 최대한 이끌어 자율적으로 학습함).
- 교사는 교실에서 대부분 침묵을 유지함(관찰자, 제시자, 판단자 역할).
- 의도된 침묵은 학습자의 주의 집중, 내용에 대한 추측과 발견, 창조의 과정을 가능하게 한다고 봄.

  * 학습자 중심의 언어 교수로 책임감과 독립성을 지닌 능동적인 학습자를 요구함.

과제수행이 끝났을 때 무조건 칭찬하고, 더 좋은 방법은 없는지, 부족했다고 느끼는 것은 없었는지, 스스로 말하도록 유도했다.

실천: 서일대학교 교수 시절

말이란, '필요한 자리에서 쓰는 것'에서 능력이 늘어나는 것이지, 마냥 배우고 머릿속에 채워 넣는 것만으로는 늘어나지 않는다.

나는 학생들의 교육에 '팀'과 '협업'이라는 개념을 자주 사용하여, '모두가 함께, 하나의 목적을 달성한다'라는 팀워크 방식을 일본어 수업에 적용했다. 물론 처음에 다 잘하는 것은 아니다. 처음에는 어떤 말을 써야 할지 몰라서, 분명히 배웠는데 입으로 나오지 않아 더듬거리는 일이 많았다.

다른 하나는, 언어라는 것은 원래 커뮤니케이션, 의사소통을 위해 태어난 것이기 때문에 상대방과 같이 협업하다 보면 보기, 듣기, 말하기, 쓰기, 읽기의 '의사소통 행위' 중에서 최소한 두세 가지를 동시에 하게 된다.

두 명 이상의 팀으로 한 가지의 목표를 이루기 위해, 서로 친해지고 익숙해지기 때문에 '협동심'이 생기고, 팀에서 받은 역할을 다하려는 '책임', 만들어진 과제물을 좀 더 잘하려 기존에 만든 것을 더 좋게 만들어 보려는 '창의성'까지…. 여러 가지 능력들을 종합하다 보면 언어학습의 영역 이외에도 팀워크까지 노릴 수 있었다.

기존의 일본어 회화 교육과 다른 나의 창의적인 진행, 언제든 찾아가면 즐거운 분위기 덕분에 연구실은 교과에 관한 질문으로 온 학생과 진로를 상담하기 위한 졸업예정자와 호기심으로 놀러 오는 학생들로 북적이게 되었다.

두 해라는 짧은 기간에 학생들에게 비즈니스 감각을 익히게 하고 창의적으로 문제들을 해결해 내가기 위해서는, 개개인의 능력을 올리는 것도 중요하지만, 팀 단위로 호흡을 맞추고 서로 협력하여 능력을 끌어올리는 것이 중요하다고 보았다. 사회에 진출하면 혼자서 일하는 경우는 극히 적기 때문이다.

칭찬은 고래를 춤추게 하지만 경청은 영혼을 춤추게 한다

잘해낸 일에 대해서는 반드시, 무조건 잘했다고 칭찬하고 잘 안 되었다면, 더 잘하도록 힘을 보탠다. 무슨 일이건 긍정적으로 바라보게 하는 일이 중요했다. 그러다 보면 학생이 어렵게 보이는 난관이라 생각했던 문제도 자기 힘으로 훌쩍 뛰어넘는 것을 보았다. 그때 당시, 그의 딸과 아들이 그 당시의 학생들과 나이대가 비슷하여, 무슨 일이 있어도 그냥 딸, 아들에게 하던 것처럼 같이 하고 싶은 이야기를 들어주며, 같이 수다를 떨며 놀아주는 것만으로도 호응이 높았다.

나 자신부터 문턱을 낮추어 격식을 차리지 않고 학생들과 친해지려 하자, 용기를 내어 다가서는 학생도 생기게 되었고, 실제로 '성실하고, 재미있고, 고민이 있으면 무엇이든 들어 주더라'는 입소문이 퍼지게 되자 연구실은 학생들로 붐비게 되었다.

중간고사나 기말고사의 경우, 전에 말했듯이 공식적으로 깜지(컨닝페이퍼, A4용지에 앞뒤로 꽉꽉 기입)를 준비하게 만들고 시험장에서 문제지와 함께 내도록 하였다. 문제를 푸는 실력을 확인하는 '시험'도 중요하다. 그러나 같은 벼락치기 시험이라도 눈으로만 본다던가, 인터넷에서 정리된 자료를 모아 짜깁는 것보다, 자기 손으로 하나하나 쓰면서 정리하는 동안에 자기 공부도 챙기도록 했는데, 한번 작성한 내용은 다른 시험에서도 시험 전에 보면서 외울 수 있게 하였다. 심지어 시험 기간 중에도 교수 연구실에서 모르거나 잊어버린 내용이 있다면 알려 주던가, 깜지를 친구와 같이 만들 수 있게 도와주었다. 무엇보다 중요한 것은 학생의 공부하려는 마음이다. 시험은 학습의 성취도를 평가하는 도구이지, 배우려는 사람의 의지를 꺾고 찬물을 끼얹으면 안 된다는 생각에서였다.

화내는 것과 혼내는 것의 차이

사람이기 때문에 잘하는 것과 못하는 것, 저마다 다른 인격과 개성이 있다. 그러나 학교에 있다는 이유 하나만으로 이들을 '개성이 있는 개개인의 모임'으로 보지 않고, 행정상의 편의를 위하여 '한 덩어리의 집단'으로 다루는 학교의 교육방식을 우리는 어떻게 생각해야 할까.

어린 학생들은 자유롭게 배우며, 맘껏 뛰노는 가운데 몸과 마음을 단련한다. 그 가운데에 '배움'이 있다고 생각한다. 한창 자라나야 할 아이들이 사회의 규칙들을 몸에 익히는 사회화 과정의 단계에 있다고 해도, 학교에 들어갔다는 이유만으로 학교의 사정에 매여 살아갈 이유는 없다고 생각한다. 이미 어른이 된 대학의 학생들도 마찬가지이다. 전문적인 지식을 배우면서 자유롭게 자기 의사를 표현하며, 상대방과 대화로 이견을 조율하거나, 토론 등으로 설득하는 가운데 사회라는 것을 배워 나간다.

학생들을 지도하는 선생님, 교수 역시 창의력을 발휘하기 힘든 상황에 있다. 학교 지침이나 상사가 주는 '스트레스', 학생이라 해도 '결국은 어린아이'의 행동에 어른이 '말려드는' 행동이 서로 맞물려 돌다가, 어느덧 한계에 이르면 '폭발'하게 된다. 획일적인 조직 운영이 주는 폐해라 할 수 있을 것이다. 한 명, 한 명을 소중히 하기에는 많은 수의 학생이 교사에게 맡겨지고, 인격 하나하나를 알고 이끌어 가기에는 너무 짧은 시간이 주어진다. 양립되기 힘든 상황 때문에 학생과 교사가 서로, 함께 지쳐가는 것이다.

나는 특수학교에서 말이 통하지 않거나, 아예 정상적인 소통이 되지 않는 학생과 씨름하는 일이 매일 새로운 도전으로 다가온다. '말만 통하지 않는다면' 수화를 가르쳐 어떻게든 소통하려는 선생님들이지만 여러 장애가 겹친 장애우의 경우는 '된다'라는 모든 희망을 접고 끈기를 가지고 대하는 것이 정상인 경우도 있었다. 어떤 경우에는 이런 학생들에게 화를 내며 자신에게 쌓인 분노를 한꺼번에 풀어버리는 오랜 경력의 선생님도 있다. 유치원이나 보육원에서 말 못하는 아이들에게 폭력을 행사하다 CCTV에 녹화되어 TV뉴스나 신문 기사로 나오는 경우도 보았다.

너무 어려서 말을 못 하거나 실수라는 것조차 모르는 아이에게 난폭하게 행동하는 것은 어른이 해서는 안 될 일이며, 형사상의 범죄다. 그런 것을 제외한 보통의 경우, 선생님 앞에 불려 나온 학생이 혼날 때 선생님이 가지고 있던 감정적인 '화'까지 얹어지면, 학생 자신이 저지른 잘못의 크기를 알기 힘들게 된다. 처음에는 '내가 정말로 잘못해서 선생님께 혼나는구나'라고 학생은 생각하지만 같은 일로 다른 학생이 혼나더라도 정도가 가볍거나 아무런 일 없이 넘어가게 되면 그때는 '어? 저 아이는 나와 똑같이 실수해도 저런데, 그때 나는 왜 그렇게 혼이 나야 했을까? 나는 정말로 잘못한 것일까?'라고 생각하게 된다.

그렇게 생각할 그때부터 그 학생은 점점 교사의 말을 듣지 않게 된다. 선생님이 혼을 내는 '형평성'을 문제 삼기 시작하는 것이다. '나는 친구랑 떠들다가 재수 없게 선생님에게 엄청나게 혼났는데, 걔는 똑같이 떠들어도 왜 그냥 넘어가요?'라며 대들기도 한다. 그렇다면 선생님은 어떻게 반응해야 할까? 아차 싶어 그냥 없던 일로 하고 앞으로 조심하면 될까?

감정적으로 폭발하여, 화를 내는 폭력을 행사했다면, 선생님은 바로 "내가 잘못했다"라고 그 학생에게 사과해야 한다. 선생님 역시 사람이기에, 아무리 선생님이라도 이치에 맞지 않는 일을 했을 때는 자신의 실수를 인정하는 것이 중요하다. 그러나 학생들을 가르치는 자리에 있는 '선생님'이라는 입장으로 인하여 쉽게 학생들에게 시인을 못하게 된다. 처음 머뭇거릴 때, 그때를 놓치고 바로 사과를 못한 것이 쌓이게 되면 굳은살처럼 딱딱해지고 무감각하게 된다. 심하게 되면 학생들에게 폭언과 폭력을 아무렇지 않게 쏟아내기도 한다. '교권(教權)'이라는 이름 아래 당당하게 휘두르는 것이다. 하지만 교육적인 차원의 '혼내다'는 상대방에게 계획 없이 감정에 모든 것을 맡겨, 분이 풀릴 때까지 부대끼는 '화내다'와는

화내다	怒る
감정적으로	感情的になって
자신을 위해	自分のために
과거에 초점을 맞추어	過去に焦点を当て
분노와 기세로	怒りと勢いで
자기가 말하고 싶은대로	自分の言いたいように
감정에 맡겨	感情に任せて
상대를 비판하듯	相手を批判するように
상대의 나쁜 부분만 언급	相手の悪い部分ばかり言及

叱る	혼내다
理性的になって	이성적으로
相手のために	상대를 위해
未来を見据えて	미래를 바라보고
愛と勇気で	사랑과 용기로
相手に伝わるように	상대방에게 전달되도록
試行錯誤しながら	시행착오를 거듭하며
相手を認めながら	상대를 인정하며
相手の良い部分を強調しながら	상대의 좋은 부분을 강조하며

차원의 종류가 전혀 다른 개념이다. 이것이 화내는 것과 혼내는 것의 차이다.

1. 상대방을 위해, 미래를 보고 이성적으로 접근한다.
2. 상대방의 인격을 인정하고 그의 좋은 점을 강조하며, 상대방에게 자신에게 혼이 나야 하는 이유를 명백하게 말한다.
3. 상대방에 대한 사랑과 용기를 북돋아 준다는 마음으로 실패를 계속해도 포기하지 않고, 몇 번이고 시행착오를 거듭하며 상대방을 올바른 길로 이끈다.

상대방에게 화를 내면 일단 상대방은 고개를 숙인다. 상대방을 잡아먹을 듯한 기세에 일단 따라오기는 하지만, 겁이 나니까 일단 피하고 보자는 마음으로 일시적으로 따라올 뿐이고 그 이상의 행동을 기대할 수는 없다. 자기 말에 따르지 않는다고 화를 내며 분을 푸는 선생님들의 모습을 보면, 강한 자가 약한 자에게 해대는 '화풀이'라는 생각밖에 들지 않는다. 심한 경우, 상대방은 깊은 상처를 입고 마음을 닫아버릴 수도 있다. 하지만 진심과 열정을 담아 혼을 낼 때는 상대방도 그 마음을 이해하기 시작한다. 그때부터 학생들은 선생님에 대한 존경의 마음을 가지고 자발적으로 선생님을 따르게 된다. 아래에는 일본에서 말하는 '혼내다'와 '화내다'의 차이다. 이상적인 내용으로 보이지만, 하나하나 마음에 새기며 실천에 옮긴다면 분명 좋은 효과가 있을 것이다.

교육이란 무엇일까?

교육, 혹은 가르침이란 것은 무엇일까? 단지 지식을 전해주고 받는 것으로 끝나는 것을 의미할까?

예전에 교육이라 하는 것은 스승이 제자들을 자신의 밑으로 제자(문하생)로 들여, 제자들 사이의 공동생활에서부터 시작하여 일상에서 자신의 사상과 이상을 제자들에게 가르침의 형태로 자신의 지식을 넘겨주었다. 일종의 '전인교육(全人教育)'인 셈이다.

바쁜 현대에는 '지식의 효율적인 흡수'만을 추구한 나머지, 교육이라는 것은 가르치는 스승의 인격이나 품행과는 관계없이, 지식이나 기술의 전달만을 대규모로 행하는 행위로 전락하게 되었다. 즉, '선생'이란 가르치는 존재이며, 선생들은 지식을 효율적으로 가르쳐주기 위하여 노력하며, 학생들은 능력 있는 선생에게 돈을 주고, 시험에서 필요한 지식과 기술을 받는다.

어르신들은 이해 못하실 부분이겠지만, 요즘은 영어, 수학, 국어 이외에도 글쓰기 교실이나, 줄넘기 교실 등, 옛날이라면 집에서 가르쳤을 법한 내용도 학원에서 배우는 시대가 되었다. 현대사회가 분야별로 잘게 나누어지므로 그에 맞추어 배울 것도 쪼개어 필요한 것만 배우고, 사제간의 깊은 교제나 우애와는 상관없는 메마른 세상이 되었다. 내가 추구한 것은 단순히 일본어를 가르치고 성적을 잘 내어, 취직을 잘하게 하는 것은 아니었다.

교육은 가르칠 대상과 소통이 된 다음에 이루어진다(선정후교先情後教)

교육(教育)이라는 말은 '사람을 가르쳐서 키우다'라고 하는 것으로, 아무것도 없거나 아직 작을 때 가르침으로 풍성하게 키우는 것을 말한다. 성경에 나오는 예수의 비유에 따르면 씨 뿌리는 자의 비유가 있다.

"씨를 뿌리는 자가 그 씨를 뿌리러 가서 뿌릴 새, 더러는 길가에 떨어지매 밟히며, 공중의 새들이 먹어버렸고, 더러는 바위 위에 떨어지매 싹이 났다가 습기가 없으므로 말랐고, 더러는 가시덤불 속에 떨어지매 가시가 함께 자라서 기운을 막았고, 더러는 좋은 땅에 떨어지매 나서 백배의 결실을 하였느니라" 이 말씀을 하시고 외치시되, "들을 귀 있는 자는 들을 지어다(누가복음 8:4-8)."

땅을 사람의 마음으로 빗대어 보면, 사람의 '마음 밭'이라는 것은 가시나무가 가득하거나, 메마른 땅이거나, 아니면 방해가 많아 남의 것이 되는 경우도 많아요. 그런 밭에 아무리 좋은 씨를 뿌리더라도 '자라지 못하고 끝나는' 경우가 많다. 그러나 씨가 잘 키우는 '좋은 땅'은 (선천적으로) 잘 되어 있는 땅이거나, 사람이 비료를 주어 힘을 키우거나, 잡초를 제거하거나, 새를 쫓아내는 등의 방법을 동원하여 씨가 잘 자라도록 땅을 만들어야 할 것이다.

그렇다면 사람의 마음 밭은 어떻게 일구는 것일까? 어떻게 하면 교육의 효과를 높일 수 있을까?

가장 좋은 방법은 소통을 통하여 가르치는 이와 배우는 이가 서로 친숙하게 되는 것이다. 배우려는 마음의 자리를 비우지 않으면 아무리 좋고 훌륭한 교육의 내용이라도 딴청을 피우거나, 더 이상의 진전이 없거나, 주위의 환경에 방해받기 쉽거나 몰입을 못 하게 만든다. 서로 존중하고 소통하는 것으로 방해 요소를 제거하고(선정先情) 교육에 임하는 것(후교後敎)으로 교육의 성과를 올릴 수 있다.

서일대학교 교수로 재직 중일 때 항상 겉도는 학생이 있었다. 공부에 흥미가 없고 목적의식이 없었으니, 당연히 학업도 최악이었다. 학생 자신의 평도 '공부에 뜻이 없는 것 같다'라고 하여 포기하려는 분위기였지만, 관심을 가지고 무엇이건 이야기를 나누며 대화를 나누려 했다. 그러자, 마음을 열고 나의 강의에 귀를 기울이고 따라오게 되었다.

교사나 교수가 학생에게 주려는 교육의 질이 모든 것을 말하는 것은 아니다. 그렇다고 해서 결과를 무시하라는 것도 아니지만, 학생들에게 적어도 이 공부만큼은 내가 열심을 내어 공부했다는 자부심을 남겨 주어야 한다는 생각이 든다. 그러기 위해서는 서로 인생관을 나누던가, 비전을 공유하는 등의 과정이 필요하게 되는데, 이 나누는 과정을 소통이라고 할 것이다. 소통만큼 서로의 차이를 줄이고 앞으로 나가도록 하는 힘은 그다지 많지 않다.

나는 정년으로 교수직을 은퇴하고 제2의 인생인 특임교수의 직에 '선정후교'를 걸었던 이유는 오랫동안 자신이 경험하였던 교육의 근원이 '소통의 힘'에서 오는 것을 누구보다도 잘 알고 있었기 때문이었다. 대학교에서 해 왔던 일들을 좀 더 농축해서 중·고등학교의 학생들에게도 가르쳐 주고 싶었다. 한국과 일본의 학생들이 지식으로 먼저 배우기보다, 마음으로 먼저 서로를 접하여 그 토대 위에서 배울 수 있기를 원했다.

경청(2), 선정후교(先情後教)

사람을 가르치기 위해서는 먼저 애정을 가지고 사귀어, 베푼 뒤에 가르쳐야 한다는 말이다. 사람에 대해 관심을 기울이며 애정으로 이해해 줄 때, 비로소 상대가 마음의 문을 열게 된다. 사제 간이건 친구 간이건, 옳고 그름과 손익을 따져가며 대화한다면 아무 소득이 없다. 상대의 말을 들어주고 이해할 때, 나의 말을 따르게 되고 관심을 가진다. 이것이 선정후교라는 것이다.

요즘 세상이 아무리 각박해지고 냉정해졌다고는 하지만, 그래도 사람 사는 세상에 정(情)이라는 윤활유가 없다면 그냥 기계처럼 삐걱거리는 세상이 될 수밖에 없다. 어떤 때는 냉정(冷情)이라는 것이 필요하다. 그것이 그 사람에게 도움이 된다면 말이다. 하지만 대부분 사람은 정을 원한다. 인간미가 넘치는 정이나, 사람의 마음을 포근하게 감싸주는 배려의 정, 혹은 사람의 마음을 강하게 해주는 정 등의 여러 종류의 정이 있지요. 하지만 그중에서도 '나'와 '너'라는 서로의 존재를 인정하고 이해해 주는 공감의 정만큼 서로의 마음을 튼튼하게 연결하는 것은 없다.

사람에게 중요한 것은 무엇일까? 성공? 보수? 직위? 나는 사람마다 다르나, 사람마다 걸어온 길과 살아온 과정에 대해 수긍(首肯)해 주고, 그 사람이 가진 긍지(矜持)와 성향(性向), 앞으로의 꿈까지 하나하나, (비록 잘못되었다고 생각해도 그 자리에서 반박하지 않고) 부정하지 않고 끝까지 들어주는 '경청'에서 모든 일이 시작된다고 생각한다.

나의 이야기를 상대방과 나누고자 할 때는 먼저 내 이야기를 먼저 꺼내는 것이 아니라, 상대방이 자기 생각을 다 말할 때까지 유도하는 작업이 필요하다. 이미 물이 가득한 수조에 새로운 물을 넣으려면 어떻게 해야 할까? 새로운 물과 섞이지 않으려면 수조의 물을 다 흘려보내고, 다음에 새로운 물을 부어 넣는 것으로 가능해진다. 내 생각, 내 방식을 먼저 끼우려 들면 상대방은 귀를 닫고 더 이상 들으려 하지 않는다. 먼저 나 자신의 마음을 비우고 모든 것을 끝까지 들어주면, 상대방은 마법에 걸린 듯 나의 이야기를 들어주기 시작한다.

'경청(敬聽)'

'귀를 기울여 듣는다'라는 두 글자의 단어에는 놀라운 마술이 숨어있다. '경청이란 그냥 듣는다, 듣겠다는 말이 아니고, 너의 의견과 생각을 존경하며 듣겠다는 의미도 같이 포함되어 있다. 이야기를 들어주어야 할 사람이 윗사람이건, 아랫사람이건 상관없이 '최대한 예우를 갖추어 듣겠다'라는 자세가 포함되어 있다. 즉, 한발 물러서서 제3자의 관점에서 그 사람의 문제에 대한 답을 찾아주려는 것이 아니라는 것이다. 그 사람의 관점에서 그의 이야기에 공감하고 같은 상황에 빠져든다는 것이 중요하다. 그렇게 이야기에 빠져 있으면, 어느새 문제가 해결된 때도 있다.

법가 사상가인 한비자(韓非子, B.C. 280~B.C.233)는 경청에 대하여 이런 말을 하였다.

"신하의 말을 들을 때는 술에 취한 듯하라.
신하의 말을 듣는 태도란 마치 술에 만취한 몸짓 같은 것이어서,
입술이여 내 편에서 먼저 움직이지 말며,
입술이여 더욱더 바보처럼 입을 다물지어다."12)

왜 그래야 할까? 그것은 상대방의 말을 잘 들어야 속마음을 정확히 알 수 있기 때문이다. 만약 상대의 이야기를 잘라버리고 자신의 이야기만 늘어놓게 된다면, 상대방은 '내 이야기를 들어주러 와서 결국 자기 이야기만 하는구나'라는 생각을 가지게 되고, 결국은 마음의 문을 닫게 되어 진심을 알 수도 없을 뿐 아니라, 앞으로 해야 할 이야기도 못할 정도로 관계가 틀어질 수도 있다.

경청의 다른 이름은 '동고동락(同苦同樂)', 같이 고생하고 같이 기뻐하는 것일지도 모른다는 생각도 해봤다. 분명 겪어보지도 않은 남의 인생사에 발을 들여, 같이 수긍해 주고 슬퍼해 주는 '맞장구쳐주기'가 쉽지는 않다. 이렇게 말하면 괴로울 것 같지만, 한 사람 한 사람이 걸어온 각자 다른 길, '우여곡절(迂餘曲折)'을 듣고 있으면, 모두가 각지의 삶에 충실하게 노력했던 자취들을 볼 수 있다.

---

12) 노동후생성, '경청이란'.

또한 많이 듣다 보면 한국인과 일본인이 어떤 생각을 가지는지, 어떤 면에서 가치관(價値觀)에 차이가 나는지도 보인다. 나라가 다르고 문화가 다르니, 생각하는 방식도 다를 수도 있다. 한국도 어느 지방 출신인가에 따라 말투도, 기질도, 생각하는 법도 다르지만, 사랑, 우정, 존경처럼 '그가 사람인 이상 사람의 정이 흐르는' 것이 당연하듯, 일본 사람들 역시 표현의 양식은 달라도 사람인 이상, 한국사람과 똑같은 '사람의 정'을 가지고 있다고 느낀다. 그것을 한국과 일본 사이에서 알려주기 위해, 많이 듣고 많이 알려주었다.

무엇이 그를 울산까지 가게 했을까

책은 작가의 마음과 독자의 마음을 잇는 다리라 한다. 예로부터 책을 통하여 독자는 작가의 생각과 만날 수 있다고 했다. 나는 예전 학원에서 가르쳐 왔던 자신만의 아는 일본어 지식을 자신이 쓴 책으로 독자에게 알려 주고 싶었다. 일본인의 관점에서, 어떻게 하면 한국인에게 일본어를 쉽게 가르칠 수 있을까 생각해왔다. 그래서 『35 패턴에 입이 뻥 뚫리는 일본어』라는 교재를 만들었다. 이것만 알면 일본어의 원리를 알 수 있도록 하여 쉽게 입을 떼, 말할 수 있도록 만들었다.

처음 이 책을 출판할 때 이벤트로 구매인증 샷을 찍어 보내 달라고 했는데, 많은 분이 정성스럽게 책과 함께 사진을 찍어 보내 주셨다. 많은 분이 나의 책을 선택해 주신 것이어서 정말 감사할 일이었다. 그런데, 그중에서도 잊지 못할 사진이 하나 있었다. 눈을 감은 한 소녀가 제 책을 들고 있었다. 그때는 이 학생이 왜 눈을 감고 있나 했다.

꿈 많은 울산 소녀 차대희 양. 그녀가 가진 소원을 들어주고 싶었다.

차대희, 안내견 '행복이'와 나란히 인증샷.

이벤트에 당첨된 사람은 차대희(현재 '차비주'로 개명)라는 눈이 불편했던 학생으로 당시 나는 서울맹학교에서 일년간 재능기부를 하며 선생님으로서 학생들을 가르쳤는데, 서울맹학교는 울산의 맹인학교와 연결이 되어 있었고, 대희 양은 그중 한 명이었다. 대희 양은 울산에서 나의 책 『뻥』 교재를 구입하여 음성으로 들으면서 공부했다. 눈이 보이지 않는다는 불편함이 있지만 그것을 극복하고 일본어를 배우려 애쓰는 그런 점을 기특하게 여긴 나 역시 수업에서, 또 개인적으로도 대희 양에게 일본어를 특별히 '더' 알려 주려고 애쓰게 되었다.

우선 배우려 노력하는 본인의 의지가 강해야 다음을 이어 나갈 수 있다…. 대희 양은 하고자 하는 의욕이 매우 강해서 가르쳐 주면 잊지 않으려는 의지가 강했고, 더 알려고 노력하는 면이 강하여 나 자신도 알려주고 싶었던 것들이 많았다. 그때는 '기특하다', 또는 '장하다'는 느낌이 많아 더 해주고 싶었는데 대희와 카톡으로 이야기를 나누다 보니, 각박한 현실 속에 숨겨진, 반짝반짝 빛나는 많은 꿈이 있는 것을 알게 되었다. 대희가 평소에 제일 먼저 하고 싶어 했던 세 가지 소원을 깜짝 선물의 모양으로 들어주기로 결심했다. 그래서 반려견 후보 세 마리와 함께 울산을 방문하여 '차대희 양의 세 가지 소원 들어주기' 프로젝트를 하기로 했다.

어느 날 나는 다가오는 본인의 생일에 대희 양에게 잊지 못할 깜짝 선물을 해주고 싶었다. 이름하여 '평생의 소원 들어주기'였는데, 지금까지 대희 양이 해보지 못한 것과 해보고 싶은 소원을 들어주는 것이었다.

첫째, 커피 전문점에서 '악마 빙수'라는 것을 먹어보기.

둘째, 울산의 앞바다 경험.

셋째, 안내견과 함께 지내기.

우선 서울에 사는 사람이 자신의 생일날을 함께 축하해 달라고 울산까지 일부러 오지 않을 거라고 농담하시냐 말하길래 겉으로는 기대하지 않는다고 했어도, 여기까지 온다면 뭔가 특별한 이벤트가 있을 것이라 기대하는 눈치였다. 깜짝 파티인 만큼 들키지 않고 울산까지 가서 어떻게 대희 양을 만나 이벤트를 성공시키는 것이 관건이었다.

나의 생일, 이생에는 없다

앞서 밝혔듯이 나의 생일인 8월 14일은 돌아가신 아버지의 기일이다. 지금도 일본에서 가족이 모두 모이면 아버지의 기일을 우선한다. 세 살 때였으니 직접 눈으로 본 기억은 없었지만 어렸을 때는 '왜?'라는 생각도 많이 했다. 하지만 피는 속일 수 없는지 시간이 지나면 지날수록 점점 아버지의 모습과 닮아가는 자신을 보았다.

만약 건강하게 오랫동안 살아 계셨다면, 아버지가 하고 싶어 했던 일들을 본인 대신 해달라는 것인지도 모르겠다는 생각도 한다. 그래서 스무 살이 지났을 때는 나의 생일을 찾는 대신, 아예 같은 날짜에 남의 생일을 챙겨주는 것이나 축하해 주는 것이 하나의 일이 되었다'

나의 울산행은 대희 양이 그렇게 보고 싶어 하던 안내견 세 마리와 함께하였다. 새벽부터 몇 시간을 차로 달려 울산에 도착하였다. 반신반의(半信半疑)하던 대희 양은 나가 정말로 나타나자 놀란 얼굴로 그를 맞이하였다. 대희 양의 꿈을, 소원을 풀어주겠다고 내가 온 이유를 설명하자, 대희 양은 더욱 놀라며 그날 하루에 일어날 일들을 설레는 마음으로 이벤트를 맞이하였다.

하고 싶었어도, 환경과 여러 사정으로 할 수 없었던 여러 가지 체험들, 일반인이었다면 쉽게 먹을 수 있었던 팥빙수나 혼자 갈 수도 있는 바닷가 체험을 어려워하고 포기하고 있었는데, 세 가지가 모두 해결되어 기뻐하는 모습이었다. 맹도견 역시 쉽게 접할 수 없는 동물이지만 손으로 만질 수 있어 너무도 좋아하니, 이벤트를 준비하여 감행한 것이 뿌듯했고, 피곤이 싹 사라지는 느낌이었다. '저렇게 좋아하는 것을 알았다면 빨리해줄걸'이라는 생각도 했다.

〈혼다의 행복 메시지〉

1. 칭찬과 경청의 미덕을 알자!
2. 모든 상황을 긍정적으로 받아들이자!
3. 오만, 교만은 인생에 있어 크나큰 적(敵)임을 명심하자!
4. 주말은 하고 싶은 대로 자유롭게 지내자!
5. 몸과 마음을 한결같이 양심대로 살자!
6. 웃다 보면 저절로 복이 찾아오니 늘 마음껏 웃자!
7. 어머니, 아내를 하늘같이 잘 모시자!

제4부
우리의 소원은 통일

- 나의 소원도 통일

한국인의 삶

일본의 속담에는 이런 말이 있다.

"향읍에 가게 되면 그곳에 따르라(郷に入れば郷に従え)."

새로이 그 사회(땅)에 들어가면 자신의 가치관과 다르더라도, 그곳의 행동과 풍습, 습관을 따르는 것이 좋다. 그것이 바로 처세의 방법이다. 어떤 면에서 보면, 내 생각과 내가 자라온 환경을 한쪽에 접어두고 지금 사는 이곳의 사고방식에 적응하라는 말이라, 뭔가 '나'라는 존재가 존중받지 못하는 느낌으로 손해 보는 것 같은 느낌도 드는데, 한편에서 보면 그곳의 기후와 풍토, 생활방식과 사고방식을 잘 알고, (이해가 되지 않더라도) 잘 납득하여 받아들이며, 그 사회의 일원으로서 해야 할 일들과 하지 말아야 할 일들을 지키며 살아야 그곳에서 정착하여 살아갈 수 있다는 말이 될 것이다.

나는 한국에 와서 정착하며 여러 가지의 일들을 겪었다. 전에 언급했던 신문지 몽둥이로 맞은 일이나, 처가에서 구박받은 일은 일본인이라면 자주 있는 일이다. 반세기가 지난 현재에도 일본 사람이 아닌 '쪽발이'나 '왜놈'이라는 소리를 들어야 할 때도 종종 있으나, 먼 데서 왔다며, 자신을 그 자리에 있게 해준 수많은 손길이 보내준 성원과 도움을 생각하면, 그런 것 따위 그냥 '애교' 수준이다.

최근에 남서울 아카데미에서 어르신들이 계시는 마을 회관을 찾아 봉사하는 '옛날 옛적에 찾아가는 각설이 한마당'이라는 공연에 가수로 참석하고 있다. 노래를 부를 때에는 "잘한다", "얼씨구" 하며 호응해 주시다가, 나를 소개할 차례가 되어 "나는 일본인…."이라 말하는 것을 들으면 표정이 굳어지는 분들도 계셨다. 그래도 사죄의 의미를 담아 큰절을 올리면 "저놈은 직접 한 게 없잖아? 저놈이 뭘 알겠어?" 하시면서 절을 받아주신다. 대부분이 그런 정도였다.

행사의 마지막에는 가수와 방청객이 악수하며 헤어지는데, 어느 한 분이 손을 빼시면서 인사를 받으려 하지 않으셨다. 옛 시절에 뭔가 안 좋은 기억이 있으셨을 것 같은데, 그래도 손을 내밀어 악수를 청하니 손을 받으시는 분도 계셨다. 제가 잘못한 일은 없지만, 뭔가 선조(先祖)들이 잘못했던 것을 용서받는 느낌이었다.

한국에서 살아남기 1. (한국어 배우기)

"배고프다."

'한국에 와서 가장 먼저 배운 말이 '배고프다'였다. 진짜 잘못하면 한국에서 살아남을 수 없을 뻔했다. 그때 당시 무언가, 한국에서 절박했던 나의 상황을 나타낼 만한 단어가 있었다면, '배고프다'를 빼고는 적당한 말이 없었을 겁니다. 한국에 오기 전에 많은 단어를 배웠는데, 막상 쓸 말이 그리 많지 않았다. '낮', '해', '밤', '달' 이런 것 말고, "배고파"라는 말 한마디가 그렇게 실전적인 말인 줄 몰랐다.

일본어를 제대로 가르치기 위해서는 한국어로 말하는 것이 필요했다. 그렇지 않으면, '원어민 1'과 같은 엑스트라에서 벗어날 수 없었다. 교육의 중심은 한국인이고 당연히 한국어가 필요했다. 한국인이 외국어를 배우는 일반적인 교육환경에서 한국어로 된 설명이 없으면, 일본어로 열심히 가르치시는 것 같은데 제가 실력이 없어서 그런지 "잘 모르겠다"라는 매우 겸손하면서도 실의에 가득한 말을 듣기 쉽다. 그렇다고 현지인이 아는 뉘앙스만큼 한국인들이 잘 아는 것도 아니라, 대화에 충분한 깊이가 없이 그저 외우라는 대로만 외우거나 한다. 결국 문제는 어느 한쪽만 가지고는 생생한 외국어를 배우기 어렵기 때문에, '한국어를 매우 잘하는 현지인'이 되어야 할 필요가 있었다.

마침 서울대학교에서 '외국인을 위한 한국어 지도사 양성과정'을 진행한다는 소식을 접했다. 그것은 한국어를 외국인에게 가르치는 교사를 가르쳐, 외국에서 학생들을 가르치거나, 국내의 외국인에게 한국어에 대해 가르치는 역할을 담당하게 되는 것이었다. 외국인이지만 교사로서 '한국어'라는 언어를 가르치는 과정을 배우고 싶어 교육과정을 신청하였다. 그때까지 외국인 학생은 없었는데, 처음으로 교육받는 외국인이 되었다. 무엇보다도 정말 좋았던 것은, 은사이신 민현식 교수님을 뵙게 되어, 그때부터 한국어교육을 시작할 수 있었다. 나의 진심은 그것에서 끝나지 않고 그해 서울대에서 국어 교육학 석사·박사 과정까지 밟아, 한국에서 한국어를 '마스터'하기로 했다.

종로학원 시절에 이평원 교수님과 약속했던 것이 있다. 한국에서 가르침의 깊이를 좀 더 단단하게 하고 싶다면, 교육학(사범대)의 자격을 가지고 있어야 한다는 것이었다. 그래서 일본에서 못한 대학원 공부를 여기서 하면서, 일본어 강사로서 대학에서 일본어를 가르치기로 결심했다. 내가 한국어를 좀 더 깊이 배울수록, 내가 사는 나라의 문화에 대한 사랑,

애착과 자부심이 더욱 강해지는 것을 느꼈다. 마음으로 가지기만 하는 나라 사랑보다 입으로, 행동으로 내가 한국을 사랑하는 것을 보여 주는 일이 가장 '한국인다운' 행동이었을 것이다.

단순히 이곳에 산다는 관점에서 떠나, 한국과 한국의 문화와 한국사람들을 이해하고 좋아하며, 사랑하는 자세를 유지해 왔다. 어떻게 보면 어떤 사람을 자기편으로 만들기 위한 구애 행동과 비슷하다고 볼 수 있겠다.

한국에서 살아남기 2(딸, 아들의 이야기)

하지만 나의 노력과는 달리, 잘되지 않는 것이 있었으니 가족이 괴롭힘을 당하는 문제였다.

살다 보면 내 뜻대로 되는 것과 안 되는 것이 있다. 딸 노조미(希實)가 초등학교 4학년 때였다. 독도 문제와 교과서 문제로 하루는 학교에서 반 아이들에게 '따돌림(이지메)'을 당해 울면서 왔다. 놀이터에서 놀다가 당했는지 얼굴이 모래로 범벅이 되어 있었다. 어떤 하루는 새 옷을 입혀서 등교했는데 등에 붓글씨로 바보라고 적히기도 했다. "엄마, 나보고 쪽발이래!"라고 우는 딸을 보고, 셋이서 같이 울었다.

왜놈이라던가, 쪽발이라던가 하는 경멸에 가깝도록 욕을 먹는 것이 일본 강점기에 겪었던 한민족이 겪었던 수모에 비하면 약과이고 이런 일은 당해도 싸다는 논리가 정당했던 시기이기도 했다. 다만, 일본 강점기를 겪어보지 않은, 아무것도 모르는 아이들까지 언제까지나 욕을 먹어야 하는 것은 아니며, 어떻게 보면 그것은 조선 시대에 있었던 '연좌제'에 가까

합기도의 아빠와 태권도의 딸과 아들. 피는 이어받는 것일지도 모른다.

운 것으로 생각했다.

내가 일본인이고, 한국은 남편의 성을 따른다는 이유에, 한국과 일본이상생하고 협력한다는 '소망'을 담아 딸에게 이름을 붙여준 것인데, 이런 고통을 준다는 것이 싫었다. 하지만 딸은 일본 국적자이지만, 한국에서 태어나 한국에서 자란 엄연한 한국인이고, 대한민국에서 살아가는 이상 그런 차별을 당해야 할 이유는 없다고 생각했고, 이런 일은 언제나 일어날 수 있으므로 정신 수양(修養)을 할 겸, 호신(護身)을 배울 겸 하여 딸에게 태권도를 배우는 것이 어떻겠냐고 권유하였다.

딸은 태권도를 배우기 시작했다. 수련을 계속한 끝에 결국 5단까지 따냈고, 청주에서 태권도장 사범을 지내다가 가정을 꾸려 한 아이의 엄마가 되었다. 내 딸은 일본 이름을 가진 한국인으로 청주에 무사히 정착해서 살고 있다. 딸도 손자도 앞으로 이곳에서 뿌리를 내리고 한국인의 자긍심을 가지고 살아갈 것이다.

한편, 아들은 신기하게도 몇 년 밖에 차이가 나지 않는데도 학교에서 반일(反日) 감정이라는 것을 모르고 자랐다. 운동 신경은 아빠인 나를 닮아서 지금도 사회인 축구를 하고 다닌다. 학원강사, 대학교수로 바빴던 시절, 자녀 교육 중에 가장 좋았던 것은 늦은 시간까지 딸, 아들과 함께 미니 농구와 미니 축구를 즐긴 것이 가장 좋았다.

한국에서 살아남기 3(삼십 년 지기들)

강성재 아시아문화경제진흥원(구 한일문화교류센터) 회장

강 회장님은 민간교류가 거의 없던 시절, 개인적으로 활동할 때부터 한일 양국을 경계 없이 아우른 세월이 이십오 년이며, 일본의 기시다 후미오(岸田文雄, 1957~)총리와는 이십 년 지기(知己)라 한다. 이번 해 봄에

있었던 '2023 신춘교류회 & 명사특강'과, '아시아리더 그랜드 어워즈 시상식'을 삼십 년간 계속하였다

2002년 부산아시안게임 홍보위원을 시작으로 각종 박람회의 홍보대사 등으로 활동하며, 더불어 한국의 다양한 문화관광자원을 홍보해왔고, 개인의 소소한 일에서부터 지자체와 기업, 단체, 정부의 일까지 매년 2백여 건 이상의 크고 작은 사업들을 전개해 왔다.

내가 서강대학교의 강사로 있었을 무렵, 김현주 교수의 소개로 만나게 되어, 처음부터 형님, 아우 사이로 시작했다. 만날 때마다 반갑게 맞이해주고, 어떤 문제를 해결하고 싶을 때는 그에 맞는 다른 지인을 소개해준다. 일단 매일 마실 정도로 술을 좋아하고 아침마다 사우나에 다닌다. 그리고 하는 일은 빛의 속도로 빠르다. 이번 행사에 '아사아문화경제신문'

에 김석기 의원이 사진에 나와 무슨 관계인지 궁금했는데 최근에 만나서 그 이유를 물어 김석기 의원과는 오사카 영사 때부터 아는 사이였던 것을 알았다. 이젠 여/야와 좌/우, 이념을 넘어서 인재를 발굴, 진정한 아시아의 리더로 만들고 싶다는 포부가 있다고 한다.

김석기 국회의원

경찰공무원 출신으로 제20 · 21대 국회의원이다. 현직 국민의 힘 경주시 당협위원장, 국민의힘 사무총장, 조직강화특별위원회 위원장, 비상대책위원회 사무총장, 선거관리위원회 부위원장, 재외동포위원장, 국회 한일의원연맹 부회장, 외교통일위원회 위원으로서 정치외교 발전에 일조하고 있다.[1)]

개인적으로는 삼십 년 지기이고, 일본에서 온 지 얼마 안 되었을 때 서울 양천구에서 만났다. 양천경찰서 사무실에도 놀러 가고 가끔 식사도 하면서 아주 친하게 지냈다. 2009년 1월 용산 참사로 사표를 내고 힘들어할 때도 힘내시라고 격려하러 가기도 했다. 가끔 일본어를 공부하는데 도움을 드리며 지냈는데, 2011년에는 일본 오사카 총영사로 발령이 났다. 어려운 일이 있으면 좋은 일이 있다고 했듯이 한국공항공사 사장으로 취임하기도 했고, 그때도 면회하러 김포공항의 본사로 다녀온 적이 있다. 그 후에는 국회의원에 출마하여 당선되었다.

두 분 모두 개인적으로 존경하고, 좋은 일, 어려운 일 가리지 않고 자리

1) 아시아문화경제신문(http://www.asiacenews.com).

1990년(위), 2020년(아래)의 김석기 의원과 나.

를 함께하였는데, 두 분이 서로 아는 사이인지는 최근에서야 알게 되었고, '세상 참 좁다'라는 말을 실감했다. 일본과 우호적인 민간교류를 유지하기 위하여, 그리고 그 우호 관계가 일본과 한국을 넘어 아시아로 뻗어 나갈 때까지 노력하는 두 사람의 모습을 뒤에서 열심히 후원하고 싶다.

나를 한국에 심취하게 만든 안중근 의사의 '동양평화론'

1. 동양의 중심지인 뤼순(旅順)을 영세중립지대로 정하고 상설위원회를 만들어 분쟁을 미연에 방지하고,
2. 한·중·일 3개국이 일정한 재정을 출자하여 공동은행을 설립하고 공동화폐를 발행하여 어려운 나라를 서로 돕고,
3. 동북아 공동 안보체제 구축과 국제 평화군을 창설할 것과
4. 로마 교황청도 이곳에 대표를 파견하여 국제적 승인과 영향력을 갖게 하자.

미야기현 쿠리하라시에 있는 다이린지(大林寺)에는 안중근 의사와 여순 감옥의 특별간수였던 치바 토오시치(千葉十七)를 기념하는 기념비가 세워져 있다. 1981년, '일한 영원의 우호를 기원하며'라고 고 야마모토 소이치로(山本 壯一郎) 미야기 현 지사가 발원한 비에는 '위국헌신군인본분(為国献身軍人本分, 나라를 위하고 헌신하는 것은 군인의 본분이다)'이라는, 안중근 의사가 처형되기 오 분 전에 치바를 위하여 써서 남긴 유묵(遺墨)의 내용이 새겨져 있다. 그리고 치바 부부의 묘 옆에는 유묵의 유래를 설명하는 검은색의 석비(石碑)가 부부를 지키듯 세워져 있다. 또한 가을마

다 '조국을 생각하는 마음'으로 이어진 안중근 의사와 치바를 추념하는 법회가 계속되고 있다.

한국인과 일본인 두 사람의 마음을 추모하는 이 비는, 어찌 보면 지난 몇 년 동안에 일어난 일련의 험악한 사건으로 많은 상처를 입은 한일 간의 외교 상황에도 불구하고, 그 우호의 맥(脈)을 묵묵하게 지켜온 정신적인 지주일지도 모른다.

치바 씨는 미야기현 출신이며, 당시에는 일본육군 헌병으로 안중근 의사의 간수로 일하고 있었는데, 처음에는 일본 내에서 초대 총리로 추앙받는 이토 히로부미(伊藤博文, 1841~1909)를 사살한 범인으로 그를 매우 증오하였지만, 차츰 그의 인품과 민족 독립에 대한 염원, '동양 평화론' 사상에 감화되었고, 그가 단순히 살인자로 죽어야 하는 것에 대해 애석하게 여겼다고 한다.

일본인 변호사인 미즈노 키치타로(水野吉太郎)는 일본인이지만 안 의사의 인격에 감화(感化)되어 의외로 매우 성실한 변호를 수행했다. 그는 어차피 불공정한 재판임을 잘 알고 있었지만 안 의사의 의거를 의사와 같은 행동이라고 주장해 메이지 일본인들의 감성에 호소하려 했고, 가능한 한 모든 정상 참작과 감경해서 그의 형량은 충분하다고 변호했다.

치바 씨가 살던 미야기 현은 후쿠시마현의 바로 위에 위치한 곳이다. 센다이로 유명한 현이에요. 막부 시기에는 번이라는 지방정권이 있었는데, 천황을 모시는 신정부가 들어서면서 전쟁을 치르게 되었다. 토쿠가와 막부를 따르던 번들이 전쟁(보신 전쟁)에 패하여 땅을 몰수당하고 가신들이 처형당하는 등의 처분을 받았는데, 센다이 번이 가장 큰 피해 (62만 석에서 28만 석으로 감봉, 번주는 사형을 면하고 근신, 장로 6명 중 4명이 자살·

처형)를 입었다. 두 번째는 아이즈 번(지금의 후쿠시마)이었다고 한다.

어쩌면, 도호쿠(혼슈 북쪽) 전쟁은 옛 조선과 일본과의 싸움으로 보이는, 정권의 복속을 위한 전쟁이었다. 유신 정부가 승리하고 난 뒤 그 지역의 대우는 그리 좋지 못하였다. 보신 전쟁이 끝나고 사십 년 이상 지났지만, 치바에게는 중앙정권에게 멸시받는 자기 고향과 한국을 침략한 일본의 모습이 클로즈업되었을까.

안중근 의사는 한국만을 생각하지 않고, 한국, 일본, 청의 아시아권이 단합하고 하나의 공영권을 만들어 침략적인 서구와 대응한다는 '아시아주의'를 가지고 있었다. 이에 대해 이토 히로부미는 신정부의 리더로서 번을 폐지하여 메이지 유신을 이끌었고, 한국의 병합을 주도한 자였다. 당연하게도 안중근 의사의 눈에는 한국을 도와 한국의 독립을 확고히 한다는 한일 병합에 관한 메이지 천황의 칙령을 무시하고, 진정한 아시아주의를 왜곡하여 한국을 침략하고 속국으로 만든 이토 히로부미가 '역적'으로 보이게 된 것이다.

'동양의 평화', 아시아의 한·일·청이 단결하여 서구의 제국주의에 대항하여 세계 각국과 평화를 향한 노력을 계속한다는 안중근 의사의 이념에 치바 씨도, 나도 감명 받았다. 물론 안중근 의사의 '동양 평화론'은 대동아공영권으로 변하기 쉬운, 실현하기에 현실적으로 어려운 '이상론(理想論)'에 지나지 않는다. 다만 현실 세계에서 현실과 이상의 모순을 깨달은 두 사람이 느꼈던 것은 '보편적 인류애'가 아니었을까.

안중근 의사는 그의 마지막에 "나의 행위는 동양 평화를 위해서다. 한·일 양국 국민이 서로 일치하고 협력하여 평화를 도모하기를 희망한다. 마지막으로 교수대에서 동양 평화를 위해 기도하고 싶다"라는 말을 하고 형장의 이슬로 사라졌다. 서로 일치, 협력하고 화합하는 것, 두 나라가 옛 감정의 허물을 극복하고 화합하면 더 나은 시너지 효과를 거둘 수 있다고 생각한다.

한반도기에 독도도 넣어야- 한국인보다 더 한국적인 일본인

일본 정부와 일본인이 한국인에게 미움을 받는 이유는 무엇일까? 그것은 과거와 현재, 그리고 미래에도 일본이란 나라는 '은혜를 모르는 배은망덕(背恩忘德)한 나라였고, 현재에도 남의 땅을 호시탐탐(虎視耽耽) 노리는 나라이고, 앞으로도 그럴 것'이란 매우 뻔한 이미지가 박혀 있다. 한마디로 말해 '얄미운 존재'일 뿐이라는 것이다.

2000년 시드니 올림픽 때였다. 선수단이 입장하는데 들고 온 '한반도기'에 왜 독도가 그려져 있지 않았는가에 대해 신문에 투고한 적이 있다. 단일팀을 상징하는 한반도를 나타내는데, 중요한 독도가 빠지는 것은 이상하다고 지적했다. 신기하게 여긴 것은 신문사 측이었다. 이런 일을 한국사람이 아니라 일본 사람이 묻느냐고 따지자, 당시 기사 제목의 부제가 '한국인보다 더 한국적인 일본인'이 되었다.

거제도, 강화도, 진도 등의 큰 섬과 4천 개에 가까운 섬들을[2] 모두 생략하면서도, 남산보다 한참 작은 독도를 한반도기에 일부러 그려 넣는 것은 정치적인 문제로 비화한다고 하며, 독도를 넣으려 할 때마다 국제

2) 몇 개국 섬 개수에 오류가 있다고 하지만, 일단 국내외 여러 가지 자료를 놓고 봤을 때, 우리나라 섬 개수가 세계 4위는 아니고, 인도네시아, 필리핀, 일본, 중국에 이어 아시아 5위가 된다. 우리나라 유무인도서 현황에 보고된 섬의 개수는 3,348개다.

외국인 클럽

'올림픽 한반도기에 독도 안 그려 섭섭해요

한국인보다 더 한국적인 日人 혼다 도모쿠니

"한국요? 13년전 처음 여행올 때만 해도 한국이 어떤 나라인줄 전혀 몰랐어요. 면도기와 헤어 드라이어까지 챙겨 왔을 정도였다니까요."

유머 넘치고 기발한 아이디어가 충만한 일본어 강의로 최근 서울 종로2가 학원가에서 큰 인기를 누리고 있는 혼다 도모쿠니(本田知邦·38).

후쿠시마현에서 태어난 그는 도호쿠후쿠시(東北福祉)대 사회복지과를 졸업한 뒤 중학교 교사로 근무하던 중 1987년 우연히 동료들과 함께 한국에 놀러 왔다가 이내 '한국 사랑'의 길에 들어섰다.

"남대문시장 등을 둘러보니 일본에서는 느낄 수 없었던 생동감이 살아 숨쉬더군요. '머잖아 한국이 뜨겠구나'라는 확신이 들었습니다."

이듬해 서울올림픽을 구경하기 위해 다시 한국을 찾은 혼다는 우연히 한국인 여성 박귀옥(37)씨를 소개받곤 천생연분이다 싶어 곧 결혼식을 올렸다.

이후 방학 때면 고려대에서 한국어를 배우는 등 양국을 오가며 생활하던 그는 94년 "한국을 제대로 알고 싶다"며 천직으로 알던 교사직까지 그만두고 한국에 정착했다.

그의 꿈은 한국어를 제대로 배워 일본인과 재일교포 2, 3세들에게 한국어를 가르치는 것. 이를 위해 올 2월부터 서울대가 외국인을 위한 한국어 전문강사를 양성하기 위해 개설한 과정에 외국인으로는 유일하게 등록, 매일 밤 한국어 책과 씨름하고 있다.

또 장차 서울대 국어교육과 대학원에 입학, 언어는 물론 한국의 문화와 역사도 깊이 연구한 뒤 대학 강단에서 한국인 학생들에게 한국어를 가르치겠다는 '원대한 포부'도 갖고 있다.

그가 한국에 심취하게 된 또 다른 계기는 안중근(安重根)의사가 옥중에서 쓴 '동양평화론'을 읽으면서부터.

"비록 이토 히로부미를 쏴죽인 장본인이지만 화해와 협력을 통해 동북아 평화를 역설한 그의 사상에 큰 감명을 받았다"는 그는 "한국에 10만원권 지폐가 나온다면 安의사 초상이 실려야 한다"는 특별기고를 언론사에 보낼 만큼 열성이다.

독도 문제에 대해서도 "시드니 올림픽 때 쓰였던 한반도기에 독도가 빠져 아쉬웠다"며 "일본인이 들으면 노발대발하겠지만 인정할 것은 인정해야 한다"고 거침없이 말할 정도로 한국 사랑이 뜨겁다.

그렇다면 혼다는 자신이 어느 나라 사람이라고 생각할까.

그는 "나는 일본인이자 한국인"이라며 "비록 국적은 일본이지만 양국의 장점만 취하려 노력하고 있으니 나를 어느 한편으로 규정짓지 말아 달라"고 당부했다.

"심지어 일본어 고급반에 다니는 수강생조차 일본에 대해 아는 게 거의 없을 정도"라며 "월드컵도 공동주최하는 만큼 이젠 뿌리깊은 적대심을 버리고 솔직하게 서로를 이해하려는 노력이 필요하다"는 말도 덧붙였다.

하지만 한국 사람 못지 않게 지적도 따끔하다. "승객이 타기도 전에 버스는 출발하고 차 사고가 나면 목소리 큰 사람이 이기고…. 경제는 급성장했지만 사회는 아직 체계가 잡혀있질 않아요."

글·사진=박신홍 기자<jbjean@joongang.co.kr>

한반도기에 독도를 그리지 않은 것에 대한 한 일본인의 불만.
시드니올림픽을 앞두고.

변경된 한반도기. 많은 공식 행사에 사용되었다.

올림픽위원회(IOC, International Olympic Committee)에서 수정하라는 권고가 나왔다. 그런데도 세 번의 국제대회에 독도가 그려진 한반도기가 사용된 전례도 있었다.

"역사적으로나 국민 의식으로 볼 때, 독도는 한국 땅이다."

한 치의 망설임 없이, 나는 독도에 대하여 그렇게 말한다. 내가 일본인임에도 불구하고 일본의 편을 들지 않는 이유는 따로 있다.

한국에서 '독도'를 이야기하면 '울릉도 옆에 있는 작은 섬'을 떠올린다. '독도는 우리 땅'이라는 노래도 있다. 어린이에서 어른까지 모르는 사람이 거의 없다. 그런데, 일본에서 '다케시마(竹島)'를 이야기하면 거기가 어딘지 잘 모르는 사람이 더 많다. 대나무도 없는데 왜 대나무섬이라 부르는지 이유를 설명할 수 없다. 문부교육성이 학교에 지시를 내려 일본의 영토에 관한 학습을 하라고 하지만 억지로 가르친다고 나라 사랑이나 국토 사랑이 생기는 것은 아니다. 법적인 공방을 떠나서, 자발적인 나라 사랑이라는 측면으로 보면 이미 일본은 진 것이나 다름없다. 이미 '한국인이 다 된' 나에게, '한국인으로서 할 수 있는 일'이란 무엇일까? 그 의미는 무엇일까?

나라 사랑이라는 것이 힘든 일은 아니다. 다만, 나는 일본인이라는 것 때문에 '무엇 때문에 여기까지 오나?'라는 눈으로 보는 시선도 있었다. 몇 년 전에는 방문객을 가장해서 정보 수집을 해 간 '불순한 일본인'도 있어서 눈살을 찌푸리게 하던 적도 있었다.

여러 가지 해프닝도 많았다. 한국인에게는 "왜놈"이라는 소리를 들어야 했고 일본인에게는 "배신자"라는 소리도 들어야 했다. 그런데도 나의 독도행은 계속되었다. 그리고 2021년에 두 번째, 2022년에는 생애 세 번째로 11회차 독도 방문을 달성했다. 아무리 여러 번을 와도 독도에 상륙하지 못한 분들도 많으신데, 나는 세 번이나 독도에 발을 들일 수 있었는데, 죄송한 마음뿐이다. 올해 6월에도 독도를 방문할 예정인데, 이번에도 날씨와 파도가 잘 맞아 '독도가 맞이해 준 일본인'이란 기사가 올라갔으면 한다. 한국인은 자국의 땅을 몇 백 번을 밟더라도 당연한 결과이겠지만, 삼세판을 넘어 네 번이나 나를 받아주었다면 기삿거리가 되기에 충분하지 않을까.

예전에도 말했지만 나의 삶은 '반반 치킨'처럼 일본인으로 태어나 살았던 인생의 절반을 살았고, 나를 받아준 한국에서 한국인으로 남은 인생을 사는 것이다. 독도에 와서 항구에 처음 내려왔을 때, 문득 1987년에 한국이라는 나라에 처음 왔을 때가 생각이 났다. '독도는 우리 땅'이라는 말처럼 '여기는 내가 사는, 내가 사랑하는 나라'라는 느낌이 오랜만에 밀려왔다.

최근에 나는 '울릉군 명예독도주민증'을 발급받았다. 다만, 명예 주민증은 독도에 입도(入島)한 사람이나 기상문제로 입도하지 못하고 배에서 구경한 사람이라도 누구나 신청하면 받을 수 있다. 하지만, 늘 그것을 들고 다니며, 만나는 사람들마다 주민증을 보여 주면서 독도 사랑을 이야기하는 사람은 드물다. 하물며 한국인일지라도 독도 주민증을 만들어 가지고 다니며, 독도가 우리 땅이라고 적극적으로 홍보하지는 않는다. 주민증은 어떻게 보면, '독도에 다녀왔다'는 상징적인 것이지만, 그것이 나라를 사랑한다는 증거이고, 그것을 표현할 수 있는 다른 것이 또 있다면, 나

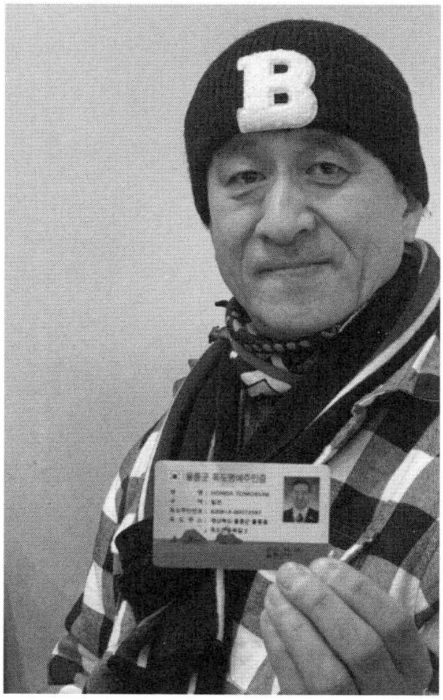

는 즐거이 그 일을 하겠다.

독도 입도 및 울릉군 독도명예주민증 발급 받아

재작년(2019년)에 이어서 독도 입도(入島)는 두 번째. '대한민국나라살기기운동본부' 문제익 회장님의 초청으로 울릉도 경유 독도에 다녀왔다. 이번엔 특별히 '한·미·일'이 함께한 특별한 날이었다. 무엇이 특별하다는 걸까. 바로 새벽 다섯 시에 기상하고 울릉도 해변가를 돌며 독도를 향해 애국가를 부르고 왔다는 것이다. 1절은 일본인 내가, 2절은 미국인 목사님께서, 3절은 문 회장이 부르고, 4절은 '한·미·일'이 합창으로 마무리. 애국가 제창은 전혀 준비된 것이 아니었는데 제가 애국가를 부르고 싶다고 했더니 흔쾌히 오케이. 그래서 애국가로 하나 된 멋진 하모니가 완성되었다. 어느 날 모 교회에서 헌혈 관련 간증 기회가 있었는데 그 자리에서 "독도는 우리 땅 맞습니다"라고 했더니 큰 박수를 얻긴 했다. 하지만 예배당 단상에서 내리기 직전에 사회를 보시던 목사님께서 "혼다 박사!" 하며 "한 가지 물어볼 게 있다"고 하셨다. 그 내용은 "독도는 일본 땅입니까?, 대한민국 땅입니까?"라는 민감한 이야기를 한 것이다. 질문을 받는 내가 다소 당황하기도 했지만 침착해서 답하는 말이 "독도는 살아계신 하느님 것"입니다. 라고 지혜롭게 말을 했더니 기립박수를 받곤 했다. '독도 명예주민증'을 받으려면 입도 날짜와 배편 티켓과 신분증 등을 제출한 후 검증받고 발급하게 된다. 일본인으로 독도 주민증 받기는 어려운 일이라 생각했지만 울릉군수 이름으로 2021년 6월 20일에 620814-00072597호로 발급받았다. 그간 제가 많은 체험을 하면서 성공을 한 것을 보면 백두산 천지(天池)를 보려면 3대가 공(功)을, 지리산 천왕봉 등정 후 운계(雲界)를 보려면 5대가 공을, 독도 입도(入島)는 그야말로 7대가 공을 세워야 볼 수 있다는 소감을 남기고 싶다.[3)]

올해(2023년)도 일본인 인솔자 자격으로 독도에 다녀올 계획으로 있다.[4)]

3) 혼다 토모쿠니, 〈사랑의 일기〉 2021.12.15 최우수상 MBC사장상.

4) 제12회 대한민국 독도사랑 홍보연주회 및 독도 탐방(2023.6.15~16) 주최: (사) 나라독도살리기 국민운동본부.

UN 합창단의 '메시지'

유엔본부의 직원 개개인은 세계 각지에서 일어나는 분쟁에 대응하고, 항구적 평화와 지속 가능한 개발의 실현을 위해 나날이 진지하게 종사하고 있습니다. 그러나 거기에는 '사람들의 진정한 이해를 얻어 문제를 해결하는 것이 얼마나 어려운가?'라는 냉엄한 현실이 있습니다. 1947년 유엔본부직원의 유지(有志)에 따라 유엔 합창단이 결성되었습니다.

그 큰 계기는, 정말로 평화를 실현하기 위해서는 유엔 직원이라는 입장을 넘어, 사람들의 마음에 직접 호소하는 문화 교류가 꼭 필요하다는 인식에서였습니다. 음악을 통한 마음과 마음의 진솔한 교류를 통해 유엔의 평화 노력에 대한 이해와 공감의 고리를 넓히는 목적의 달성을 위하여, 유엔 합창단은 바쁜 업무 중 틈틈이 연습하며 세계로 뛰어 내가 유엔본부의 친선대사로서 그 역할을 담당하고 있습니다.

그리고 2012년 유엔 합창단은 창립 65주년을 맞이합니다. 결성 당시부터 언젠가 반드시 히로시마, 나가사키, 오키나와의 3현에서 '영원한 평화와 위령을 기원하는' 공연을 실시하고 싶다는 생각이 강했는데, 드디어 이번에 그것이 실현되었습니다. 이번에 일본을 방문하는 것은 25개 국가의 유엔 직원 서른다섯 명입니다.

특히 1945년 8월 히로시마의 나가사키에서 미국의 원자폭탄으로 인해 세계 최초로 핵무기로 인한 막대한 피해를 보았습니다. 또한 본토의 방파제로서 총력전을 담당한 오키나와 전에서는 막대한 전화의 피해를 보았습니다. 이번 공연은, 지난 태평양 전쟁으로 목숨을 잃은 많은 사람과, 2011년 3월 11일의 동일본 대지진과 쓰나미의 희생자에 대해 진심

어린 위령과 기념을 제일의 목적으로 하고 있습니다.

현재 일본은 2011년 3월 11일 오후 2시 46분, 천년에 한 번 있는 초유의 거대한 지진과 쓰나미 그리고 원자력 발전소 방사성 물질 누출 사고라는 대재앙을 맞이하여 세계의 모든 나라로부터 부흥을 바라는 고귀한 지원과 협력, 그리고 많은 성금을 받았습니다.

이 대재해는, 지금까지의 일본 부모와 자식 관계의 '정'으로부터 국제적인 연대의 '정'을 수반한 인간끼리의 커뮤니케이션이 중요하다는 것을, 세계인에게 재인식시키는 큰 계기가 되었습니다.

우리 실행위원회는 이런 어려운 때일수록 음악을 통해 세계인들과 직접 손을 잡고 유대의 소통을 공유하는 것이 중요하다고 생각했습니다. 이를 위해 본 공연은 시민사회와의 대화의 장으로 자리매김하고자 합니다.

(후략)

UN 합창단 동아시아 실행 위원회[5]

한국에도 기회가 찾아오다

2017년은 UN 합창단이 창립 70주년을 맞이하는 해였다. 합창단의 존재는 일반인에게 잘 알려지지 않아, 그런 단체가 70년 전부터 있었다고 하면 놀라는 경우가 많으나, 합창단의 단원들은 UN 내에서도 헌신적인 30여 개국의 직원으로 구성되어, 업무가 끝나면 매일 모여서 연습할 정도로 노력과 열정을 쏟는다.

---

5) UN 합창단 일본 공연(히로시마, 내가 사키, 오키나와) 소개사, 2012년.

한·중·일 간 UN 합창단행사 첫 협의에서. 왼쪽부터 김상기 사무총장, 중국 마오야 씨, 일본 시바타 회장, 한국 박수정 회장, 혼다 국제협력위원장.

이런 노력의 덕택으로 이들의 음악적인 기량은 매우 뛰어나며, UN에 귀빈이 찾아오는 때에는, 축하공연 등을 통하여 각국의 전통의상을 입은 UN 합창단이 노래로 맞이해 준다. 또한 해마다 세계 각국을 순방하며 공연하는데, 아픔과 슬픔이 있는 곳을 방문하며, 위안과 희망을 나누어 주는 것을 목표로 하고 있다. 합창단의 뜻 깊은 창립 70년을 맞이하여 유일한 분단국인 한국에도 분단의 아픔을 나누고, 통일의 소망을 함께 꿈꾸기를 원하던 사람들이 있었다.

2016년의 어느 날 나에게 어떤 요청이 왔는데, 당시 대사 부인이었던 박수정 씨가 일본에 있는 UN 합창단 동아시아 실행위원회를 방문하여 세 가지를 논의하고 싶다고 했다.

그 세 가지는,

1) 한국에 UN 합창단 한국 실행위원회의 설립을 희망하므로 UN의 합창

단과 일정을 주선.

2) 2017년에 UN 합창단이 일본과 중국을 방문하는 일정의 사이에 한국을 방문하여 공연해 줄 것.

3) 합창단의 70주년과 한국 실행위원회가 UN의 무대에서 활약하게 되는 것을 기념하여, 한국에서 여러 합창단을 연합하여 조직하고, 합창단의 방한에 대한 답례로 차후에 미국 UN회의장과 카네기홀에서 공연하고 싶다고 밝혔다.

따라서 위의 내용을 이루기 위하여 일본의 동아시아 실행위원회를 방문하는 일정을 잡는 것과, 설립 팀의 계획 설명과 요청사항에 대하여 통역해 달라고 요청했다. 이번 방문에 한국 실행위원회의 설립이 성사되면, UN 합창단은 기존에 방문했던 일본과 중국에 더하여 한국도 공연 지역으로 둘 수 있다는 것이 큰 장점이 된다. UN 합창단의 협력 업무를 할 사람들은 많았으나 한국과 일본 두 나라의 말과 문화를 잘 알고, 두 조직을 헌신적인 노력으로 책임지고 연결해 줄 사람은 드물다 보니, UN 합창단의 아시아공연실행위원회의 실무진을 만나 통역할 사람이 필요한 것이다.

일본의 아시아공연실행위원회와 연락이 되어, 마침내 일행은 일본 여행길을 올라 아시아공연 실행위원회의 사무실로 들어갔다. 회장인 시바타 씨가 우리를 맞이하는데, 표정이 매우 시큰둥했다. 일단 이야기를 들어보자는 분위기였다. 그렇다고 해서 빈손으로 돌아갈 수는 없다고, 박 회장님이 우리가 가진 UN 합창단의 한국공연 실행위원회에 대한 이상과 목표를 열심히 설명하고, 사무국장이 프레젠테이션으로 세부적인 추진 사항을 설명하였다.

사실, 시바타 위원장에게도 고민이 있었다. 우리가 가진 한국 실행위원회에 대한 설명이 끝나자 시바타 씨가 자신이 처한 상황을 이야기했는데, 이전에도 한국공연 실행위원회를 열겠다고 호언장담하며, 착수금 명목으로 후원금만 받아 가서는 소식을 끊어버린 예가 두 번이나 있었다. 소위 '사기'란 것이었다. 그러니, 이번에도 그런 인간들이 떼로 몰려와 어쭙잖게 '한일 간의 우호'를 이야기할 게 뻔하다는 예감이 들었다고 했다. 당장 허가를 내 줄 생각은 아니었지만 박수정 회장의 '대사 부인'의 경력도 일본 측에서도 호감이 있었는지, 한국위원회가 얼마나 준비된 자들인지 검증하고 싶어 했다. 그래서 다음에는 한국에서 보자는 말을 듣고 돌아왔다. '산 너머 산'이라는 느낌이 강해도, 열심히 해보는 수밖에는 없었다.

통역사, 협력위원장이 되다

일본 측 실행위원회와 통역과 연락업무를 하는 동안, 나에게도 직책이 붙었다. 한국과 일본 사이의 초반 협력 업무가 매우 중요했던 만큼, 직책 역시 중요했다. 외국과 업무할 때는 그냥 업무적인 말을 주고받는 '통역사'가 아니라, 상대방의 의중(意中)을 읽어 우리 측에 전달하고 반대로 우리의 생각을 명확하게 전달하는 그런 사람이 필요하다. 경험 많은 통역사라면 아실 일이겠지만, 상대방은 말할 때 입만 여는 것이 아니라, 몸의 자세나 행동을 통해서도 자기가 하고 싶은 말을 한다. 어떤 경우에는 '초짜'를 구분하려, 시험 삼아 일부러 뉘앙스를 숨길 때도 있다. 그래서 문화적인 배경이나 그 사회를 경험해 본 적이 없는 초심자는 그것을 놓치거나 실수할 수도 있다. 일의 성사가 여러 가지 일로 꼬이는 일이 많지만 적어도 "어리바리한 통역 때문에 프로젝트가 실패했다"라는 말은 듣기

한·일 / 일·한 동시 통역(정부청사)

싫었다.

나는 예전에 주일대사관의 회의 통역을 한 적이 있었다. 통역 중에서도 힘든 것이 외교관의 통역이다. 말 한마디, 한마디에 주의를 기울여 듣고, 말하는 사람의 의도를 일백 퍼센트 반영하여 전달해야 했다. 통역이라는 업무가 어떻게 보면, 부수적으로 따라다니는 '비서관'의 이미지가 강하지만, 외국이나 외국인과 관련하는 자리에서는 말이 다른 두 나라의 사람을 정신적으로 연결해주는 다리의 역할을 하기도 하며, 비즈니스의 자리에서는 요점을 잡아 정곡을 찌르는 협상가의 역할을 하기도 한다.

일반인들이 보기에 통역이라고 하면, 상대방의 말을 일백 퍼센트로 들어, 더함도 없고 뺌도 없이 전해주고, 우리 쪽의 말을 일백 퍼센트로 표현해 주는 '기계와 같은 존재'라는 생각을 많이 한다. 그래서 실무자들은 중요한 일이나 회의가 끝나면 '이쯤에서'이고, 마무리는 자기들이 알아서 하는 것으로 끝나는 경우가 많다. 요즘은 온라인에서 '번역기'가 있으니,

간편하고 급한 일은 그것으로 해결되기 때문에 그런 생각을 더 많이 하는 것 같다.

하지만, '커뮤니케이션'이나 '의사소통'과 같은 직접 작용하는 직무수행의 이외의 분야는 평소에는 소홀히 다뤄지다가, 어떤 중요한 문제가 일어나면 "소통이 덜 되었다"라는 말로 돌리며, 반성하는 모습을 본다. 하지만 끝까지 다 듣지 않은 것은 처음부터 듣지 않은 것이나 마찬가지다. 말을 할 수 있는 사람이 사람과 대화하여 무언가를 같이 협력하여 이룰 때 대화가 필요한 것은 당연하고, 소통으로 유대가 강해지는 것은 어떻게 보면 근본적인 문제이다. 어떤 사람에게 대단한 계획이나 꿈이 있어도 그것을 현실로 만들어 줄 '행동'이나 '동료'가 없다면, 그냥 '헛된 상상'으로 끝나기 쉽다. 반대로, 어느 누가 아무리 말을 잘하고 행동력이 좋아도 그를 따라서 생각들을 하나로 모으지 못하면 오래도록 끌고 갈 수 없다. 이 모든 것은 소통에서 시작한다.

본궤도에 오르다

아시아공연실행위원회가 한국팀의 실행력을 보기 위하여 실사 차, 한국에 와서 돌다리를 두드리듯 여러 가지를 확인하였다. 너무하다 싶은 정도로 야박하게 평가했고 많은 지적을 받았다. 왜 우리가 이 고생을 하는가 싶었지만, 공연을 먼저 기획해 본 사람들의 관점은 뭔가 확실히 달라서, 오히려 우리가 보지 못했던 미숙한 점을 이들 덕에 본다는 생각도 많이 하게 되었다.

마침내 조마조마했던 현지 실사가 끝났다. 박 회장의 진심과 한국 측의 성의가 드디어 통했는지 3차 방문 시에는 실무진 협의를 통해 합창단이 한국에서 공연할 후보지를 보고, 75주년 기념 미국공연과 한국 순방공연에 함께하기를 희망하는 합창단의 단장님들과 함께 회식을 가지며, 여러 가지로 이야기했다.

그때가 11월 말이었다. 일본 위원회는 한국팀이 공연을 계획하고 실행에 옮길 준비가 되어있다고 인정하였고, 앞으로는 UN 본부에 있는 합창단의 실무자를 만나, 'UN 합창단 한국공연 실행위원회'라는 정식 명칭을 받아 활동할 일만 남았다. 짧은 기간이었지만, 이 일을 위해 몇 달 동안 여러 차례 일본과 한국을 오고 갔는지 모를 정도로 열심히 일했다는 느낌이었다.

2017년 초, UN 합창단의 아시아공연 순방을 위한 미팅이 UN 본부에서 있었다. 박수정 회장과 김상기 사무총장은 UN 합창단 한국공연의 대략을 설명하기 위하여 미국으로 떠났다. 한국공연실행위원회의 발족과 함께 그 시작을 알리는 회의에서 앞으로 한국위원회가 할 일들을 보고하는 자리였기 때문이었다. 아시아공연은 6년 전부터 일본과 중국에서 진행하였는데, 그중에 새로 한국이 동참할 수 있게 되었고 한국인이 가지고 있는 평화를 향한 염원과 한국의 노래와 문화를 알리는 좋은 기회가 되었다고, 모두가 반기는 분위기였다. 8월에 있을 70주년 공연과 아시아 순방에 함께 할, 뜻을 같이하게 되어 진심으로 기뻐하는 모습이었다.

그 후에 공식적인 본부로부터 한국공연실행위원회의 위임장을 받았다. 몇 달 동안 고생했던 것에 대한 보답을 받은 날이었다. 나 역시 지금까지의 공로를 인정받아, 정식으로 '국제협력 위원장'의 직함을 받아 활동하게 되었다. 이제 남은 것은 8월에 그들이 한국에 오기까지 일정의 조율과 후원자 모집을 계속하는 일만 남았다.

UN 합창단 한국 내한(2017)

Korea-Japan 70th Anniversary Tour Schedule

27 Aug: Camp Greaves, Korea

28 Aug: Goyang-si Aramnuri Concert Hall, Korea

29 Aug: Pyeongchang Alpensia Resort, Korea

31 Aug: Chosun University Haeoreugwan, Korea

4 Sept: Lotte Concert Hall, Korea

6 Sept.: Kabura Concert Hall, Japan

7 Sept: Okuma Hall, Japan

8 Sept: Tokyo Metropolitan Kokusai Secondary Education School, Japan

9 Sept: Hoku Topia Pegasus Hall

"유엔(UN·국제연합) 합창단의 음악과 공연에 대한 헌신은 평화와 조화로 전 세계를 하나로 만드는 값진 공헌이라고 생각한다. 음악은 사람의 마음을 움직이고 치유하며 사람들을 연합하는 만국의 공용어이다. 유엔 합창단의 수고가 희망과 연합의 메시지를 전달하는 악기가 되길 희망한다."[6)]

UN 합창단과 아시아 실행위원회, 그리고 한국 실행위원회의 공조로 UN 합창단(UN Singers)의 방한이 8월 26일로 결정되었다. 유엔합창단은 8월 26일부터 다음달 4일까지 한국에 머물며 8월 27일 DMZ 캠프 그리브스 공연을 시작으로, 고양시의 아람누리, 평창의 알펜시아, 광주 조선대학교, 서울 롯데 콘서트홀에서 다섯 차례 공연을 펼쳤다. 한국실행위원회의 멤버는 공연장소를 선정할 때 고민을 많이 했는데, 파주에 있는 캠프 그리브스는 한국 전쟁 직후인 1953년 7월부터 2004년 이라크 파병 전까지 오십여 년 동안 미군이 주둔했던 민통선 지역에 있는 한국으로 반환된 유일한 기지로, 분단국가라는 상징성을 가장 잘 보여줄 수 있는

6) 반기문 제8대 유엔 사무총장의 축하 메시지.

곳이라고 생각했고, 평창은 2018년에 있을 동계올림픽 개최지로서 '인류의 평화와 친선을 도모'한다는 올림픽 정신과 '인류의 평화와 안전'이라는 유엔 정신이 일맥상통하기에 선정했다

정말 뜻 깊은 행사였다. 분단의 아픔을 겪고 있는 유일한 나라에서 UN의 사람들이 인류의 평화와 자유를 갈망하며, 노래로 하나 되게 한다는 것의 상징성이 무척 컸다. 상징성을 가지는 여러 곳을 순방하며 널리 UN의 뜻을 알리는 것도 신선했다. 그리고 한국과 중국, 일본 실행위원회의 여러 사람이 하나 되어 연주하거나 노래로 화합하는 것도 장관이었다. 이번 공연은 전체 쉰 명인 합창단의 구성원 중, 참가가 가능한 서른다섯 명이라는 최대 인원이 참석했다. 그만큼 이번 70주년 공연에 진심이었다.

한 장소가 끝날 때마다 부랴부랴 짐을 챙겨 이곳에서 저곳으로 이동하는 일정이, 합창단의 여러분도 힘들었지만, 뒤에서 지원하는 스텝들도 힘

창립 70주년 맞은 유엔 합창단…월드투어 첫 방문지로 고양시 상륙(고양컨벤션뷰로, 2017.09.01)

들었다. 공연이 끝나면 이동하고, 도착한 곳에서 예행연습을 하여 그날 저녁에 공연하는 짧은 일정을 소화해 내야 하는 부분도 있었지만, '우리는 하나'라는 생각으로 즐겁게 이겨냈다.

처음으로 합창단이 방문한 공연지인 캠프 그리브스는 평화의 중요성과 소중함을 다시 되새기는 곳이 되었다. 2018년 동계올림픽의 성공과 인류의 화합을 기원하는 평창 공연도 인상 깊었다. 무엇보다 마지막 날 롯데 콘서트홀에서 열린 공연은 지금까지 있었던 여정들을 마무리하며, 대단원의 막을 내리는 의미로 여느 때보다도 성대하게 치러졌다. 분주한 일정에 지쳤던 공연자도 스텝들도 눈에 띄도록 힘들어하는 모습이었지만, 남은 힘을 쥐어짜듯 열(熱)과 성(誠)을 다하는 모습에 나는 프로다운 정신과 열정에 감명받았다.

관계자들이 말하기를, UN 합창단이 창단된 지 70년이 된 기념행사를 빛내 줄 곳은 많고, 한국이라는 나라에서 공연하는 것이 생소할 수도 있겠지만, 반기문(潘基文, 1944~) 총장이 자라온 나라, 한국에서 공연하는 것도 좋지 않겠냐는 의견도 있었다고 한다. 우리나라에서는 UN 합창단이 생소했기 때문에 처음에 공연 실행위원회가 했던 일은 우리나라 사람들에게 UN 합창단에 대해서 홍보하는 것이었고, 이를 이해시키는 데에 많은 시간이 걸렸다. 하지만 항상 바쁜 가운데에서도 우리에게 관심을 두신 많은 분의 도움 덕에, 성공 속에 공연을 마칠 수 있었다. 하지만 우리 위원회의 일정은 여기서 끝이 아니었다. 이번에는 UN 본부와 카네기홀에도 가보자고 '으~쌰. 으~쌰' 하는 분위기였다.

이제는 UN이다

유엔합창단(UN 합창단)은 11월 26일 UN 합창단에게 뜻 깊은 장소인 UN 본부 공연을 시작으로 12월 27일에는 세계적인 음악의 전당인 카네기홀 메인 무대에서 'UN Singers PEACE CONCERT'를 개최한다고 22일 밝혔다.7)

2017년에는 아무것도 없고 모든 것을 처음으로 시도해보는 '무'의 상황에서 성공을 바탕으로 자신감이 붙은 우리는 UN 합창단의 70주년 행사를 한국에서 거행했으니, 이번에는 그에 대한 화답으로 UN 본부에서 공연해 보자는 것이었다. UN 본부와 카네기홀에서 뉴욕 시민과 한국 교민들을 초청해 평화 콘서트를 진행하는 것은 예전부터 계획된 것이었다.

---

7) 〈머니투데이〉 2018년 11월 22일 기사.

UN 의사당에서 한국 실무진 모임과 박수정 회장님.

한국공연실행위원회가 가진 통일에 대한 뜨거운 '열망'과 UN이 꿈꾸는 지구촌의 평화에 대한 '동행'을 우리나라의 음악이 다른 나라와 어우러짐을 통해 보여주고, 국제사회의 일원으로서 의지를 보여주는 행동이었다. 2017년의 8월 한국 공연 이후로 줄곧 UN 본부와 카네기홀에서 함께 공연할 후원자를 모집하며, 출연자들이 가진 프로그램을 취합하여 하나의 공연으로 연출하는 데에 주력했다.

UN 합창단의 평화 콘서트를 준비하면서, 공연의 테마를 남과 북의 분단이래, 지금이 평화의 분위기가 가장 고조되고 있는 중요한 시기에 UN 합창단 평화 콘서트를 통해서 전 세계인들에게 남북 간의 참된 평화 정착에 대한 열망을 알리는 것을 목표로 삼았다.

마침내 카네기홀에 서다

출연진은 UN 합창단과 주요 후원자인 MBG 그룹의 합창단, 빈 스프라우츠 합창단, 고쟁 솔리스트인 중국인 마오야(Mao Ya) 씨, 오카리나 연주자 이예영 씨와 장구 연주자 김초은 양, 아동학대 피해자를 적극적으로 돕는 경찰관 박성용 씨, 한복 모델 김성은 씨, MC 김종석 씨 등이 출연할 예정이었다.

행사장에는 행사 준비위원 김상기 사무총장, 박권재 장애인복지위원장, 장종수 다문화봉사위원장, 혼다 토모쿠니 국제협력위원장, 오덕균 호남실행위원장, 송태영 연출감독 등이 동행한다. 아울러 이번 평화 콘서트를 위해 문화체육관광부, MBG그룹, 국제백신연구소, 광주시청, 한국장애

평화콘서트 포스터

카네기홀에서 나의 이름을 발견했다!

인문화협회, 믿음미술관, 제이포토, 제이앤제이파트너스(J&J PARTNERS), 신기술주식회사 등이 후원과 협찬을 했다.

뉴욕에는 이전에도 여러 번 방문한 적이 있었는데, 이번 여행은 남달랐다. 아무래도 일반인은 TV에서나 볼 수 있다는 UN 본부에, 그리고 예술인들이 동경하는 꿈의 무대인 카네기홀, 그것도 '로널드 페럴먼 스테이지'에 함께 올라갈 수 있다는 것은 정말로 꿈같은 이야기였다. 예행연습을 할 때는 공연위원회 사이의 통역과 공연을 담당하시는 분들의 뒷바라지로 정신없이 바빴다. 마지막 공연의 예행연습에는 직접 무대에 오르는 '영광'이 있었다. 모든 공연자와 모든 스텝이 한자리에서 노래를 부르는 장면이 있었다. 내일과 모레는, 오랫동안 함께 계획하고 품어 왔던 모든 꿈이 현실로 다가서는 날이라 더욱 설레었다. 이번 공연도 별 탈 없이 성공적으로 끝났다. 공연자들이 무대에 오르며 지금까지 연습해 온 대로 마음껏 공연을 이어 나갔고, 드디어 모든 인원이 무대에 올라가 '우리의 소원은 통일'이라는 노래를 부르기 시작했다.

우리의 소원은 통일

"우리의 소원은 통일". 여러 행사장에 가서 많이 불러본 노래이지만, 여기에는 단순히 국토가 하나로 되거나, 민족이 하나로 되는 것을 의미하는 것을 넘어 오랫동안 다른 사회, 다른 이념에 묶여 '서로 다른 나라'가 된 한반도가 서로 같은 민족의식을 되찾고, 순전한 우리의 땅으로 회복하는 것이 진정한 '회복'이고, '통일'일 것이다. 한국의 일이 순조롭게 풀려야 진정한 독립이고, 진정한 한·중·일의 관계를 회복할 수 있다는 생각이 들었다.

그때 느꼈던 것은, 지금 여기에 서 있는 우리가 할 수 있는 일은 남한과 북한이 평화의 기운을 순조롭게 받아, 통일의 그날이 오기를 마음으로 원하며, 있는 힘껏 노래를 부른다고 생각했다. 서울과 평양을 마음 놓고 다닐 수 있는 그때가 오면 또다시 힘을 내자고 생각했다.

잃어버린 5년

한국공연실행위원회의 사무실은 교보생명 빌딩에 있었다. 박수정 회장님과 멤버들이 모인 회의 자리에서 내년의 실행계획에 대해서 논의하고 있었다. 모두가 그렇게 꿈만 같았던 한 달 전의 일들의 기억에 취하며 2018년이 지나가는 마지막에, 새로이 다가오는 2019년에는 이제 무엇을 할까 고민하며, 무심결에 TV를 본 순간 한국과 일본 사이에 최악의 일이 벌어지고 말았다.

2018년 12월 20일에 발생한 '일본 해상초계기 저공 위협 비행 사건'이 그것이었다. 방송과 신문, 인터넷과 SNS상에서 수많은 험담과 막말이 오갔다. 상대방을 향해 서로 '먼저 사과하라'라는 말이 오갔고, 양측에서 혐일/혐한의 메시지가 무성했다. 일본 제철 강제노역에 대한 소송에서 연말에 시끌시끌했던 문제가 7월에 한·일 양국 무역분쟁과 같은 싸움이 일어났고, 급기야 '노 재팬(No Japan)' 불매운동이 한국에서 일어났고, 한일 간의 관계는 빠른 속도로 식어갔다.

쉽게 끝날 줄 알았던 문제가, 아물어 갈 즈음의 옛이야기를 꺼내 들고 와서 서로 얽히고 얽혀서 풀어낼 수 없는 매듭처럼 다시 얽어버린다는 느낌이었다. 한국이나 일본이나 정치가란 둘 다 똑같다는 느낌이 들었다. 한편에서는 '아직 끝나지 않았다'라고 하면서 같은 것을 매번 꺼내 나오는 것이나, 이제는 엄연한 남의 땅을 '자기네 땅'이라 우기는 것이나, 피차 매한가지인데, 자신들의 정권을 유지하기 위해 때만 되면 이름난 가문(家門)의 보검(寶劍)처럼 꺼내 휘두르는 듯한 모습에 매우 신물이 났다.

어떻게 보면, 평범한 일반인들은 정치에는 관심이 없다. 누군가 말하기를, '일반인이 정치에 관심을 가지지 않게 하는 것이 잘하는 정치'라고 하지 않았던가? 그러나, 2019년에 있었던 일련의 일로 한국과 일본은 '개와 원숭이의 사이(견원지간)'가 되었고, 서로가 믿지 못하는 상대가 되었다. 문제는, 이렇게 나라 사이의 우호가 한번 식기 시작하면 회복되기 위해서는 더 많은 시간과 노력이 필요하다.

더욱 심했던 것은 양국의 관계자들이 관계의 회복을 위해 합의점을 찾기보다 서로의 체면을 차리며, 오히려 험악한 분위기를 유도한 점이다. '노 재팬(No Japan) 운동' 때에는 누군가가 선동하는 모습도 보였다. 참여하지 않으면 "너는 새로운 친일파냐?"라고 마녀사냥에 바쁘던 때도 있었다. 하지만, 정말 험악한 분위기에서 여행도 가지 말자고 하여 피해를 본 쪽은 한국 측 여행 업체였다. 분명 일본의 회사나 개인의 비즈니스로 업을 삼는 사람들도 있고 그것으로 생계를 삼는 사람들도 있는데 그것을 송두리째 뽑아버렸다. 그러나 오히려 그것이 당연하다고 정당화하여, 피해가 나는데도 묵살하고 '친일(親日)'이라는 잣대로 옥죄기 시작했다. 어제까지 일본 맥주가 맛있다며 줄곧 마시던 사람들이 말이다.

하지만 그보다 더욱 큰 것이 그해 말에 닥쳐왔다. 2019년 11월에 발생한, 그 당시에는 중국의 우한에서 발생한 폐렴이라 해서 '우한 폐렴', '새로 발견된 코로나'라 하여 '신종코로나'로 부르던 'COVID-19'가 전 세계를 휩쓸며, 감염자와 사망자를 늘려가자, 각국의 정부는 국경을 폐쇄하고, 외출을 통제하여 집에 머무를 것을 강조했다. 처음에는 여기저기서 사람이 죽었다는 보도와 전 세계적으로 감염자를 늘려간다는 보도를 보고 충격에 빠졌다. 그때의 기억을 거슬러 가면 유쾌하지는 않지만, 너도 나도 집을 나가지 못하고 마스크를 확보하기 위해 약국과 인터넷을 뒤지며, 방역 당국의 보도를 거의 매일 듣고 있었다. 까딱 잘못하면 밖에 나갔다가 바이러스를 옮겨오지 않을까, 겁을 내며 마스크를 이중삼중으로 끼고 나갔던 초창기도 있었다. 하지만 무엇보다 괴로웠던 것은 사람과 사람이 만나 이야기할 수도, 정을 나눌 수도 없는 것이었다.

밖에 나가서 먹는 즐거운 외식 대신에 비상식을 먹었던 적이 있었다. 옆자리에서 기침하면 괜히 몸을 사리며 저리 가시라고 한 적도 있었다. 집의 컴퓨터 앞에 앉아 위원회의 오프라인 웹 미팅 자리에 출석하여 카메라를 사이로, 익숙하지 못한 프로그램을 다루며, 자신들의 상황을 이야기하였다. 무엇보다도 절망적이었던 것은 가고 싶어도 갈 수도 없고, 보고 싶어도 만나지도 못하며, 앞으로의 일을 함께 계획하지 못하는 그런 제한된 상황과 바이러스가 가진 죽음의 공포, 나도 잘못하면 병상에서 괴로워하다가 죽어간 사람처럼 죽을까, 뉴스에서 흐르던 영상의 내용이 눈앞에 아른거리던 때가 있었다.

하지만 봄이 오면서 마스크가 충분하게 공급되고, 방역 수칙도 낮아지게 되어 어느 정도 숨통이 트이던 때였다. 마침 합창단의 김상기 사무총장님과 만날 수 있어서 앞으로의 일을 이야기할 수 있었다. 마스크를 낀 총장님도 그동안 마음고생이 많았던 듯, 그냥 웃기만 했다. 박 회장님은 집안 사정으로 인하여 대외활동을 할 수 없는 상황이었고, 코로나로 인하여 대규모로 합창단을 운영할 수 없는 상황인데다, 일본의 상황은 우리보다 더 심하여 아예 외국인의 입국을 금지하고 내국인의 이동 제한, 생활 등에 대한 제약이 너무 심하여 당분간은 위원회 활동은 중지하는 수밖에 없다는 이야기를 나누었다.

지금도 나는 UN 합창단의 멤버들과 전화로 연락하며, 언제 활동을 재개할 수 있을까, 서로 연락하고 있다. 위원회의 활동은 지금은 잠들어 있다. 하지만, 그것이 2023년일지, 2024년, 또는 언제가 될지는 몰라도 모두에게 분명 좋은 날로서 올 것이고, 한국과 중국, 일본에도 '좋은 날'이 될 것이다.

아직도 UN 본부와 카네기홀의 그 풍경이 그립다.
모두가 하나가 되어 '우리의 소원은 통일~'을
소리 높여 외치던 바로 그때를,
모두가 하나 되어 통일된 하나를 느끼던 그때를,
꿈에서도 가끔 그때의 광경을 본다.

우리는 2021년에는 평양에 가서 '서울-평양 평화 콘서트'를 열려고 하였다. '코로나19'의 상황만 아니었어도 아마 우리는 거기에 있었을 것이지만, 어떤 더 큰 계획이 우리를 위해 준비되고 있는지도 모른다. 그때가 오면 통일된 한국의 '평양'에서 통일의 기쁨을 노래하고 있을지도 모른다. 그때도 우리는 함께 모여 평화를 노래할 것이다.

마음을 연결하는 다리 – 한국번역가협회

한국과 일본을 연결하는 다리의 역할을 하는 것에 무엇이 있을까? 그런 상징에는 문화, 예술, 사상, 사회, 철학 등의 여러 가지가 있을 수 있겠지만, 그것들의 저변에는 문자로 만들어진 글이 있다. 우리는 글, 문장을 통해 그 나라의 어떤 시대의 정신을 엿볼 수 있고, 예술관을 볼 수 있으며, 사회상과 그의 바탕이 되는 역사를 볼 수 있다. 글은 기록됨으로써 사람의 말보다 정제되고 다듬어진 정신을 담는다. 번역가는 해당 나라의 글을 자신의 나라의 글로 바꾸거나, 반대의 작업을 함으로 문화의 수입과

임성수 이사님으로부터는 여러모로 도움을 많이 받았다.

수출에 공헌하는 전문가들이다. 비록 인공지능의 힘을 입은 번역기가 복사하여 붙여넣기로 외국어 문장을 변환해 줌으로, 번역하는 수고와 노력의 의미를 희석하고 있다. 그러나 번역기의 사용량이 많아져 일상적으로 사용하는 문장이 어려우면 지금도 제대로 된 번역을 보기 힘든 지금에도 역량 있는 번역가와, 그들이 번역한 글과 책은 아직도 사랑받고 있다.

나는 한국번역가협회에서 두 해 동안 일본어 관련 이사로 김민영 회장님의 촉탁을 받아 한국과 일본의 번역가를 연결하는 역할을 맡았다. 번역강좌와 초급회화 강의를 담당하여 회원들의 기초적인 번역 능력과 회화 능력의 향상을 꾀했고 번역능력 평가의 문제 출제위원으로 참가하여 능력 있는 신인들을 발굴하는 데에 일조하였다. 또한 영문과를 비롯한 타국어 연계를 강화하여 일본의 저작물을 영문으로 바꾸는 일이나 기타

아시아권의 번역물로 바꾸는 일에도 힘썼다. 그 과정 중에 많은 분야의 이사님과 협력하는 작업이 필요했는데, 특히 영어권 담당인 임성수 이사의 도움을 많이 받았다.

경기도 양평에서 인문학을 가르치다

거의 이십 년 이상을 살면서 경기도 양평과는 연이 없었지만, 양평 역사 연구회의 초청으로 라이프치과 최동주 원장님이 주최하는 '양평 일루미' 에, 처음으로 내 인생의 걸어온 길을 설명하는 것으로 강의하게 되었다. 원래는 병원의 직원을 대상으로 한 외부 강사 교육에서 출발했는데, 고정 강사진 중의 한 명으로 출강함과 동시에 본격적으로 일본어 강좌를

양평에서 다양하고도 귀한 분들을 만난다.
나의 강의 포스터(좌), 김선교 전 국회의원(우).

구십 분 동안 진행하게 되었다. 두 해 전의 일이지만 일본어 강의 역시 직원을 대상으로 시작하다가, 최근에 들어와서는 일본 성경 말씀을 공부하는 것으로 교과를 바꾸어, 원장님, 이사님, 부장님의 세 명과 '열공' 중인데, 세 분 모두 독실한 기독교인이라 말씀의 깊이가 깊어져 가는 것에 상당히 만족하고 계신다.

원장님과 서로 고마워했던 점은 병원으로서는 치과 환자 확보도 가능했고, 코로나19의 때에도 강의를 계속해서 지켜주신 것이었다. 강의를 마치면 갈 때마다 항상 먼 곳에서 오셨다며 식사 자리를 마련해 주시고, 때로는 여주·양평 지역의 김선교 국회의원도 참석하셔서 같이 식사하며 친교를 다진다.

한 시간 동안 전철을 타고 교외로 빠져나가기 때문에 화요일 오후의 양평 가는 길은 오후는 풍경을 보며 힐링하며 겸사겸사 기분 전환으로 다니고 있다. 특히 코로나19 때에는 감염예방을 이유로 내가 했던 모든 강의가 중단되었는데 양평 일루미, 라이프치과의 특강만큼은 꾸준하게 이루어졌다는 점에 그때도 감사하였고, 지금도 가르침을 유지할 수 있어 참으로 감사할 뿐이다.

원장님의 일본어 공부

'함께 밥을 먹으면 식구(食口)이고, 하룻밤을 자면 가족(家族)'이라는 말처럼 매우 잘 대해 주신다. 일본 성경으로 배우는 말씀은 다음 시간 때, 한 구절씩 외워서 나의 검사를 받는데, 원장님은 일주일 내내 암기에 집중하신다.

人生で絶対
覚えておくべき
五つの数字

(3，21，30，90，98)

보통 일본어를 가르칠 때는 평범하게 말만 가르치지 않고, 위의 내용처럼 '인생에서 절대적으로 외워 두어야 할 5개의 숫자'라는 등의 유익한 내용을 들어 일본어를 설명한다. 그 내용은,

3: 첫 만남의 첫인상은 3초에 결정된다.

21: 어떤 행동이 습관화할 때까지 최소 기간은 21일이 걸린다.

30: 외롭고 쓸쓸한 사람을 안아주면 외로움이 절반 해소되는 데 30초 걸린다.

90: 아무리 집중해도 90분은 넘길 수 없다.

98: 걱정한 내용 중 98퍼센트는 이루어진 게 없다.

얼마 전에 강의할 때는 중국에서 치과의사를 하는 원장님의 애제자도 수업에 참여했는데 이 수업에 참여하고 감동하였다는데, 특히 98이란 숫자에 대해서는 가슴에 와 닿는다면서 걱정하지 않고 용기를 내기로 하였다고 한다. 이렇게 일본문화에서 좋은 점을 찾아 예를 들어 설명하는 것이 단순히 말만을 듣고 따라 하기보다, 무엇인가 새롭게 일본어를 접하고, 한 수 배운다는 '동기부여'가 되기 때문에 늘 찾아서 적극적으로 수업에 사용한다.

조이고! 쪼이고!! 하이컨디션!!!

조선 시대에는 임금이 용변을 보면, 어의는 매화틀에 담긴 매화를 관찰하여 임금의 건강을 매일 확인했다는 기록이 있다. 그 이유는 배변으로 사람의 건강을 확인할 수 있기 때문이다. 그날 무엇을 먹었는가에 따라 모양이 달라 그 형태와 색을 보고 건강을 진단할 수 있다. 건강한 배변은 건강한 생활과도 관련이 있으며, 대변은 모양이나 냄새, 굳은 정도, 색깔에 따라, 소변은 색깔, 냄새, 거품을 살펴 건강을 확인해 볼 수 있다.

UN 합창단 한국공연위원회에서 함께 일했던 김상기 사무총장의 소개로, 나는 2011년 좋은 배설문화 실천운동본부로 시작한, '하이컨디션운동본부'의 황설 총재를 만나서 들은 내용이었다. "하이컨디션'은 말 그대로 컨디션을 최상으로 끌어올린다는 의미인데 이러한 컨디션을 유지하

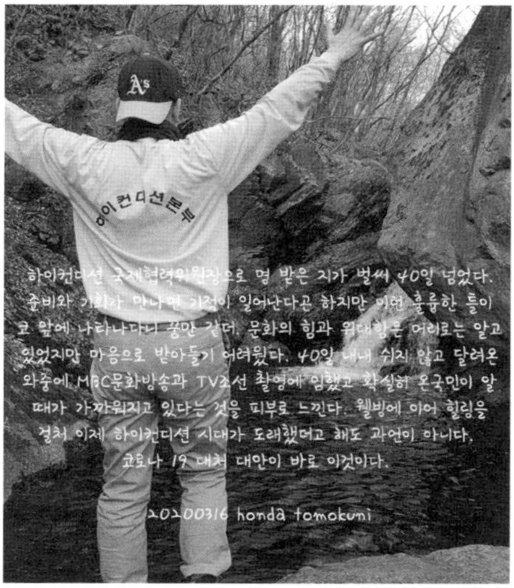

코로나 사태로 건강에 대한 인식이 바뀌기 시작했다. 하이컨디션 홍보 사진.

한국축제방송 시절, '코로나19 극복'이 주된 테마였다.

는 방법은 건강한 변을 보는 것이고, 그 비법은 음식도 영양제도 아닌 '황금똥 댄스체조'를 하면 가능하다. 호흡을 들이마시고 내쉴 때, 아랫배의 단전(丹田)에 힘을 주며 박자에 맞춰 항문의 괄약근을 조이는 댄스 체조는 장을 활발하게 만들기 위해 팔과 골반을 흔드는 동작이 많고 재미있어서, 하루 한두 시간씩 체조하며 식이요법으로 섬유질이 많이 들어간 식단에 유산균 등을 함께 먹었다. 변비로 사십 년을 고생하셨던 분도 열 달 만에 댄스체조로 탈출하셨다고 한다. 운동이 격하지 않아, 어르신들에게도 많은 도움이 된다. 맛있게 밥 먹고, 즐겁게 몸을 움직이며, 그날마다 결과를 확인하고 몸이 건강한 것을 느끼는 것이 매우 좋다.

'하이컨디션'은 국내 최초로 유일한 배변 활동을 관리하는 프로그램으로, 장 관리의 중요성을 인식하고 건강한 식습관과 신나는 댄스 체조를 통해 '황금똥'을 만들기까지의 모든 과정을, 과학적인 데이터에 기반하여 관리하는 시스템이라 확실히 믿을 수 있다. 건강을 위한 프로그램은 교육을 위해서도 좋은 영향을 가지는 점이 많아, 예전부터 큰 관심이 있었는데, 가르치는 것보다 함께 참여하는 것을 보여주는 좋은 프로젝트를 만났다고 생각했다. 황설 총재가 직접 시행착오를 십년 동안 거듭하면서 개발한 운동과 체조를 즐겁게 그대로 따라 하면, 확실한 효과를 볼 수 있었던 것이 인상적이었다.

장은 몸에서 면역을 담당하는 중요한 장기 중 하나이다. 장을 튼튼하게 하는 운동을 통해 몸의 상태를 유지하고, 나 혼자 운동을 계속하는 것이 아니라 모두가 SNS를 통해, 오늘 자신이 무엇을 먹었고, 어떤 운동을 하여 장 관리를 했는지 자랑까지는 아니더라도 보여 주어야 등급이 올라가는 시스템이었다.

나 자신의 자기관리도 중요하나, 목표를 향해 함께 달려가는 공동체 의식으로 활동하는 것이 동기부여의 큰 요소가 된다. 원래 운동을 좋아하고 만나는 사람과 우정을 나누며 강의나 그 밖의 일들을 통하여 가르치는 것을 좋아하는 '무드 메이커(mood maker)'이기를 자처하던 나는, 하이 컨디션에서 자신이 할 수 있는 것이 무엇인지 총재님께 여쭤보았다. 총재님의 대답은 이랬다.

"박사님은 서둘러 우리 측의 스텝으로 들어오셔서 우리가 하는 하이 컨디션을 홍보하여 주시고, 박사님이 하이컨디션 블로그 등에 오늘 활동하신 내용도 올려 주시기 바랍니다. 매일 임무를 수행하면서 레벨을 올리실 수 있고, 상위 레벨로 올라가면 지도자 자격으로 홍보도 할 수 있습니다. 여러모로 홍보해 주시고 국내와 일본에도 우리의 댄스 체조와 프로그램을 널리 알려주셨으면 합니다."

당시 UN 합창단 한국실행위원회의 국제협력 위원장이던 나는 하이컨디션운동본부의 국제협력위원장으로 일하게 되었다. 몸을 움직이는 활동을 좋아하는 나는 활동을 꾸준하게 계속하여 몇 달 뒤에는 지도자의 지위까지 올라갔고, 지금도 하이컨디션을 상징하는 노란 옷을 입으며 홍보활동을 계속한다. 하이컨디션 운동본부의 댄스 체조가 국민의 건강을 운동으로 지원한다는 의미가 두드러지면서 코로나 사태로 길어졌던 운동 부족 현상을 보완한다는 긍정적인 반응과 지원이 늘어나고 있다.

미래를 선도하는 사람들은 정신적으로나 육체적으로 건강해야 고령화 시대에도 지혜롭게 극복해 나갈 수 있으리라 생각한다. 노령자가 많고, 짜고 단 음식으로 위와 장의 고생이 심한 일본에도 이런 운동을 보급하여, 한일 간에 큰 대회로 서로 뭉쳤으면 한다.

방송의 매력에 빠지다. 종로TV와 한국축제방송

2020년부터 2022년까지, 두 해 동안 있었던 코로나 사태는 사회에서 사람들을 분리하여 집안에 가두고, 직장에서 사람들을 모이지 못하게 한 것이 전부였다고 생각하는 사람이 많다. 한편으로 코로나 사태가 가져온 새로운 기회도 많았다고 본다. 자가격리나 외출 금지 등으로 일어난 택배와 물류산업의 발전, 재택근무가 늘어남에 따라 워라밸(Work& Life Balance)의 개념도 늘어나게 되었다. 그래서 요즘은 물건 하나를 시켜도 다음 날 아침에 물건이 놓여 있다던가, 코로나 사태 때 고마웠던 배달 음

서울시의 스마트 리포터를 수료한 후, 종로TV의 리포터로 활약했다.

식이 이제는 비싸다는 인식이 붙거나, 회사 직장인의 본업이 일찍 끝나면, 근처 공유 오피스에서 재택 근무를 하는 등으로 달리 일하는 새로운 사회로 변화를 맞이했다고 본다.

그 변화 중 하나는 직업의 장벽이 많이 낮아져, 일반에 가까운 사람들도 새로운 영역의 직업에 참가할 수 있다는 점이었다. 종로TV는 종로구청에 소속된 방송국이고, 종로구청 전반의 소식들을 다룬다. 당연히 종로구청에 거주하는 주민들을 오디션을 통하여 아나운서로 채용한다. 나 역시 예전에 방송에 출연했던 경력을 믿고 한번 오디션을 보았는데, 운 좋게도 합격하여 여덟 명의 리포터로 활약할 수 있게 되었다. 리포터 업무는 정기적으로 하지 않고, 보수도 문화상품권으로 지급되는지라, 재능기

부에 가까운 일이기도 하지만, 내 이름 여섯 자가 방송국의 전파를 타고 인터넷으로 송출되는 것은 또 다른 희열을 느끼게 한다. 또한 카메라 앞에서 제대로 말하기 위해 거울 앞에 서서 대본을 달달 외운 뒤에 촬영 당일에 말할 때나, 카메라 앞에 설 때의 긴장감 등은 학교에서 수업할 때 교단에 서는 긴장감과는 다른 것이었다. 최근 종로TV에서 다시 한 번 방송촬영을 했다. 예전에는 촬영 한 번에 완료되었는데, 이번 분량은 조금 길기도 하고 복잡하기도 하여 재촬영을 두 번이나 하게 되었다.

인터넷 방송인 축제방송TV의 재미는 '전국노래자랑'의 송해 선생님처럼 전국을 차로 돌아다니면서 축제 구경도 하고 그 지역의 향토 요리도 먹어보고, 여러 사람도 만나는 '체험'에 있었다. 때로는 노래자랑에 게스트로 참여하여 노래 한 곡 뽑아내기도 했다. 코로나 사태의 초창기에는 강의나 강연의 의뢰가 확 줄었던 때였고, 마찬가지로 실행되는 축제의 수가 적어서 '축제 방송'이라는 의미가 무색한 때도 있었는데, 조윤호 대표님과 매일 같이 다니며 아주 친하게 지냈다. 축제가 없을 때는 조 대표님과 함께 무인도에 틀어박혀 무인도 생활을 라이브로 방송한 적도 있었다. 여수 가장도, 서산의 대우도-소우도 등, 한 달에 한 번은 무인도로 갔는데, 세상과 격리된 것 같은 조용한 섬에서 해지는 석양을 보며, 환상적이면서 낭만이 넘치는 세상을 보았다.

그때는 장래를 준비하기 위해 자격증(사법 통역사 및 심리 상담사)을 따내기 위한 공부에도 힘을 썼는데, 마침 조 대표님의 사모님이 자격증을 다루는 평생교육원의 원장님으로 계셔서, 한때는 방송 업무와 더불어 자격증 공부로 축제방송TV의 본부를 나의 아지트처럼 사용했던 적도 있었다. 이나경 원장님은 지방으로 출장 갈 때마다 새벽같이 일어나서 간식을 일일이 챙겨주실 정도로 자기편 사람들을 잘 챙겨주셨다.

개인적으로 어려웠던 시절에 두 분은 인생의 선배이자 멘토로서 아끼고 도와주시는, '섬기는 인생의 표본' 같은 분으로 그 당시의 나에게는 사막의 오아시스 같은 분이었다.

빛과 그림자로 한국과 일본 사이의 다리를 놓다

빛과 그림자는
인생 그 자체, 우주 그 자체
나는 빛과 그림자로 자연의 아름다움,
살아있는 생명의 소중함을 그리는 것과 동시에
인생을 그려가고 싶다.

2019년 엄청난 감염력으로 공포를 불러일으키던 코로나19로 인하여 개최되지 못하고 연기되었던 후지시로 세이지(藤城清治) 선생의 카게에 전시회인 '후지시로 세이지: 빛과 그림자의 판타지전'이, 바이러스의 기세가 서서히 꺾이는 2021년 6월에 시작하여, 같은 해 10월까지 넉 달 동안 서울의 예술의 전당 한가람미술관에서 열렸다.

카게에(影繪)는 중국에서는 기원전부터, 일본에서는 에도시대부터 빛과 그림자를 이용한 '그림자 연극'에 쓰이는 그림이다. 태평양 전쟁이 끝난 후 초토화가 된 도쿄는 물자가 부족했기 때문에 쉽게 구할 수 있는 재료가 많지 않았다. 카게에로 공연할 경우, 캐릭터를 만들 골판지와 빛을 만드는 전구만 있으면 아이들 공연에 쓰는 그림자 연극을 할 수 있었다. 때로는 카게에 자체가 훌륭한 그림으로 전시물이 될 수 있었다.

빛은 그림자를 낳는 어머니이기도 하고, 빛의 주는 따뜻함과 그와 대조되는 그림자의 실루엣이 보는 사람들의 마음속에 마치 찬란한 동화의 세계에 온 듯한 같은 꿈과 환상을 불러일으켰다. 아름답고 화려한 세계를 카게에로 표현하고자 노력하는 후지시로 선생의 예술적인 추구는 끝이 없었다. 초기의 단순한 제작에서 벗어나 다양한 재료와 기법을 사용하여 더욱 치밀하고도 섬세하게 오려 붙인 재료가 표현하는 빛의 강도와 투과율 등을 계산하여 더욱 화려한 빛과 그림자의 세계를 만들어 나갔다.

카게에 제작은 모든 것에 빛을 비추고
생명을 불어넣는 수작업이다.

그의 작품은 많은 대중과 미디어의 사랑을 받아, 여러 차례 국가 훈장과 예술, 문학상을 받았고 '은하철도의 밤'과 '울어버린 빨강 도깨비'는 1959년 초연 이래 각각 1천 회 이상 상연되고, 교과서에도 실리게 된다. 하지만 무엇보다도 전시와 전후 피폐해진 일본의 아이들에게 꿈과 희망을 주기 위해 작품 제작을 시작한 것이 카게에 제작의 원점이었던 만큼, 작품 하나하나마다 선생의 마음 깊은 곳에서 우러나오는 사랑과 평화, 그리고 공생(共生)의 메시지를 담고 있다. 전시회 출구에는 번역된 선생의 인사말이 친필과 함께 전시되어 있었다.

전람회를 찾아주셔서 고맙습니다.
오늘 여기에서 만났던 것을
마음속에 간직해 주세요.
그리고 문득 떠올려주세요.
그때 아름다운 빛이
마음속으로 들어온다는 것을.
마음에 그늘이 있다면
밝은 빛으로 감싸준다는 것을
빛과 그림자가 조화를 이뤄
마음에 평온을 주고
작은 꿈이, 커다란 희망이
삶의 기쁨으로 될 수 있기를.
또 만납시다.

2022년의 한국 전시회는 선생께서 앞으로 있을 마지막 전시회라 생각하고 준비한 것이라 한다. 그 중 '잠자는 숲'은 한국전시를 위해 특별히 제작된 것이다. 선생께서 손수 제작한 귀한 작품 하나하나를 한국에 소개하기 위하여 케이아트 커뮤니케이션의 강혜숙 대표와 강순예 작가가 한국 측의 에이전시로서 전시회를 준비하였다. '코로나 시국'이라 부르는 어려운 상황에 더하여 '노재팬(No Japan)' 운동의 후폭풍으로 한국과 일본의 관계가 정말로 서먹서먹하던 그때, 선생은 아흔여덟의 고령임에도 (2023년인 지금도 나스 고원에 있는 '후지시로 세이지 미술관'에서 활동을 계속하고 계신다. 올해 4월 17일은 선생의 아흔아홉, 백수白壽의 생신이기도 하다.) 한국과 일본의 이번 전시를 위해서 매일 일곱 시간 동안 작품을 만드는 작업을 하셨고, 그 결과 150여 점에 가까운 작품을 한국에서 전시하게 되었다.

강순예 작가는 딸 노조미가 고등학교에 다닐 때, 사적으로는 같은 학교의 학부모로 시작하여 같은 동에 이웃집으로도, 공적으로도 한글학회와 연관이 있어 예전부터 친분을 맺어왔는데, 이번 전시회에 한국과 일본의 우정의 다리를 놓는 데에 도움이 되어달라는 부탁으로 양방향 통역 의전을 수행하게 되었다. 당시에 한일관계가 정말로 좋지 않아, 오가는 발길도 끊어지고 이러다가는 교류 그 자체가 끊어져 정말로 '남남'이 되는 줄 알았다. 그런 와중에 무언가 이를 타개할 만한 돌파구가 필요하다는 생각을 많이 했는데, 후지시로 선생께서 작품을 소개하는 전시회를 통하여 평화와 사랑의 나눔에 작으나마 한몫을 할 수 있게 되어 매우 기뻤다.

이날 행사에는 '빛과 그림자의 판타지'전 강혜숙 대표와 행사 관계자들과 김진표(金鎭杓, 1947~) 한일의원연맹 회장, 아이보시 고이치(相星孝一, 1959~) 주한일본대사, 도종환(都鍾煥, 1955~) 문화체육관광위원장,

UN 합창단 때 반기문 전 유엔사무총장과 함께

반기문(潘基文, 1944~) 전 유엔사무총장을 비롯한 정치, 경제계 인사들이 참석한 가운데 한국과 일본의 경색된 난국을 해결해보자는 취지로 행사가 진행되었다.[8]

코로나 사태와 노령으로 인해 선생께서는 직접 전시회에 오지 못하셨으나, 많은 분이 모여 '후지시로 세이지: 빛과 그림자의 판타지전'을 축하하기 위하여 왔고, 2021년 10월에 성대하게 막을 내렸다. 아쉬운 감이 없지 않아 있었는데, 2022년 3월부터 올해 12월 말까지 북촌 한옥마을에 상설 전시관인 '후지시로 세이지 북촌 스페이스'가 개장되었다. 미술관은 1층 라운지, 2층 전시실, 3층 아카이브 룸으로 구성되어 있으며, 〈

8) 아트코리아방송(http://www.artkoreatv.com), 김한정 기자.

고양이 뉴욕에 가다〉 카게에 원화와 〈풍칫찻퐁의 풍선 여행〉 수채화 작품을 비롯한 스케치 작품 여러 점을 만나볼 수 있다. 또한 한 세기에 가까운 그의 작품 활동을 정리한 연혁 및 영상 자료도 아카이브 룸에서 확인할 수 있다.

그래도 아직은 따뜻하다

코로나바이러스의 위협이 기승을 부리고 있었던 2021년 7월, 드디어 일반인에게도 백신이 풀려 접종을 받을 수 있게 되었다. 그때까지는 집에서 나가지를 말던가, 대중교통을 피하여 다니던가, KF94 마스크를 철저하게 쓰고 집을 나가서 돌아오면 알코올로 소독해야만 마음이 편했는데, 그것도 2021년 봄이 오면서 날씨가 따뜻하게 되자 슬금슬금 밖으로 나가는 사람들도 늘어나기 시작했다. 그러던 중 7월에 백신을 맞을 수 있다고 하여, 부리나케 대기자의 대열에 오르기 위해 사전에 예약을 접수한다는 홈페이지에 들어가 예약자 명단에 들었다. 대기자가 너무나도 많아 한 시간 이상 기다려야 했고 오후 세 시쯤에는 서버가 다운되는 사태까지 발생했다. 내가 외국인이라 그랬는지, 아니면 내가 뭔가를 잘못한 것인지, 도대체 무슨 일이 이렇게 꼬인 것인지, 정말 오만가지 생각을 다 하다가도 백신을 맞지 못하여 헌혈의 일정이 꼬이는 것은 정말 참을 수 없었다. 7월의 경우, 2일에 성분 헌혈과 혈장을 했고, 또 16일에도 헌혈했고, 30일에도 헌혈 예정이 등록되어 있는데 바쁜 일정 중에 무엇 하나가 엇박자를 내기 시작하면 모두가 꼬여버리는 것은 싫었다.

그래서 헌혈을 위해 어떻게든 코로나 백신을 맞아야겠다는 생각에 고

인터뷰 365 김두호 발행인과의 반가운 재회. 가평 잣 막걸리로 건배를 하고 인증샷. 이번에 서울신문사우회 회장으로 취임하셨다. 인터뷰 365는 국내 최초 인터뷰 전문미디어이며 대한민국 인터넷 대상을 수상한 바 있다.

20210115 honda tomokuni

민 끝에 주거지인 종로구 혜화동 주민센터에 가서 상담을 시도했다. 그때는 백신에 부작용이 있다는 말도 나돌아서 맞느니 마느니 하는 말도 많았지만, 어차피 건강하기에 시름시름 앓다가 죽는 일은 없으리라 생각했다. 주민센터 입구에 설치되어 있는 QR코드 체크인과 체온 체크 후 들어간 곳은 민원실이었다. 상담사는 외국인등록증과 전화번호, 주소 확인만으로 대리 수속을 끝내주었다. 지금까지 했던 고민과 여러모로 괴로웠던 심정이 단 5분 만에 해소되었다.

그래서 고마운 마음에 '인터넷365'의 김두호 편집인께 위와 같은 내용과 함께, 아래와 같은 내용으로 감사의 말을 대신해 주셨으면 하는 생각에 기고문을 보냈다(편집인과는 예전에도 나의 글을 많이 받아 주셨으며 지금도 친분을 유지하고 있다).

대한민국의 신속한 시스템에 다시 한 번 감탄했습니다. 예방 접종할 수 있는 가장 빠른 날짜 (8월 17일 오전 11시)를 검색해 백신을 맞는 병원과 시간까지 안내받을 수 있었습니다. 밝은 미소로 대해 준 혜화동 주민센터 직원에게 감사의 말씀을 드리고 싶습니다. 헌혈하려면 백신을 접종하고 일주일 후에 가능합니다. 절묘한 타이밍에 날짜가 잡혀서 다행이었습니다. 8월은 13일과 27일에 정상적으로 헌혈 봉사도 가능할 것 같아서 마음이 훈훈해집니다.

현재 수도권은 사회적 거리두기 4단계이고, 본격적인 여름이 시작했습니다. 모두 부디 건강에 유의하시고 뜻 깊은 여름휴가를 의미 있게 맞이하셨으면 합니다.[9]

며칠 뒤에 나의 기사는 이렇게 실리게 되었다. '빨리빨리'가 자연스러운 성질 급한 내게 체질적으로 맞는 나라. 코로나 철에 나라를 구한 이들은 퀵 배송과 택배업자였다고 할 정도로, 느린 것을 용서 못하는 나라가 한국이 아닐까 싶다. 만약 여기가 일본이었다면 위와 같은 일이 일어날 수 있느냐는 생각도 들었다(나중에 생각해 보니, 드라이브 스루로 장례식 손님을 받았던 나라가 일본이었다). 한글 문자도 빠르게 쓸 수 있도록 정교화된, 기호화된 글이라 빠르게 문장을 적을 수 있는 나라이다. 이제 삼십 년을 지내다 보니, 일본어 가다가나보다 한글을 더 빠르게 쓰게 된 지금, 창의력과 융통성이 나날이 발전하는 이 나라가 좋다. 주변에서 사람들이 짓궂게 "일본에 돌아갈 생각은 없느냐?"라던가, "만약 일본에 있었다면?"이라는 질문을 많이 하지만, "그럴 일은 없습니다. 일어나지 않아요"라고 정중하게 잘라 말한다.

---

9) 인터뷰365- 대한민국 인터넷대상 최우수상.

제5부
내 몸에는 어떤 피가 흐르는가

- 국적이 없는 한국인

내 몸에는 어떤 피가 흐르는가

일본에서 자라 일본인으로 지낸 삼십 년, 한국에서 생활해 온 삼십 년이 지났다. 그 말을 듣는 사람들 모두 "와~" 하며 놀라면서도, "살아보니 어느 쪽이 좋았냐?"라고 묻는 사람들이 많다. 그냥 살아본 경험이 어땠냐고 물어보는 질문이었지만, 어느 쪽이라고 콕 집어서 대답 못할 것이라고 골탕 먹이기 위해 내던지는 짓궂은 질문이기도 하다. 예전에 나는 이런 대답을 했다. "나는 일본인이면서 한국인입니다"라고.

그때가 2000년 때의 일이다. 이십 년이나 전의 이야기인데, "비록 국적은 일본이지만 양국의 장점만 취하려 노력하고 있으니, 나를 어느 한 편으로 규정짓지 말아 달라"[1]라고 했다. 그 '이십 년 전의 나'는 한국 생활을 한 지 십 년밖에 안 되었으니, 그런 말을 했겠다 싶은데, 지금까지 한국에서 이십 년을 더 살아오면서 느낀 결론은 '일본 사람이라 일본이 좋지만, 한국이 더 좋다'이다.

전에 말씀드렸듯이 사람 사는 곳은 어디를 가던 인간적인 정이 흐른다. 일본이건 한국이건 외지 사람이 들어오면 경계하고 조심하는 것은 똑같다. 어떤 사람이건 외지나 타지에 가서 푸짐하게 고생하고 오면, 거기 살 곳이 못 된다고 푸념할 것이다. 하지만 그곳에서 대접받으려는 마음보다, 정착하기 위해 사람들과 동고동락하며 섬기고, 나누고, 돕다 보면 어느덧 나 자신도 그곳 사람이 되어 있음을 느낄 수 있을 것이다. 외국인이지만 한국인과 같이 생각하고 행동하는 것, 한국인의 가치관을 공유하는 것. 그런 의미에서 '한국인'이란, '한국 땅에 태어나 자란 사람'만

1) 《동아일보》, 2000년 11월 14일자.

은 반드시 아니라 생각한다.

사람에게는 태어난 곳의 DNA가 있고, '고향'이라는 정든 땅이 있으며, 고향에서 자라난 사람들이 모여 그곳의 사회를 만든다. 이동 수단이 제한된 옛날이라면 평생 그곳을 떠나지 못하겠지만, 지금은 다르다. 그만큼 국가의 구성원이 어느 특정의 민족에 한정되지 않으며, 어느 지역에 '토박이'만 사는 시대는 바뀌고 있다. 지금 필요한 것은 그 국가의 국민이라는 의식과 사회의 일원이라는 소속감이 더 중요하지 않을까? 지금 나의 몸에는 어떤 피가 흐를까? 일본에서의 생활을 접고 한국에서 살겠다고 온 이상 한국인이 되어 온전히 많은 사람의 기쁨이 되어, 이곳에 뼈를 묻어야 한다는 각오로 살고 있다. '봉사하는 기쁨, 위하여 사는 삶'이라는 삶의 신조를 일생을 다할 때까지 관철하고 싶다.

다만, 월드컵에서 한국인이라면 당연히 한국팀을 응원하겠지만, 그래도 태생이 일본 사람인지라 피는 못 속이듯 일본 팀을 응원한다. 누구나 좋아하는 팀이 따로 있듯 개인적인 취향이라 생각해 주시면 감사하겠다.

이십이 년 만에 지킨 약속

한국어 교육학자이자 꾸준하게 헌혈로 봉사해 온 혼다 토모쿠니 씨가 100회 헌혈 봉사 약속을 지켰다. 혼다 토모쿠니 씨는 5일 '인터뷰365'에 이십이 년 만에 100회 헌혈 봉사에 성공했다는 뜻 깊은 소식을 알려왔다. 그는 일흔 살까지 100회를 목표로 꾸준히 헌혈의 집을 찾아 헌혈을 해왔다.

그는 몇 년 전 모교인 《서울대학교 총동창회 회보》에 "일흔 살까지

100회 달성하겠다"고 선언한 이후, 마침내 목표를 달성한 것이다. 그는 "100회를 달성하기까지 많은 시간이 흘렀는데, 세 자릿수를 달성하니 설레고 흥분된다"라고 말했다.

혼다 씨가 헌혈을 본격적으로 시작하였을 때는 2000년도 3월에 서울대학교 대학원에 입학했을 때부터다. 어린 시절에 암으로 투병하며 헌혈 받은 피를 많이 수혈하신 아버지를 생각하며, 헌혈하기에 동참했다는 그는 "은혜를 갚는 일은 국경을 넘어서도 가능하다는 것이 뒤늦게 알게 됐다"고 말했다. 이십 년 넘게 헌혈 봉사를 꾸준히 실천해온 그는 앞서 대한적십자사로부터 '적십자 헌혈유공자 금장 메달'을 받아 '일본인 헌혈 봉사자'로 화제를 모으기도 했다'[2]

생신날에 돌아가신 아버지

암에 걸린 아버지는 오랫동안 앓으시다가 병원의 병상에서 눈을 감으셨다. 그것도 본인의 생일날에 말이다. 어느 나라, 어느 사회든 부모가 자식에게 공부보다 운동을 더 권장하는 경우는 드물지만, 아버지를 하늘로 보낸 날, 어머니는 아파하시던 아버지를 뒷바라지한 것이 헛수고로 돌아가자, 처음에는 펑펑 우셨다고 한다. 그러다가 나중에는 독하게, 마음먹고 아이들에게 같은 길을 걷지 못하도록 막겠다고 결심하셨다고 한다.

"공부를 아무리 많이 한들 무슨 소용이냐? 그러니 아예 공부 따위는 생각지도 말라"라고 하셨다. 당시만 해도 아이들이 놀 수 있었던 것은 밖에 나가는 것뿐이었다. 중학교 때는 야구선수로 운동에 몰두했고, 고등학교

2) 출처= 인터뷰365.

때는 일본의 전통 궁도(弓道)에 몰입해 체력을 탄탄하게 유지했다.

대학교 3학년 때까지는 '공부하지 말라'는 가훈과 함께, 공부할 필요가 없었던 것도 사실이었다. 설마 정말로 공부를 안 해도 되는지 전교 꼴찌에 가까운 성적표를 들고 갔지만 어머니는 "잘했다"는 말씀뿐이셨다.

다른 대학생들처럼 3학년부터 초반에 '졸업예정서'를 들고 취업을 준비할 수도 있었다. 하지만, 아무런 성과도 없이 그냥 '학부 졸업, 동아리 활동-합기도부'로 대학 생활 4년을 마치기에는 부족하다는 느낌이 들었다. 그래서 졸업 이전에 뭔가를 해야 할 압박을 느꼈다. 그래서 할 수 있는 것들을 찾아 선배를 포함한 여러 정보 이것저것 알아봤더니, 후쿠시마현의 교직 공무원을 배출한다는 제미가 있다고 하여 그곳에 지원하기로 했다. 제미 입시에서 40명 중 40등이었다. 다만 최종 합격은 교수님이 판단하므로 가장 어렵다는 면접에서 '무슨 이유로 이 제미에 지원했는지?'를 답을 말해야 했다.

교수님 앞에서 내 아버지의 이야기를 했다

'아버지는 교사이셨고, 학생들을 가르치는데 열정적이신 분이셨는데, 내가 아주 어릴 적에 암 투병 끝에 돌아가셨습니다. 예전에는 아버지의 기일(忌日)과 나의 생일(生日)이 서로 겹쳤기 때문에, 나를 졸지에 '없는 존재'로 만들어버리고, 어머니를 울리고 많은 사람을 생고생시킨 뒤에 돌아가신 아버지가 미웠습니다. 하지만 나중에 고쳐 생각한 것은 아버지와 어머니가 있었기에 지금 내가 있다는 사실이고, 아버지의 사랑을 받지는 못하였지만 어릴 때부터 조부모님과 어머니 덕에 강하고 바르게 자랄 수 있었다는 것을 감사드리고 싶었습니다. "아버지가 이루지 못했던 교사의 꿈을 이어 나가고 싶다는 소원이 생겼습니다"라고 말씀드렸다.

나는 3학년에 꼴찌로 제미 생활을 시작했고, 늦게 시작한 공부에 재미를 들여 무서운 집중력을 발휘하여 동료들을 뒤쫓아 갔다. 결국 졸업할 때는 40명 중에서 1등으로 나오게 되었고, 교사자격증도 초등교원자격증 외에도 특수교사 자격도 함께 갖추게 되어 당당하게 교사로서 지정학교에 부임하는 '사회의 문'을 두드리게 되었다.

딱 일 년 동안이었지만, 제미 – 합기도 – 아르바이트로 할 일을 했다. 동아리 내에서도 "지금까지 놀기만 하던 혼다가 무슨 바람이 불었냐?"고 졸업한 선배들이 놀렸다. 당연히 세 가지 일을 모두 해야 했으니, 힘들 수밖에 없었지만, 마라톤 선수가 결승점을 앞에 두고 막판 스퍼트에서 모든 체력을 쏟아 부어 성과를 내듯이 한번 멋지게 공부해 보자는 결심이 뜻대로 통했던 것 같다.

헌혈의 동기– 아버지와 은혜에 대한 보답, 헌혈

나는 일본에서도 간간이 헌혈해 왔지만, 본격적으로 틈날 때마다 정기적으로 헌혈하게 된 것은 2000년 3월 서울대학교 대학원에서 국어교육학을 배울 때부터였다. 칠 년 동안 전액 장학금을 받으며 다니는 것에 대한 '작고 소소하지만 감사하는 마음'으로 시작했다. 나의 아버지는 암 투병 생활을 하며 돌아가시기 전까지 많은 분으로부터 피를 받았다.

꺼져가는 생명을 살려가는 것이 이름 모를 사람들의 '선의(善意)'라는 것에 감동한 나는 어떻게 하면 자신의 아버지와 자신에게 온 큰 은혜(恩

惠)를 보답할까 생각했다가, 같은 것으로 보답하면 좋겠다는 생각을 가지게 되었다. 아무리 그런 말을 해도 '그래봤자…'라는 말을 많이 들어왔다. 어떻게 하면 나의 진심을 알아줄 수 있을까?에 대하여 많이 고민하던 중에 '헌혈'이라는 봉사에 마음을 뺏겼다. '피를 나눈다'라는 말에 무척이나 꽂혀있었다.

피를 나누는 사이

''피는 물보다 진하다'는 속담이 있다. 그런 의미로 보면 나는 한국인과 혈연을 맺은 사이는 아니지만, 나의 피가 100명의 한국사람에게 들어가 이미 그들과 함께한다는 생각만으로도 뿌듯함을 느낀다. 다른 생각으로 예수께서 '선한 사마리아 사람의 비유'를 들어 이야기하셨던 것처럼 '정말 필요할 때 나에게 진짜 필요한 이웃은 누구일까?'라는 생각을 많이 한다. 말로만, 입으로만 이웃이 아니라, 직접 다가가는 이웃이 정말로 나의 이웃이라 생각한다. 그런 의미에서 사람의 생명을 살리는 헌혈은 나의 생명을 나눠 주는 고귀한 행위이자, 나를 있게 만드는 도움에 대한 보답이 될 것이라 믿는다.

나는 일본에서 태어난 일본인이고 반평생을 일본에서 지내왔지만, 남은 반평생을 한국에서 살아왔고, 한국인과 함께 남은 일평생을 한국에서 살아갈 사람으로, 두 나라의 좋은 점을 물려받은 사람으로 있으려 한다.

아마 지금은 많은 사람이 나의 피를 받아서 삶을 이어가고 있을 것이다. 그들 몸속에 나의 피가 흐르고 있다. 같은 한국인으로서 그들을 도울 수 있었던 것과 앞으로도 한국인을 도울 수 있어서 자랑스럽다. 꽤 오랫동안 헌혈했는데, 드디어 100회를 맞이하였고 최근에는 헌혈증서 14장을 다른 분에게 기증하는 행사도 했다. 피도 나누고 필요할 때 피를 받을 수 있는 권리인 증서도 넘겨주게 되어 내 피로 해줄 수 있는 '선한 일'은 다한 셈이다.

50회째를 하던 그때, 서울대학교 동창회 신문에서 나의 이야기를 실어 주었다. 그때는 내 나이 일흔 살이 되기 전까지 100회를 채우겠다고 다짐을 계속해 왔다. 그런데 2022년 연말에 내가 하고자 했던 꿈을 이루었다. 이제는 100회를 채웠으니, 헌혈할 수 있는 나이까지 한번 해 보고 싶다는 생각이 들었다.

왜냐면, 건강하지 못하면 아무리 하고 싶어도 헌혈 자체가 불가능하니, 내가 아직도 다른 사람에게 피를 나누어 줄 수 있는 건강한 몸이라는 것에 감사해야 하는 것이다. 그러니 하이컨디션 운동으로 건강을 유지하면서 나누어 줄 수 있을 때까지를 목표로 헌혈을 계속할 예정이다.

헌혈왕 서재균 교수님과 함께 피를 나누다

헌혈에 관해서는 아주 특별한 분과 함께하고 있다. 바로 서재균 교수님인데, 2017년에 500회째 헌혈을 기록했고, 2019년에는 600회를 넘었으며, 2023년 현재는 700회를 기록하신 분이다. 2019년 당시 혈액 1팩의 가격이 48,000원 정도이지만, 700회를 해낸 교수님의 헌혈 기록으로 보면, 3천 3백 6십만 원이 계산되지만 이는 돈으로는 환산할 수 없는 가치이다. 내가 2000년에 헌혈을 시작하여 이제 100회를 달성했는데, 이분은 이미 적십자사의 '최고 명예대장'을 받을 수 있는 300장을 훨씬 넘은

서재균 교수와 함께, 헌혈증을 기증하며 전우애를 불태우다!

분이다. 이분과는 4년 전부터 행동을 같이해 왔다. 그때도 헌혈증서를 기증하는 자리에서 뵈었는데, 헌혈증이 급할 때는 지하철 노선에서 시간과 장소를 정하고 역에서 전달하기도 했다. '피를 나누는 사이'에 이런 선한 분들과 동참하는 삶이 기쁘다.

"만나는 사람마다 헌혈 이야기에 놀라워합니다. 내 피를 나누는 것이 곧 생명을 나누는 일이라는 것을 깨닫게 됐습니다. 상대방에게 깨끗한 피를 줘야겠다고 생각을 하게 되니 술과 담배, 커피를 모두 끊게 됐습니다. 이에 따라 육체적, 정신적 건강이 모두 좋아졌습니다. 요즘 많은 사람이 장기기증에 적극적으로 동참합니다. 하지만 헌혈은 장기기증과 차이가 있습니다. 헌혈은 죽음과 동시에 전하지 못합니다.

그러므로 헌혈을 하는 사람은 장기기증을 하는 사람보다 더 큰 사랑을 주는 것이라고 말할 수도 있습니다. 우리의 삶의 목적은 행복하기 위함

남서울 평생교육원에서 새로 교편을 잡다.

입니다. 행복은 돈을 많이 모으는 것도, 내 가족만 행복한 것도 아닙니다. 저는 남을 도울 때 행복함을 가장 많이 느낍니다. 요즘 회사에서 불우이웃 돕기를 많이 하는 것도 이 같은 이치가 아닐까 생각합니다.[3)]"

한일 간의 피를 나누는 헌혈봉사

일본인의 피가 한국인 몸속에 들어가서 새 생명을 얻을 수 있다는 말에 이십여 년 동안 총 80회를 진행 중이다. 목표는 일흔 살까지 100회인데

3) 대한적십자사 서재균 명예홍보대사, 〈선데이뉴스〉, 2017.12.1

달성이 가능할 것 같다. 왜냐하면 이전에는 두 달에 한 번 했던 헌혈을 최근에는 두 주에 한 번으로 전환했기 때문이다. 헌혈 조건이 쉽지가 않아서 늘 건강관리를 스스로 해야 한다. 특히 식생활은 기본이고, 충분한 수면도 무시할 수 없다. 그리고 말라리아 지역(강화도)에 가게 되면 철저한 관리가 필요하게 된다. 한 번은 수면 시간이 두 시간 밖에 못 자고 헌혈하러 갔는데 충분히 잠을 잤다고 했는데 아니나 다를까 피 검사에서 수치가 낮아서 탈락, 그날은 하필 식사도 제대로 못하고 갔더니 결과는 꽝, 그래서 "간호사는 속일 수 있으나 피는 못 속인다"는 말이 실감나는 순간이었다. 헌혈의 시작은 이러하다. 어릴 때 아버지가 암으로 돌아가시기 전에 많은 분들에게 수혈 신세를 졌다는 것이다. 그래서 나름 품앗이 한다는 생각으로 시작하였고, 2000년도에 서울대학교 헌혈 집에서 첫 헌혈을 시작했는데 고맙게도 석·박사 과정을 하면서 성적 우수 장학생으로 수료할 수 있었다. 우연한 일치인지, 하늘이 감동을 해서 그런지, 워낙 머리가 좋아서 그런지는 지금도 모른다. 참고로 한 번의 헌혈으로 네 명의 생명을 살릴 수 있다는 의미 있는 소식에 일흔 살까지 계속해서 봉사해 나갈 것이다.4)

공연기획자와 공연가의 동행: 빈대욱 학장과 함께

작년(2022)에 황설(하이컨디션) 총재님의 소개로 빈대욱 학장을 한 번 만난 적이 있었다. 그 후로 많은 시간을 함께 지냈다.

4) 혼다 토모쿠니, 〈사랑의 일기〉 2021.12.15 최우수상 MBC 사장상.

남서울평생교육원에서 주관하는 한국공인탐정협회 2기생으로 수료한 후로 남서울대의 홍보대사로 활동 중이고, 4기 때부터 '한일 탐정비교'라는 주제로 특강으로 한 강좌를 진행하고 있다. 그리고 수료생에게만 토요일 네 시부터 '오아시스 여행 일본어' 강좌를 저렴한 가격으로 봉사하고 있다. 모처럼 토요일에 학교 와서 공부하는 시간과 더불어 배운다는 의미도 있고, 앞으로 한국과 일본의 탐정에 관련된 MOU도 맺을 것을 대비하여, 열심히 일본어 공부를 시키는 것으로 생각하면 되겠다.

또한 서울시 예산을 받을 수 있게 된 '옛날 옛적에 각설이 한마당'에서는 가수로 활동 중이다. 또한 토요일마다 온종일 온라인 플랫폼 교육으로 분주하다. 9월에는 남서울대학교 본교(천안)에 가서 인문학 특강을 할 기회도 주셨다. 2022년 12월에는 서울 강남의 키키그룹 본사에서 멀티미디어 전문채널 '키키스타'와 전략적 제휴, 파트너 사업 협약을 체결했다. 지금은 내가 가진 '끼'를 살려 인터넷 방송에 나가기도 하고, 쇼호스트로서 제품을 판매하는 일을 맡기도 했다. 한마디로 지금 내가 하는 모든 것이 남서울평생교육원에 있고, 그와 연결되어 있다. 그와 함께 그림자처럼 지켜주시는 분이 한 분 더 계신다. 편미경 이사님은 늘 나를 응원해주시고 격려해 주신다.

남서울대학교는 천안에 캠퍼스가 있는데 그곳의 카페를 운영하신다. 4백 평이라는 적지 않는 공간을 아르바이트생 네 명과 함께 분주하게 움직인다. 도봉역과 성환역까지 왕복 다섯 시간을 매일 출퇴근하지만, 입가에는 늘 미소만이 가득하고 불평이나 불만 따위는 들어본 적이 없었다. 어떻게 보면 살아 있는 외유내강의 표본이라고 할 수 있겠다.

따라서 이것 또한 내게 주어진 인생에서 만난 중요한 인연이고, 2막의

성금을 전달한 후 기념사진을 찍고 있는 남서울예술공연단 출연진과 대한노인회 서울시연합회 지원단.

후반기에 적지 않은 '선한 영향력'을 주는 분으로 잘 모시려 한다. 내가 그를 주목하는 이유는 우선 '열정'이 있고, '성실'과 '정성'이라는 단어를 사랑하고 그것을 그대로 몸소 보여 주기 때문이다. 더 나아가 한번 일에 집중하면 끝날 줄 모르실 정도로 몰두하신다. 열정과 책임감과 사명감이 있는 분으로 계속해서 긴 인생길을 동행하고 싶은 분이다.

나의 성실함과 근면성을 한 일 년 정도 지켜본 후, 믿을 만한 사람으로 판단해 주시고, 코로나 사태로 어려운 시절에 남서울평생교육원 교수로 4대 보험까지 가입시켜주신 만큼 고마운 분이고, 평생을 갚을 각오를 다짐했다.

사랑과 노래를 나누는 현대판 각설이들

서울시 각 지역 경로당, 야외공연장 등에서 실시한 남서울예술공연단(학장 빈대욱)의 '2022 찾아가는 옛날 옛적에, 각설이 신나는 놀이 한마당'이 약 6개월 여정의 60회 순회공연이 무사히 마무리됐다. 남서울예술공연단은 지난 16일 어르신들의 쌈짓돈과 같은 소중한 성금을 한 푼도 사용하지 않고 모아 대한노인회 서울시연합회(회장 고광선)에 독거노인을 위해 써 달라며 '각설이 수익금' 전달식을 했다.

60회 공연 동안 각 경로당의 많은 어르신이 공연에 대한 고마움으로 자발적으로 각설이 깡통에 넣어준 성금이 약 120여 만 원에 달했다.

고광선 회장은 각설이 성금 전달식에서 무료 공연임에도 불구하고 아낌없이 성금을 내 주신 어르신들과 독거노인을 위해 써 달라고 한 남서울예술공연단의 빈대욱 학장과 출연진에게 감사를 표했다.

고광선 회장은 특히 "노인들은 잠재적으로 문화예술 욕구가 크고 축제나 요가도 즐기길 원한다"라면서, "코로나 시국 3년 동안 창문도 못 열고, 함께 음식도 못 먹고, 외로움에 빠진 어르신들에게 다양한 장르의 문화를 즐길 수 있는 새로운 문화예술의 장이 내년에는 더욱 확산하기를 원한다"라고 말했다.

각설이 역으로 온힘을 기울여 어르신에게 감동을 선사한 남서울 시니어예술단 송창남 단장은 "그동안 경로당을 순회하면서 서울시연합회 경로당이 무료로 급식을 제공하고, 좋은 환경을 유지하고 있는 것을 보고 어르신들을 위한 복지가 매우 잘 돼 있음을 느낄 수 있었다"라며 "공연하면서 어르신들과 소통하고 호흡하면서 보람과 기쁨을 가질 수 있어서 오히려 감사드린다"라고 소감을 전했다.[5]

---

5) 뉴스프리존(http://www.newsfreezone.co.kr).

각설이 타령으로 일약 가수로 데뷔하다

"어헐씨구씨구 들어간다아. 저얼씨구씨구 들어간다아~"

경로당 안에 우렁찬 목소리로 각설이 타령하는 나. 최근에 가수로써 남서울 공연단에 참가하여 경로당 순회공연을 나선다. 공연의 이름은 '옛날 옛적에 찾아가는 각설이 마당'이라. 시원하게 뽑아내는 가락과 함께 유창한 노래가사로 어르신들을 사로잡는다.

시원하게 각설이 타령을 한 곡조 뽑아내면 어르신들이 매우 즐거워하신다. 아리랑이나 각설이 타령의 가락에는 한국사람만이 가지는 정서가 있다. 노래 한 곡으로 공연을 시작하면 이어서 사물놀이 등의 다른 공연이 따라온다. 보통 한 시간을 단위로 공연하고 노래는 세 곡을 부른다.

오랜 준비 끝에 작년에는 오디션을 보고 이곳에서 가수로 데뷔하였다, 예술공연단의 활동과 자선사업의 활약상을 보신 서울시장께서 예산을 주셨고, '옛날 옛적에 찾아가는 각설이 한마당(1시간) 공연' (60곳 중 15곳)에서 가수로 활동했는데, 가수가 네 명이라서 교대로 활동했다. 불렀던 곡은 '멋진 인생', '무조건', '샤방샤방'이고 앵콜을 받으면 '황진이'도 부르곤 했다.

돌아보면 한참 전의 대학교 1학년 때가 생각난다. 그때는 선배들이 심심하다고 후배들에게 한 곡 뽑으라던가, 장기자랑을 한번 해 보라고 했다. 처음에는 노래를 부르라 해서 억지로 부른 적이 있었는데, 박자도 서툴고 음도 맞지 않아 모두가 웃었다. 별것 아니었지만, 그 '별것 아닌 게' 모두를 기쁘게 하는 힘이 있다는 것을 알게 되었다. 그 후로는 제대로 곡을 부르기 위해서 연습을 열심히 했다. 그게 지금까지 왔다.

일제 당시의 일본인 만행을 대신하여 사죄의 큰절을 올리다

나는 노래 이외에도 방송에도 출연하여 '아이리스'나 에도 일본인 역으로 대사 또는 함장역을 맡은 적이 있다. 노래에 관한 에피소드라 하면 '전국노래자랑 종로구 편'인데, 예선을 통과해서 본선에 출연할 수 있게 되었는데, 갑자기 출연 취소로 바뀌게 되었다. 이유는 3·1절 특집 방송인데 일본인이 나오게 되면 항의가 빗발칠 것이라는 주최 측의 판단이었다.

자초지종을 들으니 이해는 가지만, 일제 강점기 때 감정이 그렇게 심하게 앙금으로 남아 있을 줄은 몰랐다. 국권침탈에서 이미 113년이 지난 일이지만, 일부 어르신들에게는 아직도 '쓰라린 기억'일 수도 있다고 생각하니 절로 숙연해질 수밖에 없었다.

'공연이 끝나면 모두가 무대로 올라와, 자신의 이름을 부르는 대로 나와 인사한다. '가수에 혼다 토모쿠니'라는 말이 나오면 여흥이 남아 있던 청중의 분위기가 싸하게 식는 경우가 있다. '어디서 …이?'라는 표정이었다. 그때는 당황했지만, 사죄의 의미를 담아 큰절을 넙죽 올렸다. 비록 나와 직접적인 연이 없지만 '그 당시의 일본인을 대신하여 사죄한다'라는 의미로 드리는 것인데, 그렇게 절을 드리면 그분들의 엄한 표정이 누그러지는 것을 보았다. '네가 한 일도 아닌데…'라는 표정이었다. 마지막으로 출연자와 청중 사이에 인사하고 악수하면서 수고했다는 표정으로 웃으며 가셨을 때, 말로는 못할 감동이 밀려 올라왔다. 용서와 화해라는 것은 이런 것이 아닐까 싶다.

삼부자 학습의 대가, 이제는 노인을 위한 '섬김의 신'으로

아내의 눈맞춤 초대를 받고 온 노태권 씨는 자신들이 부부의 날 대상 상장에 '바보 온달과 평강공주의 롤모델'로 언급된 이유를 설명했다. 그는 "아내가 짐승을 사람으로 만들어 준 것"이라며 "글을 읽지도 쓰지도 못하는 난독증이 심각해서 중졸 학력에 열일곱 살 때부터 공사장 막노동을 하고 알코올 중독에 빠진 밑바닥 인생이었다"라고 과거를 돌아봤다.

이어 노 씨는 "아내의 권유로 마흔세 살에 글자 공부를 시작해 2006 수능 모의고사에서 7회 연속 전과목 만점을 받았고 아들 둘을 직접 가르쳐 국내 최고의 명문대 S대에 보냈다"고 말해 놀라움을 자아냈다.[6)]

노태권 휴먼더보이스 대표님은 '중졸이고 까막눈의 막노동꾼' 출신으로 "어버이날-우리 아빠는 무식하고 별 볼 일 없는 막노동꾼이다"라는 중3 첫째아들이 쓴 어버이날 카드에 충격을 받고, 게임에만 빠진 아들 둘을 직접 가르쳐, S대로 보냈다는 매우 특이한 이력을 가진 분이다. 현재 『떼루 떼루 빠떼루 달인』(휴먼더보이스), 『중졸 삼부자 공부법』(휴먼더보이스), 『살아온 기적 살아갈 날들을 위한 용기』(세종미디어). 『공부의 힘』(21세기북스) 등, 본인의 삶의 경험과, 수능 전과목 7회 만점을 받은 '공부의 신'으로서 아들들을 대학에 보낸 경험을 바탕으로 공부에 관한 책들을 출판하고 계신다. 그리고 'KBS 강연 100℃'에서 우수 강사로 선정되기도 했고, 2020년 세계 부부의 날 대상까지 받으신 분이다.

---

6) '아이콘택트' 최원숙, 노태권에 "난독증 뒷바라지 힘들어 내 삶 찾고파" 이혼요구(2020. 08.20) http://m.theceluv.com/article.php?aid=1597895485339436010네이버 블로그 '섬김의 신' 참조 작성.

8년 전(2015년) 내가 서일대학교의 교수직에서 은퇴한 뒤에 무엇을 해야 할까 막막했던 때에, 노태권 대표님께서 저를 수소문 끝에 직접 찾아오셔서는 신촌의 카페에서 서로 한 시간 동안 교환 특강을 한 적이 있었다. 그때 대표님은 '삼부자 공부법'을 내게 가르치셨고, 나는 인문학 특강을 준비하던 때라, 파워포인트의 프레젠테이션으로 내가 살아온 '인생사(人生史)'를 강의했다. 그때조차도 노 대표님의 인생이 나보다도 극적이어서, 몇 번이고 내세울 것 없다고 고사했어도 한 번 들려달라는 노 대표님의 경청하려는 자세에 끝내 못 이겨, 서로를 돌아보자는 차원에서 내용을 교환하여 강의했고, 그 후로 노 대표님과 사모님인 최원숙 대표님 부부와 친해졌고, 어려운 때에 이모저모로 도움을 받았던 기억이 있다. 그뿐 아니라 노 대표님과 최 대표님이 걸어온 인생의 이력과 인품, 그 밖의 여러 면에서 본받을 만한 점이 많아 지금도 따르고 있는데, 2009년에 노인요양사의 자격을 취득하였고, 1956년생의 노년 세대임에도 15년간 나이 많으신 어르신들을 모시는, 이제는 '섬김의 신'으로 어르신들을 봉사하고 계신다.

"이제는 대접받으려 하지 말고 사회에 이바지하며,
절반은 봉사, 절반은 생업이라 생각하고
지혜와 미소 열정으로 어르신을 섬기는
VIP(병원, 운동, 산책, 외출) 동행 전문요양보호사로 살기로 했다."

아무것도 없는 무일푼으로 지금까지 이뤄왔고, 공부와는 연이 없던 인생에서 죽을힘을 다해 노력하여 원하는 것을 기어코 이뤄내려는 끈기와

노태권 대표님과 나. 내세울 것 없는 둘이 함께.

강사로서의 삶을 살면서 이제는 봉사에 전념하려는 노 대표님의 모습에 내가 걸어왔던 과거와 앞으로의 나가야 할 모습이 겹친다. 이제는 예순 살이라는 나이의 노인이 팔순의 부모님이나 어르신을 모셔야(노노부양老老扶養) 하는 지금, '노인시대의 우리 부부는 어떻게 살 것인가'로 끊임없이 변신을 시도하는 부부의 모습이 존경스럽고 부럽기까지 하다.

루게릭 환자 돌봄으로 얻는 교훈

'루게릭병'은 미국의 프로야구선수인 '루 게릭(Henry Louis 'Lou' Gehrig, 1903~1941)'이 이 병으로 젊은 나이에 사망하자, 그를 기리기 위하여 이름 붙은 병이다. 루 게릭은 1930년대에 베이브 루스(George Herman Ruth, Jr. 1895~1948)와 함께 가장 유명한 야구 선수로 알려져 있으며, 건강하고 힘이 넘치는 선수였으나 이 병에 걸린 후, 힘이 점점 약해지게 되었고 서른여덟 살의 젊은 나이에 사망했다.

근위축성측삭경화증(ALS, amyotrophic lateral sclerosis)으로 부르는 루게릭병은 알츠하이머병, 파킨슨병과 함께 신경계의 퇴행성질환 중 대표적 질환이다. 그 밖에 루게릭병에 걸린 유명인으로 스티븐 호킹(Stephen William Hawking, 1942~2018) 박사가 있었는데, 1942년 영국에서 태어나 1963년 스물한 살의 나이에 병을 얻어, 전신 근육이 서서히 마비되었지만, 과학기술의 도움을 받아 꾸준히 연구에 매진하며 우주론과 양자 중력의 연구에 공헌하였고, 2018년 일흔여섯 살의 나이로 타계하였다. 그는 55년 동안 루게릭병과 싸우며, 병으로 불편한 몸이었지만 마지막까지 유머를 잃지 않고, 삶의 희망을 준 분이다.

'루게릭병이 다른 질환보다도 진행 속도가 매우 빠르고 예후가 좋지 않으며 뚜렷한 원인과 치료법이 아직 확립되지 않은 질환임은 분명하지만, 의학의 발전과 함께 신규 약물, 줄기세포 치료 및 유전자 치료법, 신경보호 요법 등이 개발되고 있으므로 절망에 빠져 있기보다는 나에게 맞을 수 있는 치료법이 무엇일까를 적극적으로 찾으시길 권유하며, 또한 머지않은 미래에 우리에게도 희망적인 결과를 줄 수 있는 치료법이 나오기를 기대합니다'7)

진단 후 평균 수명은 삼사 년이지만 최근 치료법의 발달로 삼십 년 이상 생존할 수도 있다는 병이지만, 공식으로 루게릭병을 극복하고 건강을 회복하여 완치했다는 소식은 아직 요원하다. 한국루게릭병협회의 명예

7) 한양대학교 병원 '루게릭병의 소개 및 증상'에서.

회장인 이광우 교수가 '세상에서 가장 나쁜 병'이라 했을 만큼 자신의 상태가 나빠짐을 환자 본인이 알고 있을 정도고, 말이 어눌해지고 음식을 삼키는 것이 힘들어지면 곧 호흡마비를 각오해야 하는 잔인한 병이라고 한다.

그런 병을 앓고 있는 사람들에게 25년간 투병하며, '기적은 언제든지 올 수 있다. 희망을 품고 이겨내야 한다'라는 메시지를 던지는 사람이 있다. 2020년 12월에 국회에서 비대면으로 대한민국사회공헌재단이 수여하는 사회공헌 부문 대상을 받은 김태현 한국루게릭연맹의 회장이다. 김 회장님은 자신과 싸우는 루게릭병을 극복하기 위한 연구와 노력으로 원적외선 TDP 온열기를 개발하였고, 3년 전부터 온열 체험으로 현재까지 기적적으로 생명을 연장하고 있다. 좋은 물건은 다른 곳에 써도 좋은 법으로, 빈대욱 학장이 이 기기에 한 번 들어갔는데 이제는 편 이사님의 어머니를 모시고 TDP 온열기에 푹 빠져 지내게 되었다. 몸이 좋아지면서 눈이 맑아지고 상당한 효과를 보고 있다. 편 이사님의 어머니 역시 허리 통증도 완화되고 완전히 팬이 되어버렸다.

이러한 연유로 김 회장님은 2023년 2월에 창립 55주년을 맞은 남서울대학교의 가족기관인 남서울평생교육원을 방문하여, 특허 출원된 원적외선 TDP 온열기를 통한 자연치유체험센터를 개설하기 위해 빈대욱 학장과 체험 부스의 설치와 교육 일정 등에 대하여 다양하게 논의하고 있다. 한편으로 죽음의 공포에서 벗어날 수 없는 환우들을 위하여 이번 해 4월에 서울에 있는 병원과 치료제의 개발을 합의하였다고 한다.

시한부 삶의 하루, 희망으로 일어나기 위한 힘

지금 소개하고자 하는 동갑내기 친구는 루게릭병 23년차 환자이다. 1990년 즈음에 몸이 불편하고 걷는데 엉덩이, 허벅지 앞부분이 돌덩이를 매단 것처럼 무거워 보행이 힘들고 젓가락을 자주 놓치고, 또한 양치할 때 물컵을 놓치며 발음이 어눌하여 대낮부터 낮술을 먹은 사람으로 취급받았다고 한다. 중풍으로 생각하여 유명하다는 병원 30여 곳이나 찾아가 검사를 받아도 병명이 나오지 않아 고생하는 중에 압구정동에 있는 유명 한방병원에서 추나요법 치료와 한약을 복용하여도 효과는 없고 담당 한의사가 대형종합병원에 가보라고 했다고 한다. 2004년 4월 신촌 세브란스병원에서 루게릭병 진단을 받고 의사선생님에게 루게릭병이 어떤 병이냐 물어본 후 그 자리에서 기절하였다고 한다.

제가 보는 김태현 박사는 의지력이 강하고 약자에 대한 배려심과 나눔의 미덕을 잘 알고 있는 사람이다. 물론 사지(四肢)가 불편하고 겨우 서 있는 것뿐, 아무것도 혼자 할 수 있는 일은 없다. 말도 통역 없이는 알아듣기 어렵던 그가 최근에 통역 없이도 의사전달이 가능하고, 전화 통화도 가능할 정도로 회복세에 있다. 지금까지 4박 5일 동안을 두 번이나 간병인과 숙식을 함께하며 수발하다 보니 많은 것을 알게 되었다.

주로 하는 일은 휠체어로 이동하기 도움인데 경사나 계단이나 생각 외로 다니기가 불편한 데가 많다. 보는 시야가 달라질 수밖에 없는데 차에 휠체어를 해체 시켜서 트렁크에 실리는 것도 일이다. 다행히 바퀴 분해가 가능해서 차에 넣고 다니기 정말 편리하다. 눈이 오거나 비가 올 땐 정말 불편해도, 최근 휠체어로 다니는 통로가 좋아져서 고속도로 휴게소

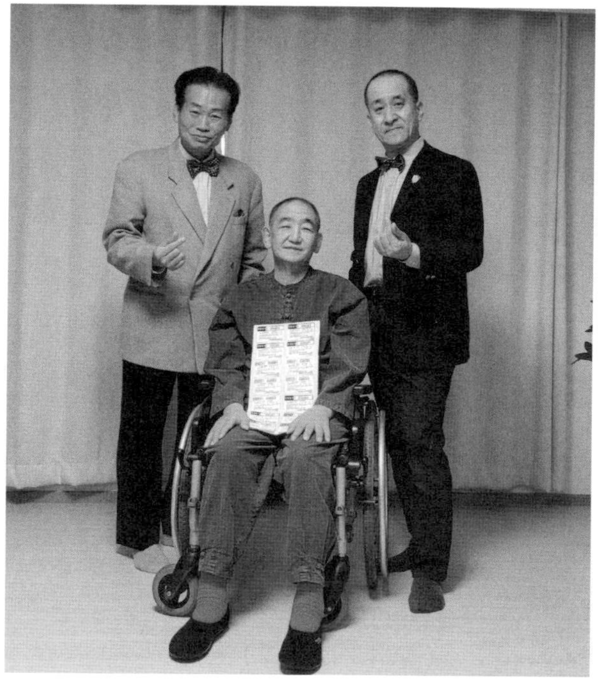

서재균 교수, 김태현 회장과 함께

등을 다니는 데는 큰 문제가 없었다. 하지만 지난번에 충청남도 예산 세심천온천호텔에 일박했을 때 엘리베이터가 고장이 나서 삼층까지 계단을 걸어서 올라간 적이 있었는데 그때는 모두가 진땀을 흐리곤 했다. 계단 오르내리기 도움은 회장님과 호흡을 맞추어 올라가고 내려가면 큰 문제가 없지만 컨디션이 안 좋을 때는 요령을 몰라서 그런지 정말 서로가 힘들다.

그리고 외출 시에 양말과 신발 신기, 비교적 쉬운 일인데 다리가 붓거나 수면 부족한 경우는 신기도 어려울 때가 있다. 더 어려운 것은 옷 입히기와 벗기기, 상반신은 뼈와 가죽밖에 없어서 조심스러운 부분이다. 그래도 간병인이 요령껏 잘하신다. 코와 가래 제거하기도 나름대로 잘하는 편이지만 간병인의 재치와 눈치를 제가 못 따라간다. 24시간 내내 오감이 작동하고 있지 않으면 어려운 일이기 때문이다. 김태현 박사는 입이 까다로운 편이라 커피는 반드시 100℃가 되어야 하고, 커피에 소금도 조금씩 넣어야 마신다. 소변은 서서 보시는 데 받아주는 데는 남자끼리 큰 어려움은 없다. 놀라운 것은, 장거리 이동할 때 내가 운전하는 데, 조수석에서 정확히 그 지역의 지리와 속도 조정 구간을 알고 있다는 점이다. 간혹 속도가 빠르거나 느리거나 하면 바로 옆에서 혼나기도 한다. 집안에서는 설거지와 집안 청소는 기본적으로 임하기도 했다. 돌봄을 하면서 얻은 교훈은 신체 오감을 자유롭게 움직일 수 있다는 행복과 모든 일이 남의 손을 빌리지 않아도 생활할 수 있다는 점에 감사한다는 점이다.8)

죽기 전까지는 힘들다고 생각을 하지 않기로 했다

나는 김 회장님의 옆에서 그가 하는 일거수, 일투족을 보며, 삶을 향한 뜨거운 열정을 보았고 감동하였다. "더불어 얻은 시한부 생명의 연장은 호의호식(好衣好食)하라고 신께서 도와주는 것이 아니고 아직도 다하지 못한 사명이 있기 때문"이라 생각한다는 그의 말에 다시 한 번 감동하였다.

이분들이 바로 내가 생각해왔던 '죽기 전까지는 힘들다고 생각하지 않기로 했다'라는, 아무리 어려워도 긍정적으로 생각하자는 초긍정의 역할 모형이 아닌가 하는 생각이 들었다. 현재 김 회장님의 상태는 온열기의

8) 〈사랑의 일기〉 2021.12.15 최우수상 MBC사장상.

효과를 입어 점점 나아지는 방향으로 가고 있다. 처음에는 일어서는 것도 불편한 그가, 일어서서 다시 앉기까지 자신의 힘만으로 하는 것을 보고 그가 점점 나아지고 있음을 느끼고 있다. 원하는 것은 최근에 미국에서 루게릭병의 치료제가 나온다고 하는데 미국에서 또는 한국에서 임상시험단계까지 올라가 성공함으로써 난치병을 해결할 수 있기를 바라며, 또한 김 회장님의 TDP 온열기가 성공하여 환우들의 아픔을 덜어주는 데 큰 역할을 해낼 수 있기를 진심으로 바란다.

도대체 나는 누구인가

나의 정체성을 어디에서 찾아야 하는가. 우리의 역사에서 사례는 없는가 하고 생각해보니 임진왜란 때의 김충선(金忠善, 1572~1642) 장군과 일제시대의 이방자(李方子, 1901~1989) 여사가 떠오른다. 이 두 분과 임진왜란과 정유재란 이후의 조선통신사를 통해 나, 혼다 토모쿠니의 인간 본질을 찾아 나선다.

일본의 반역자이자 항왜(토착왜구)인 김충선은 1640년의 회고(『모하당문집慕夏堂文集』)에서 "명분 없는 전쟁을 일으킨 왜군에 환멸을 느낀다"라는 말을 했다.

"사람이 사나이로 태어난 것은 다행한 일이나 불행하게도 문화의 땅에 태어나지 못하고 오랑캐 나라에 태어나서 끝내 오랑캐로 죽게 된다면 어찌 영웅으로 한이 되는 일이 아니랴 하고 때로는 눈물짓기도 하고 때로는 침식을 잊고 번민하기도 했습니다."

"이 나라의 예의 문물과 의관 풍속을 아름답게 여겨 예의의 나라에서 성인의 백성이 되고자 할 따름입니다."[9]

임진왜란 당시, 가토 가등청정(加藤清正, 1562~1611)로 잘 알려진 가토 기요마사 휘하의 우선봉장(右先鋒將)인 스물두 살의 사야가(沙也可), 김충선 장군은 뜻을 같이하는 3천 명의 부하와 함께 투항했다. 얼마 후, 이들은 자신들이 가져온 조총을 들고 홀연히 나타나 동료였던 일본군에 대항하여 싸웠고, 일본군의 전술을 잘 알아 정유재란 때 울산성 전투에서는 과거 자신을 지휘했던 왜장, 가토 기요마사가 이끄는 군대를 섬멸하기도 하였다. 김충선은 조선에 조총을 보급하고 부대를 창설하여 훈련하고, 경상도 병영에 상서하여 각 도와 각 진에 조총의 제조와 사용법을 교수하도록 했다.

"그 뒤 경주·울산 등지에서 전공을 세워 첨지(僉知, 정3품 당상관)의 직함을 받았으며, 정유재란 때는 손시로(孫時老) 등 항왜(抗倭, 항복한 왜장)와 함께 의령 전투에 참여하여 많은 공을 세웠다. 이러한 전공을 가상히 여긴 조정으로부터 가선대부(嘉善大夫, 종2품)를 제수받고, 이어서 도원수 권율(權慄, 1537~1 599), 어사 한준겸(韓浚謙, 1557~1627) 등의 주청으로 성명을 하사받았으며 자헌대부(資憲大夫, 정2품)에 승품되었다. 그 후 정유재란과 북방 여진족의 침략에 대비하여 방어에 힘쓴 공을 인정받아 정헌대부(正憲大夫, 정2품)에 올랐다.

1624년(인조 2) 이괄의 난 때 그 부장인 항왜 서아지(徐牙之)를 잡아 죽인 공으로 사패지(賜牌地)를 받았으나 사양하고 수어청의 둔전으로 사용하도록 하였다. 1636년 병자호란 때는 스스로 광주(廣州)의 쌍령(雙嶺)에

9) 경상도병마절도사 박진(朴晉)에게 보낸 효유문(曉諭文)에서.

나아가 싸워 큰 전과를 올렸다. 1600년 진주목사 인동 장씨 장춘점(張春點)의 딸과 혼인하여 살면서 가훈·향약 등을 마련하여 향리 교화에 힘썼다."10)

일본인들의 한반도 침략은 비공식적(박혁거세 설화에 포함)으로는 기원전 50년이었고, 『삼국사기』의 공식기록으로는 신라의 제2대왕인 남해차차웅 11년(A.D.14)에 '왜인이 병선 100여 척을 보내 해변의 민가를 약탈하였다. 6부의 정병을 보내 이를 방어하였다'라는 기록이 남아 있을 정도로 오래되었고, '왜구(倭寇)'라는 한자어 표현은 414년 고구려 광개토대왕릉비 비문의 '왜구대궤(倭寇大潰, 왜구를 크게 궤멸시켰다)'에서 최초로 등장한다. 『고려사』에서는 고종 10년(1223) '왜가 김해(금주)를 침략했다'는 '왜구금주(倭寇金州)'라는 표현이 나와 있고, 고려와 조선은 민생을 이유로 약탈하지 않는 해적과 같은 사략 집단이 된, 체계적인 군대 조직을 갖춘 왜구에게 시달리기까지 하였다.

일본의 한반도와 한민족에 대한 약탈과 잔인한 만행은 임진왜란으로 이어지면서, 극에 달했다. 도요토미 히데요시(豊臣秀吉, 1537~1598)는 국내 통일에 성공하였으나, 자기 가신들에게 영지를 나눠주지 못하자, 오랜 기간의 싸움에서 얻은 다이묘(大名)들의 강력한 무력을 해외로 방출시켜 국내 통일의 안전을 도모함과 동시에 대륙으로 세력을 뻗어보려는 침략의 망상에 빠지게 되었다(조선에 파병된 군대는 도요토미파派의 군대가 중심이었는데, 그의 다음가는 대영주였던 도쿠가와 이에야스 휘하의 병력은 파병되지 않았다. 히데요시가 요청하였으나, 전쟁에 나가봐야 좋을 일이 없다고 판단한 도쿠가와가 여러 핑계를 대면서 보내지 않았기 때문이다. 난에 참가하지 않은 덕

10) 『한국민족문화대사전』〈김충선〉 항목 편집.

에 힘을 온존한 이에야스의 동일본 세력은 세키가하라 전투에서 서일본 세력과 싸워 승리할 수 있었고, 왜란의 책임을 죽은 히데요시의 탓으로 돌려 다시 조선과 화친을 맺을 명분을 가질 수 있었다. 만약 도쿠가와마저 임진왜란에 참전했다면 조선의 피해는 더 커졌을 것이다).

도요토미는 자기 휘하의 세력에 더하여 통일 시에 정벌을 당한 가문의 군사들을 '화살받이 부대'로 차출하여 조선으로 출병시켰다. 도요토미 휘하의 새로운 세력은 전공을 올려 명예를 높이려 했지만, 그렇지 않은 무리에게는 출병(出兵)의 의미가 달랐다. 참여해야 할 명분이 없었던 까닭도 있었지만, 무엇보다도 일본에는 자기가 머물 땅이 사라졌을 뿐 아니라, 주군의 원수를 위해 함께 싸우는 것이 도리가 아니라 여긴 이도 있었다. 임진왜란과 정유재란 당시에 항복한 왜인은 일만 명을 넘어섰다.

김충선은 도요토미에게 아내와 딸을 볼모로 협박당하여 조선에 왔지만, 조선의 문화를 숭상하여 대의(大義)와 예(禮)를 따라 조선에 귀화하여 누구보다도 조선인으로 살아왔다. 임진왜란, 정유재란, 이괄의 난, 정묘호란, 병자호란의 한국사의 굵직한 난(三亂)에 참전하여 예순여섯 살에 이르기까지 많은 공을 세웠고, 가훈과 향약을 지어 향촌 교화에 힘써 지역사회와 공존하고 적극적으로 어울리고자 했다.

임진왜란 400주년을 맞이하여 1990년대 김충선에 관한 연구와 다양한 콘텐츠가 한·일 양국 간에 제작되었다. 한국에서는 1992년 녹동서원(鹿洞書院) 경내에 임진왜란 400주년 기념 신도비(神道碑)가 건립되었고, 1998년 녹동서원 왼쪽으로 한·일 간의 교류 협력의 장인 충절관(忠節館)을 개관하였다. 같은 해 중학교 도덕 교과서에 김충선이 수록되었으며, 모하당사상연구회(2005년 김충선연구회로 개칭)가 발족되어 김충선에 관한 학문적 연구 기반을 마련하면서, 2005년 '김충선(사야가) 한일 국제 SYMPOSIUM', 2007년 '조선통신사 400주년 기념 김충선(사야가) 한일 국제 SYMPOSIUM' 등의 국제 심포지엄과 '한일 손에 손잡고 콘서트' 등이 개최되기도 하였다. 2012년에는 녹동서원 오른쪽에 '한일우호관'이 개관되어 지역민들과 일본인 관광객들의 방문이 이어지고 있다.

김충선은 광복 이후 새로운 한일 관계가 모색되는 과정에서 재해석되었고, 재평가 받았다. 그리고 양국에서 다양한 연구와 문화 콘텐츠들이 제작되면서 대중들의 관심도 높아졌다. 이러한 점에서 한·일 양국의 평화적인 우호 관계를 구축하기 위한 가교로서 김충선이 지니는 역사적 의미와 역할은 매우 크다고 할 수 있다. 처음에는 항왜(抗倭)라는 이유로 일본에서 부정적인 평가를 받았지만, 최근에는 평화를 사랑한 평화주의자(平和主義者)로 재평가되면서, 녹동서원과 달성 '한일우호관'을 방문하는 일본인들의 숫자가 늘고 있다. 따라서 김충선과 녹동서원을 중심으로 한 우록리는 한·일 관계를 개선하고 우호의 역사를 쌓는 역사적 공간으로 활용하기에 충분하다.[11]

이방자 여사는 회고록에서 "내게는 두 개의 조국이 있다. 하나는 나를 낳아준 곳이고, 하나는 나에게 삶의 혼을 넣어주고 내가 묻힐 곳이다. 내 남편이 묻혀있고 내가 묻혀야 할 조국, 이 땅을 나는 나의 조국으로 생각한다"(『세월이여, 왕조여』〈정음사, 1985〉 중에서)라며 "이제는 한국인입니다"라고 밝힌 바가 있다.

당시 남편인 영친왕 이은(英親王 李垠, 1897~1970)은 당시 일본 육사를

11) 한국학중앙연구원 〈향토문화전자대전〉.

졸업한 일본군 장교였다. 불임으로 판정받은 일본 황족과 결혼하는 걸 두고, 조선의 식자들과 독립운동가들은 무척 못마땅해했다. 김규식(金奎植, 1881~1950)은 프랑스 파리에서 발행하던 '자유 대한(La Coree Libre)'이라는 잡지에 이은을 가리켜 '구녀(仇女, 원수의 여자)를 취한 금수(禽獸)'라고 비판했다고도 한다. 물론 이방자(李方子, 1901~1989)도 이은도 원해서 한 결혼이 아니었고, 둘 다 마다할 처지도 아니었다. (중략) 조선 지식인들은 '원수의 여자'라며 손가락질했고 초대 정부는 일제의 자국인 양 배척했지만, 그는 그렇게 한국 시민을 위해 멋지게 헌신했다.[12]

대한제국의 마지막 황태자 영친왕 이은은 어려서 일본으로 끌려가 인질 생활에 일본식 교육을 받았고, 이토 히로부미 등의 권세가들이 추진하던 '내선일체(內鮮一體)' 때문에 자기 뜻과 상관없는 정략결혼을 당했다. 이방자 여사는 그의 부인이며, '내선일체'를 위해 만난 적도 없는 남편과 자기가 약혼했음을 신문을 통해 알게 되어 결혼하였다(그날의 신문에는 '고종의 기쁨, 조선인 또한 폐하의 배려에 감격하다'라는 제목의 기사가 실렸고, 다음 날에는 이완용(李完用, 1858~1926) 백작의 담화가 발표되는 등의 선전효과는 매우 컸다). 1945년 일본의 패망함에 따라 연합군에 의해 이왕가인 남편이 일본 왕족에게서 분리되어 거처와 재산을 몰수당하고 한국 국적과 일본 국적도 없는 무국적자(無國籍者)로 한동안 살아야 했고, 고생 끝에 1963년 의식불명이 된 병석의 영친왕과 함께 귀국할 수 있었다.

평소에 '어울릴 화(和)'를 좋아했던 이방자 여사는 1962년 대한민국의

12) 이방자, 〈봉사와 헌신의 기품〉, 《한국일보》, 2019.11.4

국적을 취득한 후, 1970년에 서거한 영친왕의 유지를 받들어 지적장애인들을 위한 복지 사업(자행회, 명휘원, 자혜학교 등)에 전념하며 장애인들의 어머니로, 동정이나 시혜가 아닌 사회인으로 자립하는 것을 목적으로 그 교육과 복지를 위하여 헌신하며 봉사해 왔다.

"나는 천황의 칙령을 엄수했고, 남편의 부촉인 장애인 소년, 소녀를 위해 헌신하고 갈 뿐입니다." 그녀는 천황에 충의를 위해 목숨을 바치는 또 하나의 사무라이 같았고, 부군을 일편단심으로 모시는 열녀(烈女)와 같은 모습을 보여주었다.

한반도는 과거 선린(善隣)이어야 할 중국, 일본에 너무 많은 침략을 당해 통곡과 눈물이 마를 날이 없을 지경이었다. 중국은 1천 년이 넘도록 한반도를 속국으로 고통을 주었다. 양육강식(弱肉强食)이듯 한반도는 중국, 일본에 고통을 당했고, 현재도 고통이 완전히 종식되지 않았다. 일본이 한반도에 끼친 패악에 대해서 일일이 거론해서 사과와 보상을 요구하는 것은 너무도 당연한 일일지도 모른다. 그러나 100년이 가까워져 오는 불행한 과거지사(過去之事)만 가지고 끝이 보이지 않는 사과와 보상을 요구할 때 양국은 더욱 증오심과 원망이 깊어질지 모른다. 나는 생각한다. 불행한 과거지사를 한·일의 반면교사(反面教師)로 삼고 미래를 위해 좋은 친구가 되는 것이 좋지 않은가? 고통과 번영을 함께하고, 눈물을 서로 닦아주는 좋은 친구 말이다. 이제 인류는 지구촌(地球村) 시대이다.[13)]

조선통신사(朝鮮通信使)는 임진왜란 이후 단절된 조선과의 국교를 회복하고자 일본 에도막부의 요청으로 조선에서 파견되었던 외교사절단이

---

13) 이법철, 〈비운의 왕비 이방자…한일관계의 원혼〉, 《뉴데일리》, 2015

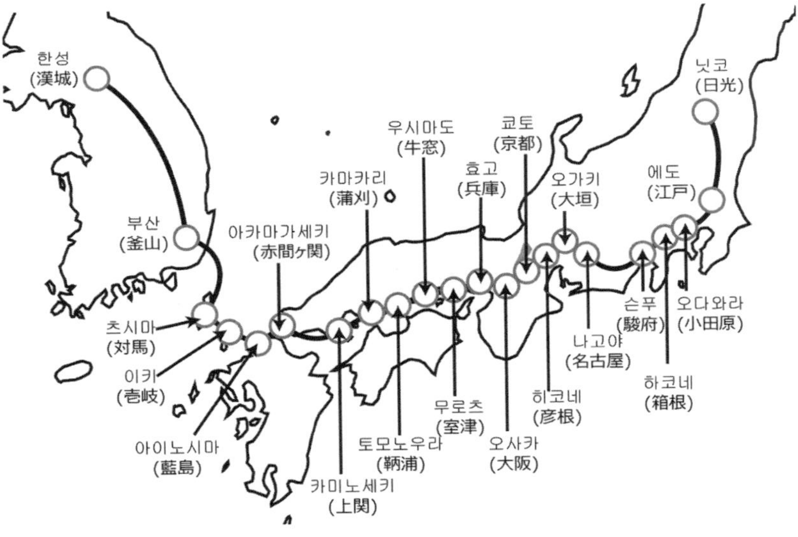

조선통신사래조도(朝鮮通信使来朝図) / 하네가와 토에이(羽川藤永), 에도시대 1748년경.

다. 여기서 '통신(通信)'이란 '국왕의 뜻을 전함', '신의를 나눈다'는 의미로, 조선과 일본은 신뢰를 기반으로 한 조선통신사 교류를 통해 평화와 선린우호의 관계를 구축했다고 할 수 있다.[14]

통신사의 파견 이유나 목적은 임진왜란을 전후하여 다소 차이가 있다. 조선 전기의 경우 일본 관계에 있어 가장 큰 관심사는 왜구 문제였다. 이 문제를 해결하기 위하여 일본 막부의 차기 쇼군(將軍)에게 습직(襲職, 직을 세습함)을 축하함과 동시에 왜구 제압 및 우호 관계의 유지 등의 정치·외교 목적을 이유로 통신사를 파견(8회)하였다. 임진왜란 직후에는 전쟁상태 종결을 위한 강화교섭, 포로 및 나포된 자의 귀환과 국정 탐색, 쇼군의 습직 축하 등으로 파견(12회)되었다.

한편, 일본으로부터 조선에 파견(총 71회)되는 '일본 국왕사'가 동(銅)을 가져와 대신 생필품인 쌀·콩·목면을 구해가는 경제적인 목적이거나, 선종(禪宗)의 큰 유행으로 조선의 대장경(大藏經)과 범종(梵鐘)을 가져가는 문화적이었던 점과 대조를 이룬다. 조선 전기 일본 국왕사의 상경로를 임란 당시 일본군의 침략(侵略路)로 이용하는 등 피해가 심하게 되자 조선에서는 일본 국왕사의 상경을 허락하지 않았고, 대신 막부장군에 관한 일은 차왜(差倭, 일본에서 조선으로 보내는 사신)가 대신하게 되었다.

통신사가 한양에서 에도까지 왕복하는 데 짧게는 5개월에서 길게는 일 년이 걸렸다. 기본적으로 거리만 왕복 4천 킬로미터에 달하는 데다, 일정에 한여름이나 한겨울이 껴있으면 시간이 더 걸렸다. 통신사 일행이 통과하는 객사에서의 교류는 한시문·학술의 필담창화라고 하는 문화상

14) 『한국민족문화대백과사전』, 〈조선통신사에 관한 기록〉 항목 편집.

의 교류가 성하였다. 이에 따른 화려하고 사치스러운 향응(饗應)은 결국 일본의 재정을 핍박하는 하나의 원인이 되기도 했다. 통신사는 그들이 방문한 곳마다 서화·시문·글씨 등을 많이 남겼으며, 그것은 병풍·회권·판화 등의 형태로 만들어져 널리 유행되었으며, 이러한 것이 현재까지 전해져 내려오고 있다. 통신사에 대한 일본인의 반응은 정치담당자들뿐만 아니라 일반 무사를 비롯한 문인·묵객·서민에 이르기까지 커다란 관심을 불러일으켰다. 한편, 통신사들은 일본에서 겪은 견문록을 남기기도 하였다.

18세기에 들어와 대륙의 정세가 안정되자 통신사 파견도 외교적인 현안보다 쇼군 습직의 축하와 교린관계의 확인이 주된 목적으로 바뀌었고, 문화의 교류라는 통신사 파견의 외교적인 의미가 상실되었다. 1811년 통신사는 여정을 바꾸어 대마도에서 국서를 교환하는 의례적인 '역지통신(易地通信)'으로 막을 내렸고, 서구문물을 직접 받을 수 있게 된 일본은 일방적인 통신사의 폐절과 함께 교린 관계를 끊었다.[15]

조선 국왕이 일본의 쇼군에게 사절단으로 보낸 통신사는, 조선에는 교린 관계를 나누며 혹시 모를 일본의 군사적 위협을 덜어낸다는 이점이 있었다. 외교 문제가 발생할 때 곧바로 보낸 것이 아니었지만, 왕의 칙사인 통신사는 쇼군이나 일본의 대신들과 직접 협상하여 외교 안건을 해결할 수 있었다. 반대로 일본으로 들어오는 외국의 사절단은 조선의 통신사가 유일하였기에, 17세기 후반부터 18세기 중엽까지 일본은 통신사 접대에 상상을 초월하는 예산을 투입하면서까지 도쿠가와 막부의

15) 『한국민족문화대백과사전』 '통신사' 항목 편집.

국제적 입지를 선전하고, 조공 사절로써 백성들을 속여 정치권력의 안정을 도모하였으며, 4백 명 이상의 사절을 보여주며 '조선은 일본에 조공을 바치는 종속국'이라 속여 네덜란드와의 무역 교역을 독차지하는데 한몫했다.

양국이 우호 관계를 구축하고 학문과 문화의 발전을 소중히 했다는 증거는 그들이 남긴 기록물들(총 111건 333점에 달하며, 그중 외교 기록은 5건 51점, 여정 기록은 65건 136점, 문화교류 기록은 41건 146점)로 조선통신사의 공헌도를 증명하고 있다. 특히 임진왜란 이후로 서로 증오하던 두 나라는 통신사를 보내달라는 일본 막부의 요청에 조선의 조정은 호혜로 화답하였다. 조선통신사의 왕래로 증오와 오해를 풀고 상호이해를 넓혀 외교뿐 아니라 학술, 예술, 산업, 문화 등의 다양한 분야에 있어서 활발한 교류의 성과를 낼 수 있었다.

어떻게 살 것인가

김충선의 자손들은 "할아버지가 일본 놈이라서" 동네 아이들에게 쪽발이 후손이라 놀림을 받았지만, 오히려 "할아버지가 계셨으니까 지금의 너희들이 있는 거야!"라고 되받아쳤다고 했다.

"'반일감정'이 있는 한국에서 이렇게 존경받는 일본인이 있었다는 사실에 놀라워한다. 내가 일본을 방문하면 '위대한 일본인'의 후손으로 대접받는다."

"아버지는 일제강점기 시절 일본 유학을 가서 정착한 뒤 히로시마에서 줄 공장을 운영했다. 종업원 3천여 명이 됐다고 한다. 일본 여자와 결혼하려고 했는데, 할아버지가 '가문을 망친다'며 반대해 이루지 못했다."16)

김충선은 일본에 일족을 멸할 역적 행위를 했다. 조선의 문화와 예를 숭상하던 그는 조선에 남아 생과 사를 나누는 전장에서 조선을 위해 자신이 가진 모든 힘을 다하여 충성을 바쳤다. 자기 뜻을 일관하여 당당하게 살다 간 그의 뒤에는 7,500명(2015년 당시)의 후손들이 대한민국 사람으로 살며, 그를 기린다.

이방자 여사는 황족으로 태어나 대한제국의 마지막 황태자비로 영친왕 이은과 자기도 모르게 남이 계획한 일방적인 결혼을 하여 원하지도 않은 '내선일체(內鮮一體)'라는 프로파간다의 상징이 되었다. 남편이 가장 고통스러워했던 고향에 대한 동경, 그리고 향수와 지독한 쓸쓸함을 느꼈다. 1947년 해방 후에 평민의 신분으로 무일푼이 되어 아무런 도움도 받지 못하여 "나는 일본인도 조선인도 아니다"라고 괴로워하는 영친왕의 옆을 지켜준 사람이자, 1963년에 한국에 돌아와서는 아예 "나는 한국인입니다"라고 하며, 영친왕이 그렇게도 하고 싶어 했던 장애인 복지에 남은 일생을 바치고 1989년 여든일곱 살의 나이에 한국인으로서 세상을 떠났다.

조선이 일본에 대하여 "왜적 또는 야만"이라 부르는 것에 대하여 불만을 가지던 일본의 통역관이 화를 내자, 조선의 제술관 신유한(申維翰, 1681~1752)은 이렇게 대답했다고 한다.

"도요토미 히데요시는 우리의 철천지원수이고 종묘사직의 훼손, 영혼의 원한, 실로 만세까지도 변하지 않을 것이다. 우리나라의 신민은 그를

16) 최보식, '12세손 김상보 종친회장'(최보식이 만난 사람), 조선일보, 2015

죽이려고 하지 않는 자가 있겠는가? 위로는 지존으로부터 아래로는 백성에 이르기까지 욕하고 적으로 말하지 않겠는가? 그것이 문장에 반영되어도 당연하다. 그러나 오늘날에는 임금은 백성을 사랑하여 부산에 왜관을 개설하여 교역하고 더구나 일본의 산하에는 히데요시의 흔적이 전혀 없는 것으로 알고 있다. 고로 사절을 파견하여 화목을 도모하고 국서를 교환하는 것이다. 무엇 때문에 지나간 원한을 다시 불러일으키는가?"17)

조선통신사가 그토록 환영받은 이유는 전란(세키가하라 전투)이 끝나고, 문화에 대한 열망이 일본의 민간에서 끓어오를 때 그런 갈증을 풀어주는 역할을 했기 때문이다. 조선은 사대교린이라 하여 중국을 사대(事大)하고 주변의 나라와 형제처럼 친하게 지내는(交隣) 정책을 주로 펴 왔는데, 왜란이 일어나 복구하는 데에 많은 세월을 요구하는 큰 피해를 보았어도, '형'이기 때문에 나누어 줄 수 있는 문화적인 자신감과 아량이 있었기에 통신사를 보내는 것이 가능했다고 본다.

조선통신사에 대한 일본의 관심은 매우 높아서, 이들이 지나갈 때마다 지역 전체가 들썩이고 유행이 바뀐다고 할 정도로 파장이 대단했다. 통신사의 서예 작품을 얻으려고 성황이었고, 일본인들이 통신사의 하인들에게 다가가서 글자 하나만 써 달라고 요구하기도 했다. 이는 일본뿐 아니라 통신사에 참여한 조선의 지식인들은 반년에서 일 년 가까이 되는 일본 여행과 견문(이문화 체험), 그리고 문인들과의 교류(이문화 교류)를 통해, '소중화사상(小中華思想)'에서 이문화(異文化)와 접촉함으로 상대방의 문화를 이해하고 그 특수성을 인정함으로써 이를 보편성으로 인식하

---

17) 신유한의 『해유록』 중에서.

는 계기가 되기도 했다. 여담이지만 신유한은 대마도에서 필담으로 창화한 시편이 귀로의 오사카에서 이미 출판된 것을 보고는 그 신속함에 놀라기도 했다.

내가 원하는 우리 민족의 사업은 결코 세계를 무력(武力)으로 정복(征服)하거나 경제력(經濟力)으로 지배(支配)하려는 것이 아니다. 오직 사랑의 문화, 평화의 문화로 우리 스스로 잘 살고 인류 전체가 의좋게, 즐겁게 살도록 하는 일을 하자는 것이다. 어느 민족도 일찍이 그러한 일을 한 이가 없으니 그것은 공상(空想)이라고 하지 마라. 일찍이 아무도 한 자가 없기에 우리가 하자는 것이다. 이 큰일은 하늘이 우리를 위하여 남겨 놓으신 것임을 깨달을 때, 우리 민족은 비로소 제 길을 찾고 제 일을 알아본 것이다. 나는 우리나라의 청년 남녀(青年男女)가 모두 과거의 조그맣고 좁다란 생각을 버리고, 우리 민족의 큰 사명(使命)에 눈을 떠서, 제 마음을 닦고 제힘을 기르기로 낙(樂)을 삼기를 바란다. 젊은 사람들이 모두 이 정신을 가지고 이 방향으로 힘을 쓸진댄, 30년이 못 하여 우리 민족은 괄목상대(刮目相對)하게 될 것을 나는 확신(確信)하는 바이다.(…)

오직 한없이 가지고 싶은 것은 높은 문화의 힘이다. 문화의 힘은 우리 자신을 행복하게 하고 나아가서 남에게 행복을 주겠기 때문이다.(...)

나는 우리나라가 남의 것을 모방하는 나라가 되지 말고 이러한 높고 새로운 문화의 근원이 되고 목표가 되고 모범이 되기를 원한다. 그래서 진정한 세계의 평화가 우리나라에서, 우리나라로 말미암아서 세계에 실현되기를 원한다. 홍익인간(弘益人間)이라는 우리 국조(國祖) 단군(檀君)의 이상이 이것이라고 믿는다.[18]

'한류(韓流)'라는 우리의 문화는 1997년에 태어나, 생겨난 지 삼십 년이 채 되지 않았다. 김구 선생이 말한 대로 우리나라의 한류는 바다를 건너 세계로 향하고 있으며 세계가 '괄목상대할 만큼'의 영향력을 가지고 있다. 우리가 지향해야 할 더욱 강한 힘은 바로 문화의 힘이다. 야만적인 전란의 시대를 살던 김충선은 조선의 문화에 감복하여 이 땅에 살며 뿌리를 내렸다. 내가 일본에서 한국으로 건너온 지 얼마 안 된 때, 거리의 가판대에서는 'J-POP'이라며 일본노래 테이프를 틀면서 해적판을 판 적이 있었다. 말로는 "일본 놈", "왜놈들"이라 하며 미워하여도 일본에 출장이나 여행을 가는 사람이 있으면, 노래 CD를 부탁하거나, 면세점에서 '조지루시 밥통', '타이거 물병'을 사오라는 부탁이 있었을 정도로 일본의 문물은 깊숙이 침투해 있었다. 그러나 지금은 어떠할까? 오히려 BTS의 음악이 'K-POP'을 대표하여 전 세계의 스피커를 장악하고 있지 않을까? 한류는 지금도 영토를 확장하고 있다. 유튜브, SNS 등의 글로벌 온라인 플랫폼을 통해 한국문화의 매력이 전 세계로 알려지면서, 이제는 한국의 전통문화, 음식, 문학, 한국어 학습으로까지 한류 열풍이 확대되고 있다.

> "전쟁의 기억이 희미해지려는 오늘날, 일본이 지나온 역사를 반복하여 배우며, 평화를 생각하는 것은 매우 중요하다(戦争の記憶が薄れようとしている今日' 日本が歩んできた歴史を繰り返し学び' 平和を考えることは極めて重要だ)."
>
> - 2011년 12월 23일, 본인의 생일기념 감상문을 통해
>
> (平成23年12月23日' 御自身の誕生日記念感想文を通じて)

18) 김구, 「나의 소원」, 『백범일지』 중에서.

일본의 대표적인 평화주의자로 불리는 헤이세이(平成, 아키히토明仁, 1933~) 상왕(上王)은 어린 시절 전쟁의 참상을 몸소 겪은 사람이다. 그의 아버지인 쇼와 덴노(昭和天皇, 1901~1989)가 패전 후, 자신은 신이 아니라고 하는 말을 들었고, 수도인 동경이 밤낮없이 미군의 공습으로 소이탄을 맞아 불야성을 이루는 것을 보았고, 두 도시에 원자폭탄을 맞는 등 황태자 시절에 일본 제국이 미국에 패망하는 것을 직접 보았기 때문이다. 세상에서 가장 해서는 가장 안 될 일이 남을 지배하는 일, 전쟁과 살인이라 생각한다. 그런 과거를 돌아보고 되새기는 작업은 누구에게나 필요하다. "한때 우리나라가 한반도 사람들에게 지대한 고통을 주었다는 깊은 슬픔이 항상 내 기억 속에 있다"라고 말한 그의 발언처럼, 식민 지배와 관련해 일본 천황과 총리가 사과한 횟수는 53회이다. 아키히토 전 천황은 7회, '극우파의 수괴'로 여기는 아베 신조(安倍晋三, 1954~2022) 전 총리는 19회 사과했다.

나는 한국이 앞으로 크게 일어날 나라임을 믿고 이곳에 왔다. 그것이 어떤 것인지 구체적으로는 모르겠지만 앞으로도 흥하게 될 것이다. 그러나 지금도 한국의 일부에서는 아직도 구원(舊怨)에 사로잡혀 있는 사람들이 있다. 아직도 반성 못한 일본은 더 혼나야 한다는 그런 사람들이다. 임진왜란에 일제 강점기를 생각하면 배은망덕도 유분수라고 생각하게 된다. 그렇다고 해서 이런 쓰라린 역사에 언제까지고 메여 있을 것이 아니라 이를 반면교사로 삼아 우리에게 다시는 있어서 안 될 것으로 새기고, 한국과 한국인은 찬란한 문화의 힘을 믿고, 문화적으로 더 큰 자긍심을 가지고 세상을 바라보아야 한다. 그것이 김충선과, 통신사로 갔던 사람들과, 영친왕과 이방자 여사, 김구 선생과 안중근 의사가 보았을 평범하게 보이면서도 찬란한, 한국과 한민족의 미래일지도 모른다. 나의 시대가 끝나고, 10대(代) 이상을 거친 훗날에 한국에 있을 나의 후손들은 "우리 할아버지는…." 하며 어떻게 나를 평가할까. 그것을 위하여 오늘도 열심히 살고 있다.

나가는 말

내가 하는 일, 앞으로 하고 싶은 일

- 나의 자전거는 멈출 수 없다

2022년 12월 어느 날 작성한 요일별 일과 보고서

월요일

매주 월요일은 헌혈 봉사하는 날로 정하여, 여유 있게 지낸다. 성분 헌혈을 하는데 2주에 한 번이 가능하다. '혼사마 스터디' 이름을 정해, 동네 혜화동 로터리 롯데리아 2층에서 기초 일본어 공부를 격주로 가르친다. 그리고 오후에는 주로 가족을 위해 가족 회식, 손주 집 방문 등으로 투자한다.

화요일

매주 화요일은 경기도 양평 라이프 치과 직원 교육(몇 달 전부터 일본 성경으로 일본어 배우기로 바뀌었다)을 하는 날이다. 코로나19 때도 쉬지 않고 계속해서 가르쳐 온 유일한 교육이다. 덕분에 한 달 생활비를 챙길 수 있었고, 지금은 수업 후 회식 및 다과 등으로 아예 가족처럼 지내는 관계가 되었다.

수요일

서대문문화원에서 오전 수업을 진행 중인데 하나는 초급, 또 하나는 중·

고급 과정을 운영한다. 모두 일본어로 강의 진행을 하는데 수강생들은 다 알아듣는 척한다. 그 이유는 판서는 한국어로 해석해주기 때문이다. 직접 교수법(교실 내에서 외국어만 사용하며, 회화를 중심으로 학습하는 외국어 교수법)을 택한 것은 원어민 강사만이 제공할 수 있는 혜택을 주기 위해서다.

목요일

LSP라는 국책사업으로 천연 건강식품을 연구한 제품을 소개하기 위해 낮에는 강연을 듣거나 새로운 사람을 소개하는 시간을 갖고, 저녁에는 그 제품을 쇼호스트 자격으로 생방송 라이브를 한 시간 동안 MBC 12기 공채 개그우먼인 김선정 씨와 공동으로 진행한다. 대본이 없어도 말이 슬슬 나오기 때문에 긴장하거나 특별히 준비하는 것은 없다. 다만, 제품에 대한 가격과 정보는 정확히 전달해야 하니, 메모지에 적어놓고 방송에 임한다.

금요일

남서울평생교육원이 주관하는 진형중고등학교(만학도들이 100퍼센트 정부 지원으로 공부하는 곳)에서 오후에 여행 기초 일본어 및 노래(엔카)로 배우는 일본어를 지도하고 있는데, 아직 홍보가 덜 되어 수강생이 많지 않으나, '한 명이라도 백 명처럼'이라는 교육 철학을 가지고 최선을 다하여 가르친다. 2023년부터는 '보람평생교육원'이라는 이름으로 새롭게 출범한다.

토요일

오전 10시 반부터 12시까지, 오후 1시 반부터 3시까지는 키키스타(양방향 소통) 1인 방송 과정을 진행하고, 4시부터는 남서울탐정사관학교 수료생들을 중심으로 한·일 간 문화 비교라는 주제로 특강을 하고 있다. 남서울탐정사관학교 2기 수료생 자격으로 6기부터 8주 과정 중 한 강좌를 진행하고 있다.

일요일(주일)

유일하게 운동할 수 있는 주일이라 예배를 드린 후에는 그린클럽 소속으로 배드민턴을 즐기고 있다. 현장에서 예배를 드리지 못할 경우, 온라인 예배로 대신하곤 한다. 배드민턴은 10년 넘게 해온 운동으로 교수 시절에는 전국 교수 배드민턴 대회에서 개인전에서 우승하기도 했고, 제1회 다문화 가정 배드민턴 대회 때도 부부 복식으로 우승을 한 경험도 있다. 월 1회는 부부가 함께 산에 오르는 시간으로 스케줄을 맞춘다.

나머지

미팅 시간 중 약속이 취소되거나 연기되면, 번개 미팅을 하는데, 이것은 시간을 헛되이 보내지 않기 위함이다. 예를 들어 지난 화요일에는 양평 특강이 앞당겨서 이루어지는 바람에, 화요일 오후에 루게릭병을 27년 동안 투병하는 김태현 박사의 자택을 방문하였다. 그때 노태권(난독증을 극복하고 수능 만점 7회 달성, 강연 100도씨 최우수상 수상 등등) 회장님과 함께 갔는데, 희귀 난치병을 앓는 분을 돌보는 봉사이므로, 포기하지 않는 이상, 치유의 길이 반드시 있다는 희망을 보여드리려 소개한 자리를 번개

처럼 마련해드렸다.

내 삶을 맡깁니다

지나간 날의 일정을 돌아보면, 나는 내 몸을 편히 쉬도록 놓아둔 적이 없었던 것 같다. 여러 날의 일정을 빽빽하게 잡아두고 그것을 소화해 내기 위해 여기저기를 동분서주하며, 집에 귀가해서도 인터넷 방송이나 다른 일을 위하여 밤 부엉이처럼 무언가를 하고 있었고 지금도 그렇게 살고 있다. 누구에게나 24시간은 공평하게 주어지는데, 그 시간을 어떻게 사용하는가는 개개인의 선택에 달려 있다. 지금까지 쉬지 않고 달려왔는데, 앞으로도 그럴 것 같다(나폴레옹이 밤에 서너 시간만 잠들었다 하여, 누군가가 '나폴레옹 수면법'이라는 거창한 이름을 붙였다. 그러나 전쟁터에서 살았던 그가 잠을 적게 잔 이유는 '시간이 모자라서'가 아니라 전시의 불규칙한 생활과 심각한 불면증 때문이었고, 나폴레옹은 식사 때 졸고, 말 위에서 토막잠으로 때웠다는 말이 있다. 현대 성인의 적정 수면시간은 8시간이고, 수면 부족이 오래되면 각종 정신질환 등의 부작용에 시달릴 수 있다).

예전에 누군가가 우스갯소리로 '쉬는 것은 무덤에 가서'라고 말한 것처럼, 어떻게 보면 정말 '일 중독'으로 사는 듯 보일지 모르겠으나, 낮은 어르신, 동료들과 일하기 위한 시간이고, 밤은 젊은이들의 소중한 목소리를 듣기 위하여 있는 시간이라 생각한다. 많은 사람과 소통하고 그들에게서 많은 기회를 보고 내게 없는 것을 가지고 있는 '다른 사람'에게서 배운다.

세상에는 어떤 일을 하기 위한 준비와 그 일을 필요로 하는 기회로 가득하다. 사람의 인연이 80억 개의 씨줄과 날줄이 엉키면서 만나듯, '기적, miracle'이라 것은 준비와 기회가 만나면 일어난다. 예전에는 내가, 내 힘으로 개척하여 만든다 생각하고 악으로 깡으로 일구어 왔다. 그러나 '코로나 사태'와 '혐일(嫌日)'이라는 커다란 시련 앞에서 무엇 하나 내 뜻대로 되지 않는, '개인이 가진 힘의 한계'를 겪게 되면서부터 그런 말은 조심하게 되었다.

"이 전쟁은 너희에게 속한 것이 아니요."(역대하 20:15)

기적이라는 것은 내 힘으로 되는 것이 아니요, 하나님께서 엮어 주시지 않으면 내가 해온 모든 것이 한낱 물거품으로 돌아갈 수 있음을 알게 되었다. 그러나 더욱 찾아서 구하고, 겸손히 엎드려 아뢰과 내가 하고자 하는 모든 일들을 그분이 하시리라는 믿음으로 하루를 열심히 살아간다. '카베난트 캠브리지 일본선교회'에서 통역의 관계로 지금은 은퇴하신 미와 노부오(三輪修男, 1945~) 목사님을 만난 그때부터, 코로나 시절 당시의 '광야'를 감사함으로 지나게 하는 원동력이 되었다고 본다.

지금은 조심스럽지만 코로나19 사태가 종식 국면에 접어들었고, 새로운 대통령이 일본의 총리와 만나게 되어 화해를 모색하게 되었다. 그동안 일본 관광이 재개됨으로 문화의 교류는 이미 시작되었고 조용하게 다시 밀물 들어오듯 일본어를 배우려는 학생들이 늘어나고 있다. 일본과 관련된 일들이 다시 늘어나면서, 지금까지 식어 있었던 한국과 일본의 관계가 되살아나는 듯한 느낌이다. 그렇다면 이 시점에 나는 어떻게 일해야 하는지에 대해 고민하게 된다.

답은 민초(民草)를 중심으로 한 민간인 외교(民間人外交)에 있다. 지금까지 어디를 가던 일본이라는 간판을 등에 업고 다녀야 할 처지를 늘 의식하고 지내왔다. "과거를 잊지 말아!"라는, 일본에 대한 부정적인 말과 행동에 대해서는 오히려 겸허하게 받아들일 자세가 되어있다. 다만, 나는 양국에 놓인 다리가 지금보다도 더욱 튼튼해졌으면 한다. 한국과 일본의 문화를 비교하며, 누가 더 우월한가를 비교하는 시시콜콜한 일에 에너지를 소비하기보다 서로의 장점을 더욱 알아 삶이 더욱 풍성해졌으면 한다.

미와 목사님은 이전에 이런 말씀을 하신 적이 있다.

"나는 몇 년 전 종군위안부 할머니들이 살고 계신 '나눔의 집'을 방문해 위안부 할머니들에게 일본인들의 범행에 대해 직접 듣고 일본인의 한 사람으로서 사죄한 바 있었다. 이십 년 이전 제암리 화재 사건 현장을 방문했을 때 구사일생으로 살아난 노부인에게서 들은 "이런 슬픈 사건은 두 번 다시 일어나지 말아야 한다. 한국과 일본은 서로 사이좋게 지내길 바란다"라는 유언과도 같은 애절한 호소는 지금도 귓전에 생생하다.

이러한 개인적인 화해 운동이 비록 작은 일본인 한 사람이 해야 할 사죄의 하나라고 생각한다. 개인적으로 한국과 일본과 서로 이해하고, 용서하고, 죄를 고백하고 그렇게 용서 운동을 하며 기도한다면 하나님께서 은혜로 두 나라를 좋은 관계로 회복시켜 주실 것이다."[19] 라고 말씀하셨는데, 피해의식으로 점철된 반일(反日) 감정과 오만과 무지(無知)의 극에 달한 반한(反韓) 감정에 서로 지치기보다는 생산적이고 희망(希望)에 찬 미래(未來)를 바라보기를 원한다. 사람은 앞을 향하여 걷거나 뛰지, 286 뒷걸음치거나 뒤로 뛰는 데 익숙하지 않기 때문이다. 또한 옆을 보면서

19) 오상아, 〈'일본 과거사 문제, 망언'... 용서를 구합니다〉, 《기독일보》, 2014.3.28

뛰면 사고가 난다. 대한민국은 한일 간의 장점만 살려서 아시아의 리더 격인 나라가 되기를 원한다. 안중근 의사가 보고 싶었던 것은 그런 건설적인 미래일 것이다. 나는 한국인이 편견을 끼우지 않은 건강한 시선으로 일본을 볼 수 있도록 그 역할에 충실하고 싶다.

나의 버킷리스트

1. UN 합창단 평양공연.
2. 69세까지 헌혈 200회.
3. 대통령 초대로 대통령실에 가보는 것.
4. 국회에는 이미 가봤으니 국가 외교의 중요한 자리에서 통역 일로 의전을 빛내고 싶다.
5. 한국에서 아직 가보지 못한 곳에 가는 것.
6. TDP와 관련하여 김태현 루게릭연맹 회장이 일어나 정상인과 같은 삶을 사는 것.

선구자(先驅者), 선구자로 남고 싶다

나는 내 나이 아흔 살에 은퇴하고 싶다. 교수의 직을 쉰네 살에 은퇴하였고, 아흔 살까지 타인을 위하여 봉사하는 삶을 살고 싶다. 아흔 살까지 남은 '삼십육 년'이라면 한국의 일제 강점기가 떠오르는데, 그 의미를 생각하면 그 시대에 있었던 일들에 대한 개인적인 속죄(贖罪)도 포함되어 있을 것이다. 여러 가지를 '(일본인이지만, 속 알맹이는) 국적 없는 한국인으

로서' 살아가는 삶을 살고 싶다. 삼십육 년 하면 까마득하게 느껴질지도 모르겠으나 이미 일곱 해나 지났다. 인간의 평균 수명이 백 세(百歲)를 바라보는 지금 이 시대에 의료기술의 힘과 하이컨디션 체조와 더불어 운동을 계속하면 앞으로 가능하지 않을까.

마지막으로 나의 꿈이라고 하면, '일본 하면 혼다 토모쿠니이고, 혼다 토모쿠니 하면 일본'이라고 세상 사람들이 생각해 주는 것이다. 언제 이루어질지 모르고, 어쩌면 이루어지지 않을 수도 있다. 나는 외국인이라는 존재가 생소한 1980년대에 백 명 중에서 세 명 정도만 한국에 남을 수 있었던 그때, '글로벌'이라는 이름 아래, 선구자처럼 한국에 와서 지금까지 살고 있다. 지금 시점에서 보면, 나의 한국 생활은 일본에서 살았던 때보다 길어져서 이미 '국경을 넘었다'라고 본다. 한 가지 소원이라면 언젠가 NHK 같은 일본의 방송국에서 일본과의 친선을 위해 한국에 살며, 봉사하는 삶을 사는 일본인을 취재하러 올 때 제일 먼저 나를 찾아주었으면 하는데, 어떻게 한국에 와서 지금까지 살았는지를 인터뷰하면서 한국인과 한국을 소개하고 싶다.

마지막으로 나의 인생 좌우명 중 하나로 마무리 하고자 합니다.

"인생에서 성공하는 비결은 오늘에 달려 있습니다.
오늘을 이기면 내일을 이기고
내일을 이기면 한 달을 이깁니다."

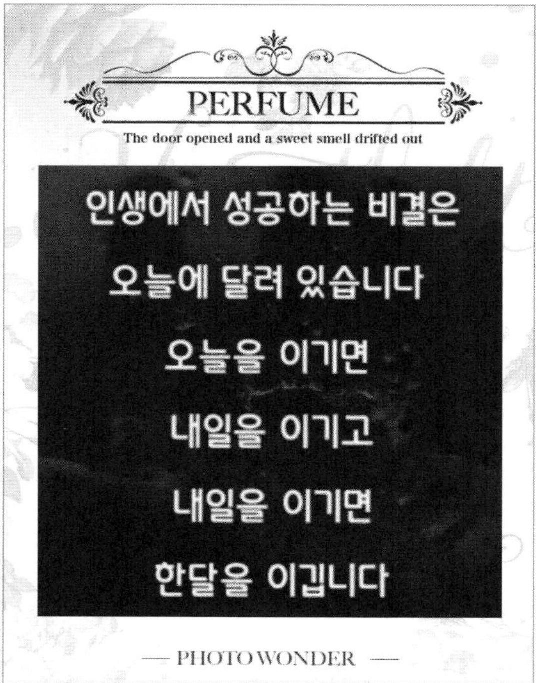

찾아보기

나는 일본의 통신사
국적 없는 한국인

발행일 | 초판 1쇄 2023년 6월 25일
지은이 | 혼다 토모쿠니(本田知邦)·신한준(愼漢俊)
펴낸이 | 김종만·고진숙
펴낸곳 | 안티쿠스
기획·편집 | 김종만
디자인 | 디노디자인
제작진행 | 피오디북(POD Book)
인쇄 | 천일문화사
제본 | 대흥제책
물류 | (주)문화유통북스
출판등록 | 제300-2010-58호(2010년 4월 21일)
주소 | 03020 서울시 종로구 자하문로 41길 6, 가동 102호
전화 | 02-379-8883
팩스 | 02-379-8874
이메일 | jm-kayapia@hanmail.net

값은 뒤표지에 있습니다.

ISBN 978-89-92801-49-2 03990